Thomas Babington Macaulay

Geschichte von England seit der Thronbesteigung Jakob's des Zweiten

Siebenter Band: Enthaltend Kapitel 13 und 14

Thomas Babington Macaulay

Geschichte von England seit der Thronbesteigung Jakob's des Zweiten
Siebenter Band: Enthaltend Kapitel 13 und 14

ISBN/EAN: 9783337360177

Hergestellt in Europa, USA, Kanada, Australien, Japan

Cover: Foto ©ninafisch / pixelio.de

Weitere Bücher finden Sie auf **www.hansebooks.com**

Thomas Babington Macaulay's

Geschichte von England
seit der
Thronbesteigung Jakob's des Zweiten.

Aus dem Englischen.

Vollständige und wohlfeilste
Stereotyp-Ausgabe.

Siebenter Band:
enthaltend Kapitel 13 und 14.

Leipzig, 1856.
G. H. Friedlein.

Dreizehntes Kapitel.
Wilhelm und Marie.

Inhalt.

	Seite
Die Revolution in Schottland heftiger als in England	5
Wahlen für die Convention	6
Mißhandlung des Episkopalklerus	6
Zustand von Edinburg	9
Die Frage einer Union zwischen England und Schottland in Anregung gebracht	9
Wunsch der englischen Niederkirchlichen, das Episkopat in Schottland beizubehalten	13
Ansichten Wilhelm's über das kirchliche Regiment in Schottland	13
Comparative Stärke der religiösen Parteien in Schottland	15
Schreiben von Wilhelm an die schottische Convention	16
Wilhelm's Instructionen für seine Agenten in Schottland	16
Die Dalrymple	16
Melville	18
Jakob's Agenten in Schottland: Dundee, Balcarras	19
Zusammentritt der Convention	21
Hamilton zum Präsidenten erwählt	22
Wahlausschuß	23
Das Schloß von Edinburg zur Uebergabe aufgefordert	23
Dundee von den Covenanters bedroht	24
Schreiben von Jakob an die Convention	25
Wirkung von Jakob's Schreiben	26

Tumultuarische Sitzung der Stände	28
Ein Ausschuß zur Entwerfung eines Regierungsplanes ernannt	29
Vom Ausschuß vorgeschlagene Beschlüsse	31
Wilhelm und Marie proklamirt	32
Die Rechtsforderung	32
Abschaffung des Episkopats	32
Die Folter	33
Wilhelm und Marie nehmen die Krone Schottland's an	35
Unzufriedenheit der Covenanters	36
Ministerielle Einrichtungen in Schottland	37
Hamilton	37
Crawford	37
Die Dalrymple. — Lockhart	38
Montgomery	38
Melville	38
Carstairs	39
Bildung des Clubs; Annandale, Roß	39
Hume	39
Fletcher von Saltoun	40
In den Hochlanden bricht Krieg aus	40
Zustand der Hochlande	40
Eigenthümlicher Character des Jakobitismus in den Hochlanden	49
Eifersucht auf den Einfluß der Campbells	50
Die Stewarts und Macnaghtens	52
Die Macleans	53
Die Camerons; Lochiel	53
Die Macdonalds	55

Fehde zwischen den Macdonalds und den Mackintoshs. Inverneß	56
Inverneß wird von Macdonald von Keppoch bedroht	57
Dundee erscheint in Keppoch's Lager	58
Aufstand der den Campbells feindlichen Clans	60
Tarbet's Rath für die Regierung	61
Unentschiedener Feldzug in den Hochlanden	62
Militärischer Character der Hochländer	63
Zwistigkeiten in der hochländischen Armee	67
Dundee sucht bei Jakob um Unterstützung nach	68
Unterbrechung des Kriegs in den Hochlanden	69
Bedenklichkeiten der Covenanters, für König Wilhelm die Waffen zu ergreifen	69
Aushebung des Cameron'schen Regiments	70
Uebergabe des Schlosses von Edinburg	71
Parlamentssession in Edinburg	72
Einfluß des Clubs	72
Unruhen in Athol	74
Der Krieg bricht in den Hochlanden wieder aus	76
Dundee's Tod	81
Mackay's Rückzug	82
Eindruck der Schlacht von Killiecrankie	83
Vertagung des schottischen Parlaments	83
Die hochländische Armee verstärkt	86
Gefecht bei St. Johnston's	87
Unordnung in der hochländischen Armee	88
Mackay's Rath wird von den schottischen Ministern nicht beachtet	89
Die Camerons werden nach Dunkeld verlegt	89

Die Hochländer greifen das Regiment Cameron an	90
Auflösung der hochländischen Armee	91
Intriguen des Clubs, Zustand des Niederlandes	91

[Die Revolution in Schottland heftiger als in England.]

Die Heftigkeit der Revolutionen steht gewöhnlich im Verhältnis mit der Schwere der Regierungssünden, welche sie herbeigeführt haben. Es kann daher nicht Wunder nehmen, daß die Regierung von Schottland, welche seit vielen Jahren despotischer und verderbter gewesen war als die von England, mit einem weit heftigeren Sturze fiel. In England war die Bewegung gegen den letzten König des Hauses Stuart conservativ, in Schottland war sie destructiv. Die Engländer beschwerten sich nicht über das Gesetz, sondern über die Verletzung des Gesetzes; sie erhoben sich gegen den ersten Beamten des Staats lediglich, um die Suprematie des Gesetzes zur Geltung zu bringen, und sie waren zum größten Theil treue Anhänger der durch das Gesetz eingeführten Landeskirche. Selbst bei Anwendung des außergewöhnlichen Heilmittels, zu welchem sie durch eine außergewöhnliche Lage zu greifen gezwungen worden waren, wichen sie so wenig als möglich von den durch das Gesetz vorgeschriebenen ordentlichen Formen ab. Die zu Westminster tagende Convention war, obwohl durch unregelmäßige Ausschreiben einberufen, genau nach dem Muster eines regelmäßigen Parlaments constituirt. Niemand wurde aufgefordert, einen Platz im Oberhause einzunehmen, dessen Berechtigung, darin zu sitzen, nicht klar war. Die Abgeordneten der Grafschaften und Burgflecken wurden durch die nämlichen Wähler gewählt, welche berechtigt gewesen sein würden, die Mitglieder für ein unter dem großen Siegel einberufenes Haus der Gemeinen zu wählen. Die Wahlrechtstitel des

Vierzigschilling-Freisassen, des Steuern zahlenden Angesessenen, des Pächters, des Wahlbürgers von London, des Magisters der freien Kräfte in Oxford wurden respectirt. Die Gesinnung der Wahlkörper wurde mit eben so wenig Zwang von Seiten des großen Haufens und mit eben so wenig Arglist von Seiten der Wahlbeamten ausgeforscht, wie bei irgend einer allgemeinen Wahl der damaligen Zeit. Als endlich die Stände zusammentraten, fanden ihre Verhandlungen in vollkommener Freiheit und genau nach den althergebrachten Formen statt. Nach Jakob's erster Flucht herrschte allerdings in London und in einigen Theilen des platten Landes eine beunruhigende Anarchie. Aber diese Anarchie dauerte nirgends länger als achtundvierzig Stunden. Von dem Tage, an welchem Wilhelm im St. Jamespalast ankam, hatten selbst die unpopulärsten Agenten der gestürzten Regierung, selbst die Diener der römisch-katholischen Kirche, von der Wuth des Pöbels nichts mehr zu fürchten.

In Schottland war der Gang der Ereignisse ganz anders. Dort war das Gesetz selbst ein Gegenstand der Beschwerde und Jakob hatte sich durch ausdrückliche Anwendung desselben vielleicht mehr Unpopularität zugezogen als durch Verletzung desselben. Die gesetzlich eingeführte Landeskirche war die verhaßteste Institution des ganzen Reichs. Die Tribunale hatten einige so empörende Urtheilssprüche gefällt und das Parlament einige so bedrückende Verordnungen erlassen, daß, wenn diese Urtheilssprüche und diese Verordnungen nicht für ungültig erklärt wurden, nicht daran zu denken war, eine Convention zusammenzubringen, welche sich die öffentliche Achtung erzwang und der Ausdruck der öffentlichen Meinung war. Es stand zum Beispiel kaum zu erwarten, daß die Whigs in dieser Zeit ihrer Macht es sich ruhig gefallen lassen würden, ihr erbliches Oberhaupt, den Sohn eines Märtyrers und Enkel eines Märtyrers, von dem

Parlamentshause, in welchem neun seiner Vorfahren als Earls von Argyle gesessen hatten, ausgeschlossen zu sehen, ausgeschlossen durch ein richterliches Erkenntniß, über welches das ganze Königreich empört war. Noch weniger ließ sich erwarten, daß sie die Wahl der Vertreter von Grafschaften und Städten den Vorschriften des bestehenden Gesetzes gemäß vornehmen lassen würden. Denn nach dem bestehenden Gesetz konnte kein Wähler seine Stimme abgeben, ohne geschworen zu haben, daß er sich von dem Covenant lossage und in kirchlichen Angelegenheiten das Supremat des Königs anerkenne.[1] Einen solchen Eid aber konnte kein strenger Presbyterianer leisten, und wenn derselbe verlangt worden wäre, so würden die Wahlkörper nichts als kleine Gesellschaften von Prälatisten gewesen sein, die Sorge für Sicherheitsmaßregeln gegen Bedrückung wäre den Bedrückern überlassen geblieben, und die große Partei, die an der Durchführung der Revolution den thätigsten Antheil genommen, würde in einer aus der Revolution hervorgegangenen Versammlung nicht einen einzigen Vertreter gehabt haben.[2]

Wilhelm sah ein, daß er nicht daran denken durfte, den Gesetzen Schottland's die strenge Achtung zu Theil werden zu lassen, die er kluger- und rechtschaffnerweise den Gesetzen England's erwiesen hatte. Es war durchaus notwendig, daß er Kraft seiner eignen Autorität bestimmte, wie die Convention, welche in Edinburg zusammentreten sollte, zu wählen sein würde, und daß er sich selbst die Befugniß ertheilte, einige Erkenntnisse und einige Gesetze zu annulliren. In Folge dessen entbot er mehrere Lords in das Parlament, die durch Urtheilssprüche, welche die allgemeine Stimme laut als ungerecht verdammte, ihrer Ehrenstellen beraubt worden waren, und nahm es auf sich, die Verordnung zu ignoriren, welche den Presbyterianern das Wahlrecht entzog.

[Wahlen für die Convention.]

Die Folge davon war, daß die Wahl fast aller Grafschafts- und Burgfleckenvertreter auf Whigcandidaten fiel. Die geschlagene Partei beklagte sich laut über unehrliches Spiel, über die Rohheit des Pöbels und über die Parteilichkeit der präsidirenden Magistratspersonen, und diese Klagen waren in vielen Fällen wohlbegründet. Unter Regenten wie Lauderdale und Dundee lernen die Nationen nicht Gerechtigkeit und Mäßigung.[3]

[Mißhandlung des Episkopalklerus.]

Das so lange und so streng niedergehaltene Volksgefühl brach übrigens nicht bei den Wahlen allein mit Heftigkeit hervor. Die Köpfe und Hände der Whigmärtyrer wurden von den Thoren Edinburg's herabgenommen, von zahlreichen Volkshaufen in Procession nach den Gottesäckern getragen und mit feierlicher Ehrfurcht zur Erde bestattet.[4] Es hätte noch sein mögen, wenn die öffentliche Begeisterung sich in keiner tadelnswertheren Form geäußert hätte. Leider aber wurde in einem großen Theile Schottland's der Klerus der Landeskirche gemißhandelt.[5] Der Beginn dieses Unwesens war auf den Christmorgen festgesetzt, denn nichts ärgerte die strengen Covenanters mehr als die Ehrfurcht, mit der der Prälatist die alten Feiertage der Kirche heiligte. Daß diese Ehrfurcht bis zum Lächerlichen übertrieben werden kann, ist allerdings wahr. Ein Philosoph wird sich vielleicht zu der Ansicht hinneigen, daß das entgegengesetzte Extrem nicht minder lächerlich sei und wird fragen, warum die Religion den Beistand von Glaubensgesellschaften zurückweisen soll, die es in jeder Nation giebt, welche civilisirt genug ist, um eine Zeitrechnung zu haben, und von denen die Erfahrung gezeigt hat, daß sie eine gewaltige und oft heilsame Wirkung ausüben. Der Puritaner, der im im allgemeinen nur zu bereit war, Präcedenzfällen und Analogien aus der Geschichte und Rechtswissenschaft der Juden zu folgen, würde im Alten Testament ganz eben so triftige Argumente für das Abhalten von Festtagen zu Ehren großer Ereignisse, wie für die Ermordung von Bischöfen und für die Verweigerung des Pardons gegen Gefangene gefunden haben. Von seinem Meister Calvin lernte er gewiß nicht, solche Festtage verabscheuen, denn in Folge der energischen Bemühungen Calvin's wurde das Weihnachtsfest nach einer mehrjährigen Pause von den Bürgern von Genf wieder gefeiert.[6] Allein in Schottland waren Calvinisten ans Licht getreten, die sich zu Calvin verhielten, wie Calvin zu Laud. Diesen starren Fanatikern war ein Feiertag ein Gegenstand des positiven Abscheus und Hasses. Sie fuhren noch lange fort, in ihren feierlichen Manifesten es zu den Sünden zu zählen, welche dereinst ein furchtbares Strafgericht über das Land bringen würden, daß der Court of Session in der letzten Decemberwoche Ferien mache.[7]

Am Weihnachtstage versammelten sich daher die Covenanters auf Verabredung bewaffnet auf verschiedenen Punkten der westlichen Grafschaften. Jede einzelne Schaar zog dann nach dem nächsten Pfarrhause und plünderte den Keller und die Vorrathskammer des Geistlichen, welche zu dieser Zeit des Jahres wahrscheinlich besser gefüllt waren als sonst. Der Priester Baal's wurde geschmäht und insultirt, zuweilen geschlagen, andere Male unter Wasser getaucht. Seine Möbeln wurden aus dem Fenster geworfen, seine Frau und seine Kinder aus dem Hause in den Schnee getrieben. Dann wurde er auf den Marktplatz geführt und eine Zeit lang zur Schau ausgestellt, wie ein Missethäter. Sein Priestergewand wurde ihm auf dem Leibe in Stücken zerrissen; hatte er ein Gebetbuch bei sich, so wurde es verbrannt, und endlich entließ man ihn mit der Weisung, nie wieder in dem Kirchspiele zu fungiren, wenn ihm sein Leben lieb sei. Nach solchergestalt vollbrachtem

Reformationswerke verschlossen die Reformatoren die Kirche und nahmen die Schlüssel mit sich. Um diesen Leuten Gerechtigkeit widerfahren zu lassen, muß man bekennen, daß sie in einem Grade unterdrückt worden waren, der ihre Gewaltthätigkeit zwar nicht rechtfertigen, aber wenigstens entschuldigen kann, und daß sie, obgleich roh bis zur Brutalität, sich doch nie eines absichtlichen Verbrechens gegen Leib oder Leben ihrer Feinde schuldig machten.[8]

Die Unordnung verbreitete sich rasch. In Ayrshire, Clydesdale, Nithisdale und Annandale erhielt jedes Kirchspiel einen Besuch von diesen ungestümen Zeloten. Ungefähr zweihundert Curaten — so nannte man die bischöflichen Pfarrgeistlichen — wurden vertrieben. Die gesetzteren Covenanters billigten zwar den Eifer ihrer aufrührerischen Brüder, fürchteten aber, daß ein so ordnungswidriges Verfahren Aergerniß geben könnte, und erfuhren zu ihrem großen Leidwesen, daß hier und da ein Achan die gute Sache geschändet, indem er sich erniedrigt hatte, die Cananiter, die er nur hatte schlagen sollen, auszuplündern. Es wurde ein allgemeines Meeting von Geistlichen und Aeltesten ausgeschrieben, um solchen Excessen vorzubeugen. In diesem Meeting wurde beschlossen, daß in Zukunft die Vertreibung der protestantischen Geistlichen in ceremoniöserer Weise stattfinden sollte. Es wurde ein Benachrichtigungsformular aufgesetzt und jedem Curaten in den westlichen Niederlanden zugesandt, der noch nicht gemißhandelt (rabbled) worden war. Diese Benachrichtigung war nichts Andres als ein Drohbrief, der ihm befahl, sein Kirchspiel gutwillig zu verlassen, widrigenfalls er mit Gewalt aus demselben vertrieben werden würde.[9]

Die schottischen Bischöfe sendeten in großer Angst den Dechant von Glasgow nach Westminster, um dort die Sache ihrer verfolgten Kirche zu führen. Die von den Covenanters verübten Gewaltthätigkeiten erregten in hohem Grade den Unwillen Wilhelm's, der im Süden der Insel selbst Benedictiner und Franciscaner gegen Insulten und Beraubungen geschützt hatte. Obgleich er aber auf Ersuchen einer großen Anzahl schottischer Cavaliere und Gentlemen die ausübende Verwaltung dieses Königreichs übernommen hatte, so standen ihm doch die Mittel nicht zu Gebote, die Ordnung daselbst aufrecht zu erhalten. Er hatte nicht ein einziges Regiment nördlich vom Tweed, ja überhaupt keine Truppen innerhalb vieler Meilen von diesem Flusse. Es wäre vergebens gewesen zu hoffen, daß bloße Worte eine Nation beruhigen würden, welche zu keiner Zeit leicht im Zaume zu halten gewesen und die jetzt von Hoffnungen und Rachegelüsten erfüllt war, wie große Revolutionen, welche auf heftige Bedrückungen folgen, sie ganz natürlich erzeugen müssen. Es wurde indessen eine Proklamation erlassen, welche anordnete, daß Jedermann die Waffen niederlegen und daß den Geistlichen der Staatskirche gestattet sein solle, unbehelligt auf ihren Pfarren zu bleiben, bis die Convention die Regierung festgestellt haben würde. Da aber diese Proklamation nicht durch Truppen unterstützt war, so wurde sie wenig beachtet. Den ersten Tag nach ihrem Erscheinen in Glasgow wurde die ehrwürdige Kathedrale dieser Stadt, fast die einzige schöne Kirche aus dem Mittelalter, welche in Schottland sich unversehrt erhalten hat, von einem Haufen Presbyterianer aus den Versammlungshäusern angegriffen, dem sich auch viele wildere Glaubensbrüder aus den Hochlanden angeschlossen hatten. Es war Sonntag; aber eine Versammlung von Prälatisten zu mißhandeln wurde als ein Werk der Nothwendigkeit und der Gnade betrachtet. Die Andächtigen wurden auseinandergetrieben, geschlagen und mit Schneebällen geworfen; ja es wurde sogar versichert, daß einige Verwundungen durch gefährlichere Waffen vorgekommen seien.[10]

[Zustand von Edinburg.]

In Edinburg, dem Sitze der Regierung, war vollkommene Anarchie. Das Schloß, welches die ganze Stadt beherrschte, wurde durch den Herzog von Gordon noch immer für Jakob behauptet. Die große Masse des Volks bestand aus Whigs. Das Justizcollegium, ein großer juristischer Verein, zusammengesetzt aus Richtern, Advokaten, Kanzleisekretären und Anwälten, war die Veste des Toryismus, denn ein strenger Testeid hatte seit einigen Jahren die Presbyterianer von allen Zweigen des Juristenberufs ausgeschlossen. Die Juristen, einige hundert an Zahl, bildeten ein Infanteriebataillon und hielten eine Zeitlang die Menge wirksam nieder. Sie hatten jedoch soviel Achtung vor Wilhelm's Autorität, daß sie sich beim Erscheinen seiner Proklamation auflösten. Aber das von ihnen gegebene Beispiel des Gehorsams fand keine Nachahmung. Kaum hatten sie die Waffen niedergelegt, so fanden sich Covenanters aus dem Westen, welche alle Curaten in ihrer Gegend weidlich maltraitirt hatten, in Haufen von zehn bis zwanzig Mann in Edinburg ein, um die Convention zu beschützen oder auch, wenn es nöthig sein sollte, einzuschüchtern. Glasgow allein schickte vierhundert solcher Leute. Es konnte kaum einem Zweifel unterliegen, daß sie von einem hochangesehenen Führer geleitet wurden. Sie zeigten sich wenig öffentlich, aber es war bekannt, daß jeder Keller mit ihnen angefüllt war und es stand wohl zu befürchten, daß sie auf das erste Signal aus ihren Höhlen hervorkommen und bewaffnet das Parlament umgeben würden.[11]

[Die Frage einer Union zwischen England und Schottland in Anregung gebracht.]

Man hätte erwarten sollen, daß jeder patriotische und einsichtsvolle Schotte sehnlichst wünschen werde, die

Aufregung beschwichtigt und eine Regierung befestigt zu sehen, die im Stande war, das Eigenthum zu schützen und dem Gesetze Ansehen zu verschaffen. Eine unvollkommene Organisation, welche rasch zu bewerkstelligen war, konnte in den Augen eines solchen Mannes wohl einer vollkommenen Organisation vorzuziehen sein, welche nur mit der Zeit möglich war. Gerade in diesem Augenblicke jedoch warf eine an Zahl wie an Befähigung starke Partei eine neue und hochwichtige Frage auf, welche nicht unwahrscheinlich das Interregnum bis zum Herbste hinziehen mußte. Diese Partei verlangte, daß die Stände Wilhelm und Marien nicht sogleich zum König und zur Königin erklären, sondern England einen Unionstractat vorschlagen und den Thron so lange vacant lassen sollten, bis ein solcher Vertrag unter vortheilhaften Bedingungen für Schottland abgeschlossen sein würde.[12]

Es mag auffallend erscheinen, daß ein großer Theil eines Volks, dessen oft in heroischer, zuweilen auch in komischer Gestalt sich äußernder Patriotismus sprüchwortlich geworden ist, sich so geneigt, ja sogar ungeduldig zeigte, eine Unabhängigkeit aufzugeben, welche Jahrhunderte lang über Alles hoch gehalten und mannhaft vertheidigt worden war. Allein der hartnäckige Muth, den die Waffen der Plantagenets und der Tudors nicht zu brechen vermocht, hatte angefangen, sich unter einer ganz andren Gewalt zu beugen. Zollhäuser und Tarife bewirkten bald was das Blutbad von Falkirk und Halidon, von Flodden und Pinkie nicht hatten bewirken können. Schottland hatte einige Erfahrung in den Folgen einer Union. Es war vor beinahe vierzig Jahren mit England unter Bedingungen vereinigt gewesen, welche das von Siegesstolz aufgeblähte England zu dictiren beliebte. Diese Union war in den Gemüthern des besiegten Volks mit den Begriffen Niederlage und Demüthigung untrennbar verbunden. Und doch hatte selbst diese Union, so schmerzlich sie auch den Stolz der

Schotten verwundet, ihren Aufschwung gefördert. Cromwell hatte mit einer zu seiner Zeit seltenen Einsicht und Liberalität die vollkommenste Handelsfreiheit zwischen dem dominirenden und dem untergebenen Lande hergestellt. So lange er regierte, hemmte kein Verbot, kein Zoll den Waarenverkehr zwischen irgend welchen Punkten der Insel. Seine Schifffahrtsgesetze legten dem Handel Schottland's keine Beschränkungen auf. Es stand einem schottischen Fahrzeuge frei, eine schottische Waarenladung nach Barbadoes zu bringen und Zucker von Barbadoes in den Hafen von London einzuführen.[13] Deshalb war die Regentschaft des Protectors der Industrie und dem physischen Wohle des schottischen Volks förderlich gewesen. Obwohl es ihn haßte und verwünschte, gedieh es doch unwillkürlich unter ihm, und noch oft blickte es während der Verwaltung seiner legitimen Fürsten mit Sehnsucht zurück auf die goldenen Tage des Usurpators.[14]

Die Restauration kam und veränderte Alles. Die Schotten erlangten ihre Unabhängigkeit wieder und überzeugten sich bald, daß die Unabhängigkeit ebensowohl ihre Unannehmlichkeiten hat wie ihre Würde. Das englische Parlament behandelte sie als Fremdlinge und Nebenbuhler. Eine neue Navigationsacte stellte sie auf fast gleiche Stufe mit den Holländern. Hohe und in einigen Fällen prohibitive Zölle wurden auf die Erzeugnisse der schottischen Industrie gelegt. Es ist kein Wunder, daß eine ausnehmend betriebsame, kluge und unternehmende Nation, eine Nation, die, nachdem sie lange durch einen unfruchtbaren Boden und durch ein rauhes Klima in ihrer Entwickelung gehemmt worden war, eben jetzt trotz dieser Nachtheile zu prosperiren begann und die ihren Fortschritt plötzlich aufgehalten sah, sich für grausam behandelt erachtete. Doch es war nichts zu machen. Beschwerden waren vergebens und Repressalien unmöglich. Hätte der Souverain auch den Wunsch gehabt, so hatte er doch nicht die Macht, eine unparteiische Stellung zwischen seinem großen und seinem kleinen Königreiche zu behaupten, zwischen dem Königreiche, aus dem er ein Jahreseinkommen von anderthalb Millionen, und dem Königreiche, aus dem er ein Jahreseinkommen von wenig mehr als sechzigtausend Pfund bezog. Er wagte es eben so wenig, einem den Handel Schottland's beeinträchtigenden englischen Gesetz seine Genehmigung zu verweigern, als einem den Handel England's beeinträchtigenden schottischen Gesetz seine Genehmigung zu ertheilen.

Die Klagen der Schotten waren indessen so laut, daß Karl im Jahre 1667 Commissare ernannte, welche die Bedingungen eines Handelstractats zwischen den beiden britischen Königreichen feststellen sollten. Die Conferenzen wurden bald abgebrochen, und Alles was sich während ihrer Dauer ereignete, bewies, daß es nur ein Mittel gab, durch welches Schottland einen Antheil an dem commerciellen Wohlstande erlangen konnte, dessen sich England damals erfreute.[15] Die Schotten mußten ein Volk mit den Engländern werden, das Parlament, das bisher in Edinburg getagt hatte, mußte dem in Westminster tagenden Parlamente einverleibt werden. Dieses Opfer mußte von einem tapferen und stolzen Volke, das seit zwölf Generationen die südliche Oberherrschaft mit tödtlichem Widerwillen betrachtet hatte und dem bei den Gedanken an den Tod Wallace's und an die Siege Bruce's noch immer das Herz schwoll, nothwendig mit tiefem Schmerze empfunden werden. Es gab allerdings viele allzustrenge Patrioten, die sich einer Union entschieden widersetzt haben würden, selbst wenn sie hätten voraussehen können, daß eine solche Glasgow zu einer größeren Stadt als Amsterdam machen und die öden Lothians mit Feldern und Wäldern, mit netten Farmhäusern und stattlichen Schlössern bedecken würde. Aber es gab auch eine zahlreichere Klasse, welche nicht geneigt war, große und wesentliche Vortheile aufzugeben, um bloße Namen und Ceremonien zu behalten, und der Einfluß dieser Klasse war so mächtig, daß im Jahre 1670 das schottische Parlament England directe Anträge machte.[16] Der König übernahm das Amt des Vermittlers und auf beiden Seiten wurden Bevollmächtigte ernannt; aber es kam zu keinem Abschlusse.

Nachdem die Frage achtzehn Jahre lang geruht hatte, wurde sie plötzlich durch die Revolution wieder in Anregung gebracht. Verschiedene Klassen, durch verschiedene Beweggründe geleitet, trafen in diesem Punkte zusammen. Mit Kaufleuten, welche gern die Vortheile des westindischen Handels mitgenießen wollten, verbanden sich thätige und strebsame Politiker, welche ihre Talente auf einer hervorragenderen Schaubühne als dem schottischen Parlamentshause zu entfalten und aus einer reicheren Quelle als dem schottischen Staatsschatze Reichthümer zu schöpfen wünschten. Der Ruf nach Union wurde durch einige schlaue Jakobiten verstärkt, welche nur Zwietracht und Aufschub herbeizuführen wünschten und welche diesen Zweck zu erreichen hofften, indem sie in die schwierige Frage, deren Lösung die specielle Aufgabe der Convention war, eine noch schwierigere Frage mischten. Es ist wahrscheinlich, daß Einige, denen die ascetischen Sitten und die strenge Kirchenzucht der Presbyterianer nicht behagten, eine Union deshalb wünschten, weil sie das einzige Mittel zur Aufrechthaltung der Prälatur im nördlichen Theile der Insel war. In einem vereinigten Parlamente mußten die englischen Mitglieder bedeutend überwiegen, und in England wurden die Bischöfe von der großen Mehrzahl der Bevölkerung hoch in Ehren gehalten. Die bischöfliche Kirche, das war klar, ruhte auf einer schmalen Grundlage und mußte bei dem ersten Angriffe fallen. Die bischöfliche Kirche von Großbritannien konnte eine hinreichend breite und feste Grundlage haben, um allen Angriffen zu widerstehen.

Ob es im Jahre 1689 möglich gewesen wäre, eine staatliche Union ohne religiöse Union zu bewerkstelligen, darf wohl bezweifelt werden. Das aber kann keinem Zweifel unterliegen, daß eine religiöse Union eine der größten Calamitäten gewesen sein würde, welche eines der beiden Königreiche treffen konnten. Die im Jahre 1707 zu Stande gebrachte Union war allerdings ein großer Segen für England wie für Schottland. Aber sie war deshalb ein Segen, weil sie, indem sie einen Staat bildete, zwei Kirchen bestehen ließ. Das politische Interesse der contrahirenden Theile war das nämliche; aber der kirchliche Streit zwischen ihnen war ein solcher, der keine Verständigung zuließ. Die Eintracht konnte daher nur dadurch erhalten werden, daß sie sich beide damit einverstanden erklärten, gesondert zu bleiben. Hätte eine Verschmelzung der Hierarchien stattgefunden, so würde eine Verschmelzung der Nationen niemals möglich gewesen sein. Aufeinanderfolgende Mitchells würden auf aufeinanderfolgende Sharpe's geschossen haben; fünf Generationen von Claverhouse's würden fünf Generationen von Camerons ermordet haben. Die erstaunlichen Verbesserungen, welche die Gestalt Schottland's verändert haben, würden nie zu Stande gekommen sein. Ebenen, die jetzt reiche Ernten tragen, würden unfruchtbare Sümpfe geblieben sein. Wasserfälle, welche jetzt die Räder großartiger Fabriken treiben, würden in einer Wildniß verrauscht sein. New Lanark würde noch eine Schafweide, Greenock noch ein Fischerdorf sein. Die geringe Kraft, welche Schottland unter einem solchen System besessen haben würde, hätte bei einer Schätzung der Hülfsquellen Großbritanniens nicht hinzugefügt, sondern abgerechnet werden müssen. Mit einer solchen Bürde belastet, hätte unser Vaterland niemals, weder im Frieden noch im Kriege, eine Stelle in der ersten Reihe der Nationen einnehmen können. Leider fehlt es uns nicht an Anhalten zur Beurtheilung der Wirkung, die es auf den moralischen und physischen Zustand eines Volks hervorbringt, wenn eine Kirche, die nur von der Minderheit geliebt und verehrt, von der Mehrheit aber mit religiösem und nationalem Widerwillen betrachtet wird, in den ausschließlichen Genuß von Reichthümern und Würden gesetzt wird. Eine einzige solche Kirche ist eine hinreichend drückende Last für die Kräfte eines Reichs.

[Wunsch der englischen Niederkirchlichen, das Episkopat in Schottland beizubehalten.]

Aber diese Dinge, welche uns, die wir durch eine bittere Erfahrung belehrt worden sind, klar zu sein scheinen, waren im Jahre 1689 selbst sehr toleranten und einsichtsvollen Staatsmännern keineswegs klar. Den englischen Niederkirchlichen war in der That wo möglich noch mehr als den englischen Hochkirchlichen um Aufrechthaltung des Episkopats in Schottland zu thun. Es ist eine auffallende Thatsache, daß Burnet, der stets beschuldigt wurde, daß er das calvinistische Kirchenregiment im Süden der Insel einführen wolle, sich durch seine Bemühungen, die Prälatur im Norden aufrecht zu erhalten, bei seinen Landsleuten sehr unbeliebt machte. Er war allerdings im Irrthum, aber sein Irrthum ist einer Ursache zuzuschreiben, die ihm keine Unehre macht. Sein Lieblingsziel, ein Ziel, das zwar unerreichbar, aber wohl geeignet war, einen großen Geist und ein wohlwollendes Herz zu fesseln, war schon seit langer Zeit ein ehrenvolles Abkommen zwischen der anglikanischen Kirche und den Nonconformisten. Er hielt es für ein großes Unglück, daß eine Gelegenheit zur Herbeiführung eines solchen Abkommens zur Zeit der Restauration versäumt worden war. Die Revolution schien ihm eine neue Gelegenheit dazu zu bieten. Er und seine Freunde unterstützten eifrig Nottingham's Comprehensionsbill und schmeichelten sich mit vergeblichen Hoffnungen auf Erfolg. Aber sie sahen ein, daß in einem der beiden britischen Königreiche schwerlich eine Comprehension stattfinden könne, wenn nicht auch in dem andren eine solche stattfinde. Ein Zugeständniß mußte durch ein andres erkauft werden. Wenn der Presbyterianer sich hartnäckig weigerte, da wo er stark war, auf irgend welche Vergleichsvorschläge zu hören, so mußte es fast unmöglich sein, da wo er schwach war, liberale Vergleichsbedingungen für ihn zu erlangen. Die Bischöfe mußten daher ihre Sitze in Schottland behalten dürfen, damit Geistliche, welche nicht von Bischöfen ordinirt waren, Rectorate und Canonicate in England bekleiden durften.

[Ansichten Wilhelm's über das kirchliche Regiment in Schottland.]

So waren die Sachen der Episkopalen im Norden und die Sache der Presbyterianer im Süden in einer Weise mit einander verkettet, welche selbst einen geschickten Staatsmann wohl in Verlegenheit setzen konnte. Es war ein Glück für unser Vaterland, daß die Entscheidung der hochwichtigen Frage, welche so viele heftige Leidenschaften aufregte und die sich unter so verschiedenen Gesichtspunkten darstellte, einem Manne wie Wilhelm oblag. Er hörte auf Episkopalen, auf Latitudinarier und Presbyterianer, auf den Dechant von Glasgow, der die apostolische Succession verfocht, auf Burnet, der die Gefahr, den anglikanischen Klerus zu entfremden, schilderte, und auf Carstairs, der die Prälatur mit dem Hasse eines Mannes haßte, dessen Daumen tiefe Spuren von den Schrauben der Prälatisten zeigten. Umgeben von diesen eifrigen Advokaten, blieb Wilhelm ruhig und unparteiisch. Er eignete sich in der That durch seine Stellung sowohl wie durch seine persönlichen Eigenschaften vorzugsweise zum Schiedsrichter in diesem wichtigen Streite. Er war der König eines prälatistischen Reiches und der höchste Beamte einer presbyterianischen Republik. Seine Abgeneigtheit, die anglikanische Kirche zu verletzen, deren Oberhaupt er war, und seine Abgeneigtheit, die reformirten Kirchen des Continents zu verletzen, die ihn als einen Vorkämpfer betrachteten, den Gott gesandt, um sie gegen die französische Tyrannei zu beschützen, hielten sich die Wage und verhinderten ihn, sich ungebührlich auf diese oder jene Seite zu neigen. Seine Ueberzeugung war vollkommen neutral. Denn er war entschieden der Meinung, daß keine Form des Kirchenregiments göttlichen Ursprungs sei. Er dissentirte eben so sehr von der Schule Laud's wie von der Schule Cameron's, von den Männern, welche meinten, daß es keine christliche Kirche ohne Bischöfe, und von den Männern, welche meinten, daß es keine christliche Kirche ohne Synoden geben könne. Welche Form des Kirchenregiments zu wählen sei, war seiner Ueberzeugung nach nur eine Frage der Zweckmäßigkeit. Er würde wahrscheinlich ein Mittelding zwischen den beiden rivalisirenden Systemen vorgezogen haben, eine Hierarchie, in der die ersten geistlichen Würdenträger etwas mehr als Moderatoren und etwas weniger als Prälaten gewesen wären. Aber er war ein viel zu einsichtsvoller Mann, als daß er hätte daran denken können, eine solche Angelegenheit nach seinen persönlichen Neigungen zu ordnen. Er beschloß daher, als Vermittler zu handeln, wenn sich auf beiden Seiten Bereitwilligkeit zu einem Vergleiche zeigte. Sollte es sich aber herausstellen, daß die öffentliche Meinung in England und die öffentliche Meinung in Schottland entschieden auseinandergingen, so wollte er es nicht versuchen, eine der beiden Nationen zum Anschluß an die Meinung der andren zu nöthigen. Er wollte jeder von ihnen ihre eigne Kirche lassen und sich darauf beschränken, beide Kirchen von der Verfolgung der Nonconformisten und von Eingriffen in die Functionen der Civilbehörden abzuhalten.

Die Sprache, die er den schottischen Episkopalen gegenüber führte, welche ihm ihre Leiden klagten und um

seinen Schutz baten, war wohlüberlegt und sehr vorsichtig, aber klar und freimüthig. Er sagte, er wünsche die Institution, an der sie so sehr hingen, wo möglich aufrecht zu erhalten und zu gleicher Zeit derjenigen Partei, welche zu keiner Abweichung von der presbyterianischen Urform zu bringen sei, völlige Gewissensfreiheit zu gewähren. Aber die Bischöfe mußten auch darauf bedacht sein, daß sie es ihm nicht durch ihre Uebereilung und Hartnäckigkeit unmöglich machten, ihnen irgendwie nützlich zu sein. Sie mußten sich klar bewußt sein, daß er entschlossen sei, Schottland nicht mit dem Schwerte eine Form des Kirchenregiments aufzuzwingen, die es verabscheue. Wenn es sich daher herausstellen sollte, daß die Prälatur nur mit Hülfe der Waffen aufrecht erhalten werden könne, so würde er der allgemeinen Gesinnung nachgeben und nur sein Möglichstes thun, damit es der bischöflichen Minorität gestattet werde, Gott in Freiheit und Sicherheit zu verehren.
[17]

[Comparative Stärke der religiösen Parteien in Schottland.]

Es ist nicht wahrscheinlich daß, selbst wenn die schottischen Bischöfe, wie Wilhelm anempfahl, Alles gethan hätten, was der Milde und Klugheit möglich war, um ihre Landsleute mit sich auszusöhnen, das Episkopat unter irgend welcher veränderten Gestalt hätte aufrecht erhalten werden können. Es ist zwar von Schriftstellern der damaligen Generation behauptet und von Schriftstellern unsrer Generation wiederholt worden, daß die Presbyterianer vor der Revolution nicht die Mehrheit der Bevölkerung Schottland's gebildet hätten.[18] In dieser Behauptung liegt jedoch eine offenbare Täuschung. Die wirkliche Stärke einer Religionspartei darf nicht lediglich nach ihrer Kopfzahl bemessen werden. Eine Landeskirche, eine dominirende Kirche, eine Kirche, die im ausschließlichen Besitz der bürgerlichen Ehren und Einkünfte ist, wird jederzeit unter ihren nominellen Mitgliedern viele zählen, welche gar keine Religion haben, viele, die zwar nicht ohne alle Religion sind, sich aber um religiöse Streitigkeiten wenig kümmern und kein Bedenken tragen, sich der eben bestehenden Art der Gottesverehrung zu conformiren, und viele, die sich wegen des Conformirens zwar Bedenken machen, deren Bedenken aber weltlichen Beweggründen gewichen sind. Auf der andren Seite hat jedes Mitglied einer unterdrückten Kirche eine entschiedene Vorliebe für diese Kirche. Von Jemandem, der zu den Zeiten Diocletian's an der Feier der christlichen Mysterien Theil nahm, konnte vernünftigerweise angenommen werden, daß er fest an Christum glaube. Aber es würde ein großer Irrthum sein, wollte man glauben, daß ein einziger Pontifex oder Augur im römischen Senat fest an Jupiter geglaubt habe. Unter Mariens Regierung war Jedermann, der an den geheimen Zusammenkünften der Protestanten Theil nahm, ein wahrer Protestant; aber Hunderttausende besuchten die Messe, von denen es sich schon in den ersten Wochen nach Mariens Tode zeigte, daß sie keine aufrichtigen Katholiken waren. Wenn unter den Königen des Hauses Stuart, wo ein Presbyterianer von politischer Macht und wissenschaftlichen Berufszweigen ausgeschlossen war, täglich von Angebern, von tyrannischen Magistratsbeamten, oder von zügellosen Dragonern belästigt wurde und Gefahr lief aufgehängt zu werden, wenn er eine Predigt unter freiem Himmel anhörte, die Bevölkerung Schottland's sich nicht sehr ungleich in Episkopale und Presbyterianer theilte, so läßt sich vernünftigerweise annehmen, daß mehr als neunzehn Zwanzigstel von denjenigen Schotten, deren Gewissen bei der Sache betheiligt war, Presbyterianer waren und daß von zwanzig Schotten nicht einer entschieden und aus Ueberzeugung ein Episkopale war. Gegen ein solches

Uebergewicht hatten die Bischöfe wenig Aussicht, und die geringe Aussicht, die sie etwa hatten, beeilten sie sich abzuwerfen, Einige deshalb, weil sie der aufrichtigen Meinung waren, ihre Unterthanenpflicht gehöre noch immer Jakob, Andere wahrscheinlich aus Besorgniß, daß Wilhelm, wenn er auch den Willen hätte, nicht die Macht haben würde, ihnen zu helfen, und daß nur eine Contrerevolution im Staate einer Revolution in der Kirche vorbeugen könne.

[Schreiben von Wilhelm an die schottische Convention.]

Da der neue König von England während der Sitzungen der schottischen Convention nicht in Edinburg sein konnte, so wurde ein Schreiben von ihm an die Stände mit großer Geschicklichkeit entworfen. In diesem Dokumente erklärte er seine warme Anhänglichkeit an die protestantische Religion, sprach sich aber nicht über diejenigen Fragen aus, bezüglich welcher die Ansicht der Protestanten getheilt war. Er sagte, er habe mit großer Genugthuung bemerkt, daß viele von den schottischen Cavalieren und Gentlemen, mit denen er in London conferirt, zu einer Vereinigung der beiden britischen Königreiche geneigt seien. Er sehe ein, wie sehr eine solche Vereinigung das Glück beider Länder fördern würde, und er werde Alles thun was in seinen Kräften stehe, damit ein so gutes Werk zu Stande komme.

[Wilhelm's Instructionen für seine Agenten in Schottland.]

Seinen confidentiellen Agenten in Edinburg mußte er eine große Freiheit im Handeln gestatten. Die geheimen Instructionen, welche er diesen Männern ertheilte, konnten daher nicht minutiös sein, aber sie waren höchst verständig. Er beauftragte sie, die wahre Gesinnung der Convention nach besten Kräften zu ermitteln und sich durch dieselbe leiten zu lassen. Sie sollten stets eingedenk sein, daß der erste Zweck die Befestigung der Regierung sei. Diesem Zwecke mußte jeder andre, selbst die Union, nachstehen. Ein Vertrag zwischen zwei mehrere Tagereisen entfernten Legislaturen müsse nothwendig das Werk der Zeit sein und der Thron könne während der Dauer der Unterhandlungen nicht füglich erledigt bleiben. Die Agenten Sr. Majestät müßten daher ganz besonders auf ihrer Hut sein gegen die Kunstgriffe von Leuten, welche unter dem Vorwand, die Union zu fördern, thatsächlich nur eine Verlängerung des Interregnums beabsichtigten. Wenn die Convention geneigt sein sollte, die presbyterianische Form des Kirchenregiments einzuführen, so wünsche Wilhelm, daß seine Freunde Alles aufböten, um die siegende Religionspartei abzuhalten, für die erlittenen Drangsale Wiedervergeltung zu üben.[19]

[Die Dalrymple.]

Der Mann, durch dessen Rath sich Wilhelm damals in Sachen der schottischen Politik hauptsächlich leiten ließ, war ein Schotte von großen Fähigkeiten und Geistesgaben, Sir Jakob Dalrymple von Stair, der Begründer einer Familie, die sich in der Advokatur, auf der Richterbank, im Senate, in der Diplomatie, in den Waffen und in der Literatur auszeichnete, die sich aber auch durch Unglücksfälle und Missethaten, welche den Dichtern und Romanschreibern Stoff zu den schwärzesten und herzzerreißendsten Geschichten geliefert, einen Namen gemacht hat. Sir Jakob hatte schon mehr als einen sonderbaren und entsetzlichen Todesfall zu betrauern gehabt. Eine seiner Töchter hatte ihren Bräutigam in der Hochzeitsnacht erstochen. Einer seiner Enkel war bei einem kindlichen Spiele von einem andren getödtet worden. Boshafte Pamphletisten behaupteten und ein Theil des abergläubischen Volks glaubte es, daß so entsetzliche Unfälle die Folge einer gewissen Verbindung zwischen der unglücklichen Familie und den Mächten der Finsterniß sei. Sir Jakob hatte einen schiefen Hals; dieses Unglück warf man ihm wie ein Verbrechen vor und sagte, daß er dadurch als ein für den Galgen bestimmter Mann gezeichnet sei. Seine Gattin, eine Frau von hoher geistiger Begabung, Klugheit und Entschlossenheit, hatte vom Volke den Spottnamen der Hexe von Endor erhalten. Es wurde allen Ernstes gesagt, daß sie auf Diejenigen, die sie haßte, einen furchtbaren Zauber geworfen und daß man sie in der Gestalt einer Katze auf der Staatsdecke zur Seite des Lordstatthalters habe sitzen sehen. Der Mann, auf dessen Dache ein so mannichfacher Fluch zu lasten schien, stand jedoch, soweit wir dies jetzt noch beurtheilen können, keineswegs auf einer viel tieferen Stufe der Moralität als die große Mehrzahl der Staatsmänner seiner Zeit und seiner Nation. An Seelenstärke und Kenntnissen war er ihnen Allen überlegen. In seiner Jugend hatte er die Waffen getragen, dann war er Professor der Philosophie gewesen, hatte hierauf die Rechte studirt und war anerkanntermaßen der größte Jurist, den sein Vaterland hervorgebracht hat. In den Tagen des Protectorats war er Richter gewesen. Nach der Restauration hatte er sich mit der königlichen Familie ausgesöhnt, war Mitglied des Geheimraths geworden und hatte mit unvergleichlicher Geschicklichkeit dem Court of Session präsidirt. Allerdings hatte er an manchen nicht zu rechtfertigenden Handlungen Theil genommen, aber eine gewisse Grenze überschritt er niemals. Er besaß ein merkwürdiges Talent, einem Satze, den zu behaupten er für gut fand, einen plausibeln Anschein von Gesetzlichkeit und selbst von Gerechtigkeit zu geben, und dieses Talent mißbrauchte er häufig. Aber er war nicht wie viele von Denen, unter welchen er lebte, schamlos und gewissenlos servil. Schamgefühl oder Gewissen hielten ihn in der Regel ab, eine Schlechtigkeit zu begehen, für die sein seltener Scharfsinn nicht einen speziösen Vertheidigungsgrund ausfindig machen konnte, und er fehlte gewöhnlich an seinem Platze im Staatsrath, wenn eine empörende Ungerechtigkeit oder Grausamkeit im Werke war. Seine Mäßigung wurde dem Hofe endlich unangenehm. Er wurde seines hohen Amtes entsetzt und befand sich in einer so mißlichen Situation, daß er sich nach Holland zurückzog. Dort beschäftigte er sich mit der Verbesserung des großen juristischen Werks, das seinen Namen bis auf unsre Zeit in frischem Andenken erhalten hat. In seinem Exil bemühte er sich, die Gunst seiner Mitverbannten zu gewinnen, die ihn natürlich mit Argwohn betrachteten. Er betheuerte, und vielleicht war dem wirklich so, daß seine Hände rein seien vom Blute der verfolgten Covenanters. Er trug eine große Religiosität zur Schau, betete viel und beobachtete allwöchentlich Fast- und Kasteiungstage. Nach langem Zaudern willigte er sogar ein, das unglückliche Unternehmen Argyle's mit seinem Rathe und Ansehen zu unterstützen. Als dieses Unternehmen gescheitert war, wurde Dalrymple in Edinburg der Prozeß gemacht, und seine Güter würden ohne allen Zweifel confiscirt worden sein, hätte man sie nicht durch einen Kunstgriff gerettet, der in der Folge unter den schottischen Staatsmännern sehr gewöhnlich wurde. Sein ältester Sohn und muthmaßlicher Erbe, Johann, trat auf die Seite der Regierung, unterstützte das Dispensationsrecht, erklärte sich gegen den Test und nahm die Stelle des Lord Advokaten an, als Sir Georg Mackenzie, nachdem er zehn Jahre entehrender Plackerei auf diesem Posten ausgeharrt, endlich Zeichen der Erschlaffung blicken ließ. Die Dienste des jungen Dalrymple wurden mit Erlassung, der Vermögensconfiscation belohnt, der sich der ältere durch seine Vergehen ausgesetzt hatte. Diese Dienste waren allerdings auch nicht zu verachten, denn obwohl Sir John an Tiefe und Umfang der juristischen Kenntnisse seinem Vater nachstand, war er doch kein gewöhnlicher Mensch. Er besaß eine vielseitige Bildung, einen scharfen Verstand und eine ungemein schlagende und elegante Beredtsamkeit. Auf Frömmigkeit machte er keinen Anspruch. Episkopalen und Presbyterianer stimmten in der That darin überein, daß sie ihn für wenig besser als einen Atheisten hielten. Einige Monate lang stellte sich Sir Johann in Edinburg, als ob er die Illoyalität seines unglücklichen Vaters, Sir Jakob, verdammte, und Sir Jakob sagte in Leyden zu seinen puritanischen Freunden, daß er die abscheuliche Willfährigkeit seines unglücklichen Sohnes tief beklage.

Die Revolution kam und brachte dem Hause Stair einen großen Zuwachs an Reichthum und Ehren. Der Sohn wechselte sogleich die Farbe und cooperirte geschickt und eifrig mit dem Vater. Sir Jakob nahm seinen Wohnsitz in London, um Wilhelm in schottischen Angelegenheiten mit seinem Rathe zu unterstützen. Sir Johann's Posten war im Parlamentshause zu Edinburg. Es war nicht wahrscheinlich, daß er unter den dortigen Wortkämpfern seines Gleichen finden würde, und er war darauf vorbereitet alle seine Kräfte gegen die Dynastie aufzubieten, der er noch kürzlich gedient hatte.[20]

[Melville.]

Von der zahlreichen Partei, welche dem calvinistischen Kirchenregiment eifrig zugethan war, wurde Johann Dalrymple mit unheilbarem Mißtrauen und Widerwillen betrachtet. Es mußte daher ein andrer Agent zur Bearbeitung dieser Partei ernannt werden. Dieser Agent war Georg Melville, Lord Melville, ein mit dem unglücklichen Monmouth und dem Leslie, der die schottische Armee mit so schlechtem Erfolg bei Dunbar gegen Cromwell befehligt hatte, verwandter Edelmann. Melville hatte von jeher für einen Whig und Presbyterianer gegolten. Selbst Diejenigen, die am günstigsten über ihn urtheilen, haben es nicht gewagt, ihm ausgezeichnete Geistesgaben oder glühenden Gemeinsinn zuzuschreiben. Aus seinen Briefen geht jedoch hervor, daß es ihm keineswegs an der natürlichen Klugheit fehlte, deren Mangel Männern von glänzenderem Genie und reinerer Tugend oft zum Verderben gereicht hat. Diese Klugheit hatte ihn abgehalten, in der Opposition gegen die Tyrannei der Stuarts zu weit zu gehen, aber er hatte zugehört, wenn seine Freunde von Widerstand sprachen, und als das Ryehousecomplot entdeckt wurde, hielt er es daher für rathsam, sich auf den Continent zurückzuziehen. In seiner Abwesenheit wurde er des Hochverraths angeklagt und auf Beweise hin, welche keinem unparteiischen Gerichtshofe genügt haben würden, für schuldig befunden. Er ward zum Tode verurtheilt, seine Ehren und Güter wurden für verwirkt erklärt, sein Wappen mit Schimpf und Schande aus dem Buche des Herolds gerissen, und seine Besitzungen vermehrten das Vermögen des grausamen und habsüchtigen Perth. Unterdessen lebte der Flüchtling mit characteristischer Vorsicht ruhig auf dem Continent und mißbilligte die unglücklichen Pläne seines Vetters Monmouth, zollte aber dem Unternehmen des Prinzen von Oranien von Herzen seinen Beifall.

Krankheit hatte Melville verhindert, mit der holländischen Expedition abzusegeln; aber wenige Stunden nachdem die neuen Herrscher in London proklamirt worden waren, kam er daselbst an. Wilhelm schickte ihn sogleich nach Edinburg, wie es scheint in der Hoffnung, daß die Presbyterianer gemäßigten Rathschlägen aus dem Munde eines Mannes, der ihrer Sache ergeben war und für dieselbe gelitten hatte, Gehör schenken würden. Melville's zweiter Sohn, David, der durch seine Mutter den Titel eines Earl von Leven geerbt und sich im Dienste des Kurfürsten von Brandenburg einige militärische Erfahrung erworben, hatte die Ehre, der Ueberbringer eines Briefes von dem neuen König von England an die schottische Convention zu sein.[21]

[Jakob's Agenten in Schottland: Dundee, Balcarras.]

Jakob hatte die Leitung seiner Angelegenheiten in Schottland Johann Graham, Viscount Dundee, und Colin Lindsay, Earl von Balcarras, übertragen. Dundee hatte ein schottisches Truppencorps commandirt, das in England eingerückt war, um den Engländern Widerstand zu leisten; aber er hatte in dem ruhmlosen Feldzuge, der für die Dynastie Stuart verderblich geworden war, keine Gelegenheit gehabt, den Muth und die militärische Tüchtigkeit zu entfalten, deren Besitz ihm selbst Diejenigen zugestehen, die seinen erbarmungslosen Character am tiefsten verabscheuen. Er stand mit seinen Truppen nicht weit von Watford, als er erfuhr, daß Jakob von Whitehall geflohen war und daß Feversham die ganze königliche Armee aufzulösen befohlen hatte. So befanden sich die schottischen Regimenter ohne Gold und ohne Lebensmittel inmitten einer fremden und sogar feindlichen Nation. Dundee soll vor Schmerz und Wuth geweint haben. Bald kamen jedoch von verschiedenen Seiten erfreulichere Nachrichten. Wilhelm schrieb einige Zeilen, worin er sagte, daß, wenn die Schotten sich ruhig verhielten, er mit seiner Ehre dafür einstehen würde, daß ihnen nichts geschehen solle, und einige Stunden darauf erfuhr man, daß Jakob in seine Hauptstadt zurückgekehrt war. Dundee eilte sofort nach London.[22] Hier traf er mit seinem Freunde Balcarras zusammen, der eben aus Edinburg angelangt war. Balcarras, ein Mann, der sich durch angenehme Persönlichkeit und durch Bildung auszeichnete, hatte in seiner Jugend den Patrioten gespielt, war aber der Sache des Volks untreu geworden, hatte einen Sitz im Geheimrath angenommen, war ein Werkzeug Perth's und Melfort's geworden, und war einer der Commissare gewesen, welche zur Verwaltung des Schatzmeisteramts ernannt wurden, als Queensberry in

Ungnade fiel, weil er die Interessen der protestantischen Religion nicht hatte verrathen wollen.[23]

Dundee und Balcarras gingen zusammen nach Whitehall und hatten die Ehre, Jakob auf seinem letzten Spaziergange in der Mailbahn zu begleiten. Er sagte ihnen, daß er seine Angelegenheiten in Schottland ihren Händen anzuvertrauen gedenke. „Sie, Mylord Balcarras, müssen die Civilgeschäfte übernehmen, und Sie, Mylord Dundee, sollen eine Vollmacht zur Uebernahme des militärischen Commandos von mir erhalten." Die beiden Lords versprachen sich seines Vertrauens würdig zu zeigen und wiesen jeden Gedanken an eine Aussöhnung mit dem Prinzen von Oranien entschieden zurück.[24]

Am folgenden Tage verließ Jakob Whitehall für immer und der Prinz von Oranien kam im St. Jamespalast an. Sowohl Dundee als Balcarras befanden sich unter der Menge, welche zur Begrüßung des Befreiers herbeiströmte und sie wurden nicht unfreundlich aufgenommen. Beide waren ihm wohlbekannt. Dundee hatte auf den Continent unter ihm gedient,[25] und Balcarras' erste Gemahlin war eine Dame aus dem Hause Oranien gewesen und hatte an ihrem Hochzeitstage ein Paar prächtiger Smaragdohrringe getragen, welche ihr Vetter, der Prinz, ihr zum Geschenk gemacht.[26]

Die schottischen Whigs, welche damals in großer Anzahl zu Westminster versammelt waren, drangen ernstlich in Wilhelm, dem Namen nach vier oder fünf Männer zu proscribiren, welche in den schlimmen Seiten bei den Maßnahmen des Geheimrath zu Edinburg eine bedeutende Rolle gespielt hatten. Dundee und Balcarras wurden speciell erwähnt. Aber der Prinz hatte beschlossen, soweit seine Macht reichte, den Schleier einer allgemeinen Amnestie über alles Vergangene zu werfen, und weigerte sich entschieden, irgend eine Erklärung zu erlassen, die selbst den strafbarsten der Diener seines Oheims hätte zur

Verzweiflung bringen können.

Balcarras begab sich zu wiederholten Malen in den St. Jamespalast, hatte mehrere Audienzen bei Wilhelm, sprach seine tiefste Ehrerbietung gegen Seine Hoheit aus und gestand zu, daß König Jakob große Fehler begangen habe, wollte aber nicht versprechen, sich bei einem Absetzungsvotum zu betheiligen. Wilhelm äußerte kein Mißfallen darüber, sagte aber beim Abschiede: „Nehmen Sie Bedacht darauf, Mylord, daß Sie Sich innerhalb des Gesetzes halten, denn wenn Sie es übertreten, haben Sie zu erwarten, daß Sie demselben überlassen werden."[27]

Dundee scheint weniger aufrichtig gewesen zu sein. Er bediente sich der Vermittelung Burnet's, trat in Unterhandlung mit dem Hofe, erklärte seine Bereitwilligkeit, sich der neuen Ordnung der Dinge zu unterwerfen, erlangte von Wilhelm ein Protectionsversprechen und versprach dafür, sich ruhig zu verhalten. Man schenkte seinen Versicherungen so vollen Glauben, daß man ihm gestattete, unter der Eskorte eines Reitertrupps nach Schottland zu reisen. Ohne eine solche Eskorte würde der Blutmensch, dessen Name an dem Herde jeder presbyterianischen Familie nicht ohne einen Schauder genannt wurde, unter den damaligen Umständen eine gefährliche Reise durch Berwickshire und die Lothians gehabt haben.[28]

Der Februar ging zu Ende, als Dundee und Balcarras in Edinburg ankamen. Sie hatten einige Hoffnung, die Häupter einer Majorität in der Convention zu werden, und sie bemühten sich daher kräftig, ihre Partei zu consolidiren und zu beleben. Sie versicherten den strengen Royalisten, welche Bedenken trugen, in einer von einem Usurpator einberufenen Versammlung zu sitzen, der rechtmäßige König wünsche ganz besonders, daß kein Freund der erblichen Monarchie fehle. Mehr als ein Schwankender wurde dadurch fest erhalten, daß man ihm im Vertrauen versicherte, eine baldige Restauration sei unvermeidlich.

Gordon hatte schon beschlossen, das Schloß zu übergeben, und angefangen, sein Mobiliar fortzuschaffen; aber Dundee und Balcarras überredeten ihn, noch einige Zeit auszuharren. Sie theilten ihm mit, daß sie aus Saint-Germains volle Ermächtigung erhalten hätten, die Convention nach Stirling zu verlegen und daß, wenn es in Edinburg schlecht gehen sollte, von dieser Ermächtigung Gebrauch gemacht werden würde.[29]

[Zusammentritt der Convention.]

Endlich erschien der 14. März, der zum Zusammentritt der Stände bestimmte Tag, und das Parlamentshaus war gedrängt voll. Neun Prälaten waren auf ihren Plätzen. Als Argyle eintrat, protestirte ein einziger Lord gegen die Zulassung eines Mannes, der durch ein in alter Form ausgesprochenes und noch nicht umgestoßenes rechtskräftiges Erkenntniß der Ehren der Pairie entkleidet worden sei. Dieser Einwurf wurde jedoch durch die allgemeine Ansicht der Versammlung entkräftet. Als Melville erschien, erhob sich keine Stimme gegen seine Zulassung. Der Bischof von Edinburg fungirte als Kaplan und nahm in sein Gebet die Bitte auf, Gott möge dem König Jakob beistehen und ihn wieder auf den Thron setzen.[30] Es zeigte sich bald, daß die allgemeine Gesinnung der Convention mit diesem Gebet durchaus nicht in Einklang stand. Die erste zu erledigende Angelegenheit war die Wahl eines Präsidenten. Der Herzog von Hamilton wurde von den Whigs, der Marquis von Athol von den Jakobiten unterstützt. Aber keiner der beiden Candidaten besaß das volle Vertrauen seiner Parteianhänger, und verdiente es auch nicht. Hamilton war ein Staatsrath Jakob's gewesen, hatte an vielen nicht zu rechtfertigenden Maßregeln Theil gehabt und hatte den frechsten Angriffen auf die Gesetze und die Religion Schottland's einen nur sehr vorsichtigen und lauen Widerstand entgegengesetzt. Erst als Whitehall von holländischen Garden bewacht wurde, wagte er es sich offen auszusprechen. Er hatte sich nun der siegreichen Partei angeschlossen und den Whigs versichert, daß er nur deshalb zum Schein ihr Feind gewesen sei, um, ohne Verdacht zu erwecken, als ihr Freund handeln zu können. Athol war noch weniger zu trauen. Er besaß geringe Fähigkeiten und einen falschen, kleinmüthigen und grausamen Character. Unter der letzten Regierung hatte er sich durch die Grausamkeiten, die er in Argyleshire verübt, eine schmachvolle Berühmtheit erworben. Er hatte mit dem Wechsel des Glücks die Farbe gewechselt und hatte dem Prinzen von Oranien in serviler Weise den Hof gemacht, war aber kalt aufgenommen worden und war nun aus bloßem Aerger darüber zu der Partei zurückgekehrt, die er verlassen.[31] Keiner der beiden rivalisirenden Edelleute hatte sich bemüßigt gefunden, die Würden und Besitzungen seines Hauses auf den Ausgang des Kampfes zwischen den beiden rivalisirenden Königen zu setzen. Hamilton's ältester Sohn hatte sich für Jakob, Athol's ältester Sohn für Wilhelm erklärt, so daß für alle Fälle beide Adelskronen und beide Güter gesichert waren.

Aber in Schottland waren die herrschenden Begriffe von politischer Moral lax und das aristokratische Gefühl stark; die Whigs waren daher geneigt zu vergeben, daß Hamilton noch unlängst im Staatsrathe Jakob's gesessen hatte, und eben so waren die Jakobiten bereit zu vergessen, daß Athol kürzlich Wilhelm den Hof gemacht. In Hinsicht der politischen Inconsequenz waren diese beiden vornehmen Lords allerdings weit entfernt vereinzelt dazustehen; an Ansehen und Macht aber hatten sie kaum ihres Gleichen in der Versammlung. Sie waren von höchst vornehmer Herkunft und besaßen einen ungeheuren Einfluß; der eine von ihnen konnte das westliche Niederland zu den Waffen rufen, der andre eine Armee nordischer Bergschotten ins Feld stellen. Um diese beiden Oberhäupter schaarten sich daher die feindlichen Factionen.

[Hamilton zum Präsidenten erwählt.]

Die Stimmen wurden gezählt, und es ergab sich, daß Hamilton eine Majorität von vierzigen hatte. In Folge dessen gingen etwa Zwanzig von der geschlagenen Partei sofort zu den Siegern über.[32] In Westminster würde ein solcher Abfall sonderbar erschienen sein; in Edinburg aber scheint er wenig überrascht zu haben. Es ist ein bemerkenswerther Umstand, daß das nämliche Land in dem nämlichen Jahrhundert die wunderbarsten Beispiele von beiden Extremen der menschlichen Natur hervorbrachte. Keine Klasse von Menschen, deren die Geschichte erwähnt, hat je an einem Principe mit unbeugsamer Hartnäckigkeit festgehalten, als man sie bei den schottischen Puritanern fand. Geld- und Gefängnißstrafen, Brandmarkungseisen, spanische Stiefel, Daumenschrauben und Galgen vermochten dem starren Covenanter kein ausweichendes Wort zu erpressen, welchem ein mit seinem theologischen System unvereinbarer Sinn unterzuschieben gewesen wäre. Selbst in indifferenten Dingen wollte er von keinem Vergleich hören und er war nur zu bereit, alle Diejenigen, welche Klugheit und Nächstenliebe anempfahlen, als Verräther an der Sache der Wahrheit zu betrachten. Auf der andren Seite waren die Schotten jener Generation, welche im Parlamentshause und im Rathszimmer eine hervorragende Rolle spielten, die falschesten und schamlosesten Achselträger, welche die Welt je gesehen. Die Engländer wunderten sich gleichmäßig über beide Klassen. Es gab zwar viele standhafte Nonconformisten im Süden, aber kaum einer unter ihnen konnte sich an Hartnäckigkeit, Kampflust und Unerschrockenheit mit den Männern aus der Schule Cameron's messen. Es gab viele schurkische Politiker im Süden, aber wenige darunter waren so vollständig aller Moralität und noch wenigere so vollständig alles

Schamgefühls bar wie die Männer aus der Schule Lauderdale's. Vielleicht ist es natürlich, daß die gefühlloseste und frechste Lasterhaftigkeit sich in der nächsten Nähe unvernünftiger und unlenksamer Tugend findet. Wo Fanatiker bereit sind, wegen Kleinigkeiten, die durch ein übermäßig scrupulöses Gewissen zu Wichtigkeit erhoben werden, zu vernichten oder sich vernichten zu lassen, da kann es nicht Wunder nehmen, wenn das Wort Gewissen an sich schon für kalte und schlaue Geschäftsmänner ein Wort des Hohnes und der Verachtung wird.

[Wahlausschuß.]

Die Majorität, verstärkt durch die Ueberläufer von der Minorität, schritt nun zur Ernennung eines Wahlausschusses. Es wurden funfzehn Mitglieder erwählt, und es zeigte sich bald, daß zwölf davon nicht geneigt waren, die Regelmäßigkeit des Verfahrens streng zu untersuchen, durch welches ein Whig in das Parlamentshaus geschickt worden war. Der Herzog von Hamilton selbst soll über die grobe Parteilichkeit seiner eignen Anhänger entrüstet gewesen sein und sich, allerdings mit geringem Erfolge, bemüht haben, ihre Heftigkeit zu zügeln.[33]

[Das Schloß von Edinburg zur Uebergabe aufgefordert.]

Ehe die Stände mit der Berathung der Angelegenheit begannen, um deren willen sie zusammengetreten waren, hielten sie es für nöthig, auf ihre Sicherheit bedacht zu sein. Sie konnten nicht ganz unbesorgt sein, so lange das Dach, unter dem sie saßen, von den Batterien des Schlosses beherrscht wurde. Es wurde demnach eine Deputation an Gordon abgesandt, um ihn im Namen der Convention aufzufordern, die Festung binnen vierundzwanzig Stunden zu räumen, und ihm zu sagen, daß, wenn er sich füge, seiner Vergangenheit nicht zu seinem Nachtheil gedacht werden solle. Er bat um eine Nacht Bedenkzeit. Während dieser Nacht wurde sein schwankender Sinn durch Dundee's und Balcarras' eindringliche Vorstellungen befestigt. Am andren Morgen schickte er eine in ehrerbietigen, aber ausweichenden Ausdrücken abgefaßte Antwort. Er erklärte darin, er sei weit entfernt, Böses gegen die Stadt Edinburg im Sinne zu haben. Am allerwenigsten könne es ihm einfallen, eine hohe Versammlung zu belästigen, die er mit der größten Ehrfurcht betrachte. Er sei gern bereit, Bürgschaft für sein friedliches Verhalten bis zum Betrage von zwanzigtausend Pfund Sterling zu erlegen. Aber er stehe mit der jetzt in England eingesetzten Regierung in Verbindung, er erwarte stündlich Depeschen von dieser Regierung und bis zum Eingang derselben halte er sich nicht für berechtigt, sein Commando niederzulegen. Diese Entschuldigungen wurden nicht angenommen. Es wurden Herolde und Trompeter abgeschickt, um das Schloß in aller Form zur Uebergabe aufzufordern und Diejenigen, welche fortfahren sollten, diese Festung der Autorität der Stände zum Trotz besetzt zu halten, des Hochverraths für schuldig zu erklären. Zu gleicher Zeit wurden Wachen ausgestellt, um jede Verbindung zwischen der Garnison und der Stadt abzuschneiden.[34]

[Dundee von den Covenanters bedroht.]

Unter diesen Vorspielen waren zwei Tage verstrichen und man erwartete, daß am Morgen des dritten der große Kampf beginnen werde. Die Bevölkerung von Edinburg war unterdessen in großer Aufregung. Man war dahinter gekommen, daß Dundee auf dem Schlosse Besuche gemacht hatte, und man glaubte, daß seine Ermahnungen die Garnison bewegen hätten, Widerstand zu leisten. Man wußte, daß seine alten Soldaten sich um ihn schaaren, und es stand wohl zu befürchten, daß er einen verzweifelten

Versuch unternehmen werde. Er dagegen hatte erfahren, daß die westlichen Covenanters, welche die Keller der Stadt füllten, ihm Rache geschworen hatten, und in der That, wenn wir erwägen, daß sie von beispiellos wildem und unversöhnlichem Character waren, daß man sie gelehrt hatte, das Erschlagen eines Verfolgers als eine Pflicht zu betrachten, daß keine in der heiligen Schrift vorkommenden Beispiele ihnen häufiger zur Bewunderung vorgehalten wurden als Ehud, wie er Eglon ersticht, und Samuel, wie er Agag in Stücken haut, daß sie keine That aus der Geschichte ihres Vaterlandes von ihren Lieblingslehrern wärmer hatten loben hören als die Ermordung des Cardinals Beatoun und des Erzbischofs Sharpe, so dürfen wir uns wohl wundern, daß ein Mann, der das Blut der Heiligen wie Wasser vergossen hatte, nur einen einzigen Tag ohne Lebensgefahr durch High Street gehen konnte. Der Feind, den Dundee am meisten Grund zu fürchten hatte, war ein junger Mann von ausgezeichnetem Muth und Talent, Namens Wilhelm Cleland. Cleland hatte, als er wenig über sechzehn Jahr alt war, bei der Insurrection, welche an der Bothwellbrücke niedergeworfen wurde, die Waffen getragen. Seitdem hatte er sich durch seine Menschlichkeit und Mäßigung das Mißfallen einiger boshaften Fanatiker zugezogen. Bei der großen Masse der Presbyterianer aber stand sein Name in hohem Ansehen, denn mit der strengen Moralität und dem glühenden Eifer eines Puritaners verband er einige Vorzüge, deren sich wenige Puritaner rühmen konnten. Er besaß feine Manieren und eine achtungswerthe literarische und wissenschaftliche Bildung. Er war Linguist, Mathematiker und Dichter. Seine Hymnen, Oden, Balladen und Satiren à la Hudibras hatten allerdings wenig innern Werth; aber wenn man bedenkt, daß er fast noch ein Knabe war, als er die meisten derselben schrieb, so muß man zugeben, daß sie bedeutende natürliche Anlagen bekunden. Er war jetzt in Edinburg, sein Einfluß unter den daselbst versammelten westländischen Whigs war sehr groß, er haßte Dundee mit tödtlicher Erbitterung und man glaubte, daß er mit einem Gewaltschritt umgehe.[35]

Am 15. März wurde Dundee benachrichtigt, daß einige Covenanters sich gegenseitig verpflichtet hatten, ihn und Sir Georg Mackenzie, den seine lange Zeit dem Dienste der Tyrannei gewidmete Beredtsamkeit und Gelehrsamkeit den Presbyterianern verhaßter gemacht hatte als irgend einen andren Mann von der Robe, um's Leben zu bringen. Dundee bat Hamilton um Schutz, und Hamilton rieth ihm, die Sache in der nächsten Sitzung der Convention vorzulegen.[36]

[Schreiben von Jakob an die Convention.]

Vor dieser Sitzung kam ein gewisser Crane aus Frankreich mit einem Schreiben des flüchtigen Königs an die Stände. Der Brief war versiegelt und der Ueberbringer war sonderbarerweise mit keiner Abschrift versehen, um sie den Häuptern der jakobitischen Partei mitzutheilen; auch hatte er weder einen schriftlichen noch mündlichen Auftrag für einen der beiden Agenten Jakob's. Balcarras und Dundee sahen mit großem Verdrusse, daß man ihnen so wenig Vertrauen schenkte, und quälten sich mit ängstlichen Zweifeln über den Inhalt des Schriftstückes, von dem so viel abhing. Sie waren jedoch geneigt das Beste zu hoffen. König Jakob konnte in seiner gegenwärtigen Lage nicht so schlecht berathen sein, daß er in directem Widerspruche mit den Rathschlägen und Bitten seiner Freunde hätte handeln können. Bei der Eröffnung seines Schreibens würde man sicherlich finden, daß er gnädige Zusicherungen enthielt, welche die Royalisten mit neuem Muthe beseelen und die gemäßigten Whigs gewinnen mußten. Seine Anhänger beschlossen daher, daß es vorgelegt werden solle.

Als die Convention sich am Samstag, den 16. Mai, des Morgens wieder versammelte, wurde beantragt, daß

Maßregeln für die persönliche Sicherheit der Mitglieder getroffen werden sollten. Es wurde behauptet, daß man Dundee nach dem Leben getrachtet, daß zwei Männer von verdächtigem Aussehen in der Nähe des Hauses, das er bewohnte, umhergestreift seien und daß man sie habe sagen hören, sie wollten den Hund so behandeln, wie er sie behandelt habe. Mackenzie versicherte, daß auch er in Gefahr sei, und verlangte in seiner gewohnten bilderreichen und kräftigen Sprache Schutz von den Ständen. Aber die Sache wurde von der Majorität sehr leicht genommen und die Convention ging zu anderen Gegenständen der Tagesordnung über.[37]

Hierauf wurde Crane als Einlaß ins Parlamentshaus begehrend angemeldet. Er wurde eingeladen und das Schriftstück, dessen Ueberbringer er war, auf den Tisch niedergelegt. Hamilton bemerkte, daß sich in den Händen des Earl von Leven eine Mittheilung von dem Prinzen befinde, kraft dessen Autorität die Stände einberufen worden seien. Diese Mittheilung schien den Vorrang zu verdienen. Die Convention war gleicher Meinung und das reiflich erwogene, einsichtsvolle Schreiben Wilhelm's wurde vorgelesen.

Dann wurde beantragt, daß auch Jakob's Brief geöffnet werden solle. Die Whigs wendeten dagegen ein, daß derselbe möglicherweise einen Befehl zur Auflösung der Convention enthalten könne. Sie schlugen deshalb vor, daß die Stände, ehe das Siegel erbrochen würde, beschließen sollten, trotz eines solchen Befehls beisammen zu bleiben. Die Jakobiten, welche den Inhalt des Schreibens eben so wenig kannten wie die Whigs, und die Vorlesung desselben nicht erwarten konnten, gaben bereitwillig ihre Zustimmung. Es wurde ein Beschluß gefaßt, durch den die Mitglieder sich verpflichteten, jeden Befehl, der ihnen gebieten sollte auseinander zu gehen, als null und nichtig zu betrachten und so lange beisammen zu bleiben, bis sie das Werk der

Sicherung der Freiheit und Religion Schottland's durchgeführt haben würden. Dieser Beschluß wurde von fast allen anwesenden Lords und Gentlemen unterzeichnet. Auch sieben von den neuen Bischöfen unterschrieben ihn. Die eigenhändig geschriebenen Namen Dundee's und Balcarras' sieht man noch auf der Originalrolle. Balcarras suchte später diesen Schritt, der nach seinen Grundsätzen ohne alle Widerrede ein abscheulicher Verrath war, damit zu entschuldigen, daß er sagte, er und seine Freunde hätten sich aus Eifer für das Interesse ihres Gebieters an einer rebellischen Erklärung gegen die Autorität ihres Gebieters betheiligt, sie hätten von dem Briefe den heilsamsten Einfluß erwartet, und der Brief würde nicht geöffnet worden sein, wenn sie nicht der Majorität ein Zugeständniß gemacht hätten.

[Wirkung von Jakob's Schreiben.]

In wenigen Minuten wurden Balcarras' Erwartungen bitter getäuscht. Der Brief, von dem man so viel gehofft und gefürchtet hatte, wurde mit allen den Ehren vorgelesen, welche die schottischen Parlamente königlichen Mittheilungen zu erweisen pflegten; aber jedes Wort erfüllte die Herzen der Jakobiten mit Verzweiflung. Man sah deutlich, daß das Unglück Jakob weder weise noch nachsichtig gemacht hatte. Alles athmete Hartnäckigkeit, Grausamkeit und Uebermuth. Denjenigen Verräthern, welche binnen vierzehn Tagen zu ihrer Unterthanenpflicht zurückkehrten, war Verzeihung zugesichert, allen Anderen aber mit schonungsloser Rache gedroht. Ueber frühere Vergehen war nicht nur kein Bedauern ausgedrückt, sondern der Brief selbst war ein neues Vergehen, denn er war von dem Apostaten Melfort geschrieben und contrasignirt, der nach den Gesetzen des Reichs zur Bekleidung des Amts eines Staatssekretärs nicht befähigt war und den die protestantischen Tories nicht weniger verabscheuten als die Whigs. Die ganze Versammlung gerieth in Aufruhr. Jakob's Feinde waren laut und heftig, und seine Freunde, welche gegen ihn aufgebracht waren und sich seiner schämten, sahen ein, daß nicht mehr daran zu denken war, den Kampf in der Convention fortzusetzen. Jede Stimme, die vor der Eröffnung des Schreibens zweifelhaft gewesen, war jetzt unwiederbringlich verloren. Die Sitzung schloß unter großer Aufregung.[38]

Es war Samstag Nachmittag und vor Montag früh sollte keine Sitzung wieder sein. Die jakobitischen Parteiführer hielten eine Berathung und kamen zu dem Schlusse, daß ein entscheidender Schritt gethan werden müsse. Dundee und Balcarras sollten sich der ihnen ertheilten Vollmachten bedienen; die Minorität sollte sofort Edinburg verlassen und sich in Stirling versammeln. Athol stimmte bei und nahm es auf sich, ein starkes Corps seiner Clansleute aus den Hochlanden zum Schutze der Berathungen der royalistischen Convention herbeizuziehen. Alles war für den Austritt vorbereitet; aber die Langsamkeit eines Mannes und die Uebereilung eines andren zerstörten in wenigen Stunden den ganzen Plan.

[Dundee's Flucht.]

Der Montag kam. Die jakobitischen Lords und Gentlemen waren eben im Begriff nach Stirling aufzubrechen, als Athol einen vierundzwanzigstündigen Aufschub verlangte. Er für seine Person habe keinen Grund, sich zu beeilen. Wenn er bliebe, liefe er nicht Gefahr ermordet zu werden. Wenn er aber ginge, setze er sich den von einem Bürgerkriege unzertrennlichen Gefahren aus. Da die Mitglieder seiner Partei sich nicht von ihm trennen wollten, willigten sie in den von ihm verlangten Aufschub und begaben sich noch einmal in das Parlamentsgebäude. Nur Dundee weigerte sich, noch länger zu bleiben. Er sagte, sein Leben sei in Gefahr. Die Convention habe sich geweigert, ihn zu beschützen, und er wolle nicht bleiben, um der Zielpunkt für die Pistolen und Dolche von Meuchelmördern zu sein. Balcarras machte vergebliche Vorstellungen. „Wenn Sie allein abreisen," sagte er, „so wird das Aufsehen machen, und den ganzen Plan vereiteln." Aber Dundee blieb bei seinem Vorsatze. Tapfer, wie er unzweifelhaft war, schien er, gleich vielen anderen tapferen Männern, gegen die Gefahr eines Meuchelmords weniger gestählt zu sein als gegen jede andre Form der Gefahr. Er kannte den Haß der Covenanters, er wußte wie sehr er ihren Haß verdient hatte, und er wurde von dem Bewußtsein unsühnbarer Schuld und von der Furcht vor einer entsetzlichen Wiedervergeltung gequält, welche die Polytheisten des Alterthums unter dem furchtbaren Namen der Furien personificirten. Seine alten Reiter, die Satans und Beelzebubs, die seine Verbrechen getheilt hatten und die jetzt seine Gefahren theilten, waren bereit, ihn auf seiner Flucht zu begleiten.

[Tumultuarische Sitzung der Stände.]

Inzwischen hatte sich die Convention wieder versammelt. Mackenzie hatte sich erhoben, und beklagte in pathetischen Ausdrücken die schlimme Lage der Stände, welche zu gleicher Zeit von den Kanonen einer Festung und von einem fanatischen Pöbel bedroht würden, als er durch einige Schildwachen unterbrochen wurde, die von den Posten in der Nähe des Schlosses herbeikamen. Sie hatten Dundee an der Spitze von funfzig Reitern auf der Straße nach Stirling gesehen. Diese Straße führte dicht an dem mächtigen Felsen vorbei, auf dem die Citadelle erbaut ist. Gordon war auf den Wällen erschienen und hatte durch ein Zeichen zu verstehen gegeben, daß er etwas zu sagen habe. Dundee war nun so hoch hinaufgeklommen, daß er hören und gehört werden konnte, und so besprach er sich eben jetzt mit dem Herzoge. Bis diesen Augenblick war der Haß, mit dem die presbyterianischen Mitglieder der Versammlung den unbarmherzigen Verfolger ihrer Glaubensbrüder betrachteten, durch die schicklichen Formen der parlamentarischen Berathung gedämpft worden. Jetzt aber erfolgte ein furchtbarer Ausbruch. Hamilton selbst, der, wie sogar seine Gegner zugaben, die Pflichten eines Präsidenten bisher mit Würde und Unparteilichkeit versehen hatte, war der Lauteste und Heftigste im Saale. „Es ist hohe Zeit" rief er aus, „daß wir auf uns selbst denken. Die Feinde unsrer Religion und unsrer bürgerlichen Freiheit sammeln sich rings um uns, und wir dürfen wohl argwöhnen, daß sie selbst hier Complicen haben. Man verschließe die Thüren und lege die Schlüssel auf den Tisch. Niemand soll hinaus als diejenigen Lords und Gentlemen, die wir beauftragen werden, die Bürger zu den Waffen zu rufen. Es sind einige wackere Männer aus dem Westen in Edinburg, Männer, für die ich stehen kann." Die Versammlung erhob einen allgemeinen Ruf der Zustimmung. Mehrere Mitglieder der Majorität rühmten sich, daß auch sie zuverlässige Anhänger mitgebracht hätten, die auf den ersten Wink gegen Claverhouse und seine Dragoner ziehen würden. Alles was Hamilton vorschlug, wurde sofort ins Werk gesetzt. Die Jakobiten gaben sich schweigend und ohne Widerstand zu Gefangenen. Leven ging hinaus und gab Befehl Alarm zu schlagen. Die Covenanters von Lanarkshire und Ayrshire leisteten dem Aufrufe sofort Folge. Die so zusammengebrachte Streitmacht hatte zwar kein sehr militärisches Aussehen, genügte aber vollkommen, um die Anhänger des Hauses Stuart im Schach zu halten. Von Dundee war nichts zu hoffen oder zu fürchten. Er war schon den Schloßberg wieder herabgeklommen, zu seinen Reitern zurückgekehrt und in westlicher Richtung davongesprengt. Hamilton ließ nun die Thüren öffnen und es stand den verdächtigen Mitgliedern frei sich zu entfernen. Gedemüthigt und niedergeschmettert, aber doch froh, so wohlfeilen Kaufs davongekommen zu sein, stahlen sie sich durch den Haufen finstrer Fanatiker, welcher High Street füllte. An eine Lostrennung war nun nicht mehr zu denken. [39]

Am folgenden Tage wurde beschlossen, daß das Königreich in Vertheidigungsstand gesetzt werden solle. Die Einleitung zu diesem Beschlusse enthielt eine strenge Rüge der Perfidie des Verräthers, der wenige Stunden nachdem er durch eine eigenhändig unterschriebene Erklärung sich verpflichtet, seinen Posten in der Convention nicht zu verlassen, das Beispiel der Desertion und das Signal zum Bürgerkriege gegeben hatte. Alle Protestanten vom sechszehnten bis zum sechzigsten Lebensjahre erhielten die Weisung sich bereit zu halten, um beim ersten Aufrufe unter die Waffen zu treten, und damit sich Niemand mit Unkenntniß entschuldigen konnte, wurde die öffentliche Verlesung des Edicts auf allen Marktplätzen des ganzen Königreichs angeordnet.[40]

Die Stände beschlossen hierauf, ein Danksagungsschreiben an Wilhelm zu richten. Diesem Briefe waren die Unterschriften vieler Edelleute und Gentlemen beigefügt, die zur Partei des verbannten Königs gehörten. Die Bischöfe aber weigerten sich einstimmig, ihre Namen darunter zu setzen.

[Ein Ausschuß zur Entwerfung eines Regierungsplanes ernannt.]

Es war bei den schottischen Parlamenten seit langer Zeit Brauch, die Entwerfung von Gesetzen und Verordnungen einer Auswahl von Mitgliedern zu übertragen, welche die Artikellords genannt wurden. In Gemäßheit dieses Brauchs wurde jetzt ein Ausschuß von Vierundzwanzig beauftragt, einen Entwurf zur Feststellung der Regierung auszuarbeiten. Von diesen Vierundzwanzig waren Acht Peers, Acht Vertreter von Grafschaften und Acht

Abgeordnete von Städten. Die Majorität des Ausschusses waren Whigs und es befand sich kein einziger Prälat darin.

Der durch eine Reihenfolge von Unfällen gebrochene Muth der Jakobiten wurde durch die Ankunft des Herzogs von Queensberry aus London auf einen Augenblick wieder gehoben. Er war ein Mann von hohem Range und großem Einflusse und sein Character war gut im Vergleich zu dem Character Derer, die ihn umgaben. Als der Papismus die Oberhand hatte, war er der Sache der protestantischen Kirche treu geblieben, und seitdem der Whiggismus das Uebergewicht erlangt, war er ein treuer Anhänger der erblichen Monarchie geblieben. Einige waren der Meinung, daß er dem Hause Stuart wichtige Dienste hätte leisten können, wenn er früher auf seinem Platze gewesen wäre.[41] Selbst jetzt brachten die Belebungsmittel, die er bei seiner erstarrten und schwachen Partei anwendete, einige matte Symptome wiederkehrenden Muthes hervor. Man fand Mittel, um sich mit Gordon in Verbindung zu setzen und er wurde dringend aufgefordert, auf die Stadt zu feuern. Die Jakobiten hofften, daß, sobald die Kanonenkugeln einige Schornsteine zertrümmert, die Stände nach Glasgow übersiedeln würden. So wurde Zeit gewonnen und die Royalisten konnten vielleicht ihren alten Plan, zu einer Separatconvention zusammenzutreten, noch ausführen. Gordon weigerte sich jedoch entschieden, auf keine bessere Gewähr als die Aufforderung einer kleinen Kabale, eine so schwere Verantwortlichkeit auf sich zu nehmen.[42]

Inzwischen hatten die Stände eine Schutzmacht, auf die sie sich fester verlassen konnten als auf die undisciplinirten und ungestümen Covenanters aus dem Westen. Ein Geschwader englischer Kriegsschiffe aus der Themse war in der Mündung des Forth angekommen. Dieses Geschwader hatte die drei schottischen Regimenter an Bord, welche Wilhelm aus Holland herüber begleitet. Er hatte sie mit weiser Einsicht ausgewählt, die Versammlung zu beschützen, welche die Regierung ihres Vaterlandes feststellen sollte, und damit dem im Punkte der Nationalehre ungemein empfindlichen Volke kein Grund zur Eifersucht gegeben werden möge, hatte er alle holländischen Soldaten aus den Gliedern entfernt und dadurch die Zahl der Mannschaften auf ungefähr elfhundert reducirt. Dieses kleine Truppencorps wurde commandirt von Andreas Mackay, einen Hochländer von vornehmer Abkunft, der lange auf dem Continent gedient hatte und der sich durch einen unerschütterlichen Muth und durch eine Frömmigkeit auszeichnete, wie man sie bei Soldaten des Zufalls selten findet. Die Convention faßte einen Beschluß, durch den sie Mackay zum Oberbefehlshaber ihrer Streitkräfte ernannte. Als über diesen Beschluß die Vorfrage gestellt wurde, bat der Erzbischof von Glasgow, der wahrscheinlich nicht Lust hatte, sich an einer solchen widerrechtlichen Anmaßung von Befugnissen zu betheiligen, welche dem Könige allein zustanden, daß man die Prälaten von der Abstimmung entbinden möchte. Geistliche, sagte er, hätten mit militärischen Maßregeln nichts zu schaffen. „Die Väter der Kirche," entgegnete ein Mitglied in sehr nachdrücklichem Tone, „sind seit kurzem mit einen neuem Lichte beglückt worden. Ich habe selbst militärische Befehle gesehen, welche von dem Hochwürdigen unterzeichnet waren, der jetzt plötzlich so scrupulös geworden ist. Allerdings waltete ein Unterschied ob: jene Befehle hatten den Zweck die Protestanten dem Säbelregimente preis zu geben, während der vorliegende Beschluß uns gegen die Papisten schützen soll."[43]

Die Ankunft der Truppen Mackay's und der Entschluß Gordon's, unthätig zu bleiben, brach den Muth der Jakobiten. Es blieb ihnen in der That nur noch eine Aussicht. Durch Anschluß an diejenigen Whigs, welche zu einer Union mit England geneigt waren, konnten sie die Festsetzung der Regierung vielleicht noch um längere Zeit verzögern. Es wurde zu dem Ende wirklich eine Unterhandlung eingeleitet, aber bald wieder abgebrochen. Denn es zeigte sich bald, daß die für Jakob eingenommene Partei in Wirklichkeit der Union abgeneigt und daß die für die Union eingenommene Partei in Wirklichkeit Jakob feindlich gesinnt war. Da somit diese beiden Parteien kein gemeinsames Ziel verfolgten, so konnte aus einer Coalition zwischen ihnen nichts weiter hervorgehen, als daß eine von beiden das Werkzeug der andren geworden wäre. Die Unionsfrage kam daher gar nicht zur Sprache.[44] Einige Jakobiten zogen sich auf ihre Landsitze zurück, andere blieben zwar in Edinburg, zeigten sich aber nicht mehr im Parlamentsgebäude, viele schlugen sich auf die überwiegende Seite, und als endlich die von den Vierundzwanzig entworfenen Beschlüsse der Convention vorgelegt wurden, zeigte es sich, daß die Partei, die sich am ersten Sessionstage um Athol geschaart hatte, auf Null zusammengeschmolzen war.

[Vom Ausschuß vorgeschlagene Beschlüsse.]

Die Beschlüsse waren so weit möglich in Einklang mit dem kürzlich zu Westminster gegebenen Beispiele entworfen. In einem wichtigen Punkte jedoch mußte die Copie nothwendig von dem Originale abweichen. Die Stände von England hatten zwei Anklagen gegen Jakob erhoben: seine schlechte Verwaltung und seine Flucht, und hatten durch Anwendung des milderen Wortes „Abdankung" zu einigem Nachtheil für die Genauigkeit im Ausdruck die Frage umgangen, ob Unterthanen gesetzlich befugt sind, einen schlechten Fürsten abzusetzen. Diese Frage konnten die Stände Schottland's nicht umgehen. Sie konnten nicht sagen, Jakob habe seinen Posten verlassen, denn er hatte seit seiner Thronbesteigung nie in Schottland residirt. Seit vielen Jahren wurde dieses Königreich von Souverainen regiert, die in einem andren Lande wohnten. Die ganze

Verwaltungsmaschine war nach der Voraussetzung construirt, daß der König abwesend sein würde und sie wurde daher durch die Flucht, welche im Süden der Insel alle Regierung aufgelöst und den ordentlichen Gang der Rechtspflege unterbrochen hatte, nicht nothwendigerweise in Unordnung gebracht. Wenn der König in Whitehall war, konnte er nur schriftlich mit dem Staatsrathe und dem Parlamente zu Edinburg verkehren, und das konnte er auch, wenn er in Saint-Germains oder Dublin war. Die Vierundzwanzig waren daher gezwungen, den Ständen eine Resolution vorzuschlagen, welche bestimmt erklärte, daß Jakob VII. durch sein Mißverhalten die Krone verwirkt habe. Viele Schriftsteller haben aus dem Wortlaute dieser Resolution gefolgert, daß gesunde politische Prinzipien in Schottland weiter vorgeschritten gewesen seien als in England. Aber die ganze Geschichte der beiden Länder von der Restauration bis zur Union beweist, daß dieser Schluß falsch ist. Die schottischen Stände bedienten sich ganz einfach deshalb einer offenen Sprache, weil es ihnen in ihrer Lage unmöglich war, sich einer ausweichenden Sprache zu bedienen.

Der Mann, der bei Entwerfung des Beschlusses und bei der Vertheidigung desselben die Hauptrolle spielte, war Sir Johann Dalrymple, der vor kurzem das hohe Amt des Lord Advokaten bekleidet und der an mehreren von den Uebelthaten Theil genommen hatte, über die er jetzt mit großer logischer und rhetorischer Schärfe den Stab brach. Er wurde kräftig unterstützt durch Sir Jakob Montgomery, Mitglied für Ayrshire, einem Manne von bedeutendem Talent, aber lockeren Grundsätzen, ungestümem Wesen, unersättlicher Habgier und unversöhnlicher Bosheit. Der Erzbischof von Glasgow und Sir Georg Mackenzie sprachen auf der andren Seite, aber sie bewirkten durch ihre Beredtsamkeit nichts weiter als daß sie ihre Partei des Vortheils beraubten, geltend machen zu können, daß die

Stände unter einem Zwange ständen und daß die Redefreiheit den Vertheidigern der erblichen Monarchie versagt worden sei.

Als die Vorfrage gestellt wurde, entfernten sich Athol, Queensberry und einige ihrer Freunde. Nur fünf Mitglieder stimmten gegen den Beschluß, welcher erklärte, daß Jakob sein Recht auf die Treue seiner Unterthanen verwirkt habe. Als der Antrag gestellt wurde, daß mit der Krone von Schottland ebenso verfahren werden sollte, wie mit der Krone von England, erschienen Athol und Queensberry wieder im Sitzungssaale. Sie sagten, sie seien im Zweifel gewesen, ob sie füglicherweise den Thron für erledigt erklären könnten. Da er aber für erledigt erklärt worden sei, zweifelten sie nicht, daß Wilhelm und Marie Diejenigen waren, die ihn einnehmen müßten.

[Wilhelm und Marie proklamirt.]

Die Convention begab sich hierauf in Procession in die High Street. Mehrere vornehme Edelleute bestiegen in Begleitung des Lord Provost und der Herolde den achteckigen Thurm, von welchem das Stadtkreuz mit dem schottischen Einhorn auf der Spitze emporragte.[45] Hamilton verlas den Beschluß der Convention und ein Wappenherold proklamirte unter Trompetenschall die neuen Souveraine. An demselben Tage erließen die Stände eine Verordnung des Inhalts, daß die Parochialgeistlichen, bei Strafe der Amtsentsetzung, von ihren Kanzeln herab die Proklamation, welche so eben am Stadtkreuze verlesen worden, bekannt machen und für König Wilhelm und Königin Marien beten sollten.

[Die Rechtsforderung.]

Noch war das Interregnum nicht vorüber. Obwohl die neuen Souveraine proklamirt waren, waren sie doch noch nicht durch ein formelles Anerbieten und durch eine formelle Annahme in den Besitz der königlichen Autorität gesetzt worden. Es wurde in Edinburg, wie in Westminster, für nöthig gehalten, daß die Urkunde über die Feststellung der Regierung die Volksrechte, welche die Stuarts ungesetzlicherweise mißachtet hatten, klar definiren und feierlich bekräftigen solle. Die Vierundzwanzig entwarfen daher eine Rechtsforderung (Claim of Right), welche die Convention annahm. Dieser Rechtsforderung, welche nichts weiter als eine Erklärung des bestehenden Gesetzes bezweckte, war eine Ergänzungsschrift beigefügt, die eine Liste von Mißständen enthielt, denen nur durch neue Gesetze abgeholfen werden konnte.

[Abschaffung des Episkopats.]

Einen hochwichtigen Artikel, den wir naturgemäß an der Spitze einer solchen Liste zu sehen erwarten sollten, nahm die Convention mit großer praktischer Einsicht, aber notorischen Thatsachen und unwiderleglichen Argumenten zum Trotz, in die Rechtsforderung selbst auf. Niemand konnte leugnen, daß die Prälatur durch eine Parlamentsacte eingeführt war. Die Gewalt, welche die Bischöfe ausübten, konnte schädlich, schriftwidrig, antichristlich sein, aber ungesetzlich war sie gewiß nicht, und sie für ungesetzlich erklären, hieß dem gesunden Verstande ins Gesicht schlagen. Die Whigführer wünschten jedoch viel sehnlicher, das Episkopat loszuwerden, denn sich als ausgezeichnete Publicisten und Logiker zu erweisen. Wenn sie die Abschaffung des Episkopats zu einem Artikel des Vertrags machten, kraft dessen Wilhelm die Krone tragen sollte, so erreichten sie ihren Zweck, wenn auch ohne Zweifel auf eine Weise, welche der Kritik starke Blößen gab. Begnügten sie sich dagegen zu beschließen, daß das Episkopat eine schädliche Institution sei, welche früher oder später abzuschaffen die Legislatur wohl thun werde, so konnten sie finden, daß ihr Beschluß zwar in formeller Hinsicht keine

Einwendung zuließ, doch unfruchtbar an Consequenzen war. Sie wußten, daß Wilhelm keineswegs mit ihrer Abneigung gegen die Bischöfe sympathisirte und daß, selbst wenn er für das calvinistische Vorbild weit mehr eingenommen gewesen wäre, als er es war, sein Verhältniß zu der anglikanischen Kirche es für ihn schwierig und gefährlich gemacht haben würde, sich zum Feinde eines Grundbestandtheils der Verfassung dieser Kirche zu erklären. Wenn er König von Schottland wurde, ohne in diesem Punkte durch eine Zusicherung gebunden zu sein, so konnte man wohl fürchten, daß er zögern würde, eine Acte zu erlassen, welche von einem großen Theile seiner Unterthanen im Süden der Insel mit Abscheu betrachtet werden würde. Es war daher sehr zu wünschen, daß die Frage erledigt wurde, so lange der Thron noch unbesetzt war. In dieser Ansicht stimmten viele Politiker überein, die zwar keinen Widerwillen gegen Chorhemden und Bischofsmützen hegten, die aber wünschten, daß Wilhelm eine ruhige und gedeihliche Regierung haben möchte. Das schottische Volk — so räsonnirten diese Leute — haßte das Episkopat. Das englische Volk liebte es. Wilhelm eine Stimme in dieser Angelegenheit lassen, hieße ihn in die Nothwendigkeit versetzen, die stärksten Gefühle einer der Nationen, die er regierte, zu verwunden. Es liege daher offenbar in seinem eignen Interesse, daß die Frage, die er selbst in keiner Weise erledigen könnte, ohne sich schwere Vorwürfe zuzuziehen, anstatt seiner durch Andere erledigt würde, die einer solchen Gefahr nicht ausgesetzt wären. Er sei noch nicht Beherrscher von Schottland. Während der Dauer des Interregnums gehöre die höchste Gewalt den Ständen und für das was die Stände thun möchten, könnten die Prälatisten seines südlichen Königreichs ihn nicht verantwortlich machen. Der ältere Dalrymple schrieb aus London eindringlich in diesem Sinne, und es kann kaum einem Zweifel unterliegen, daß er die Gesinnungen seines

Gebieters ausdrückte. Wilhelm würde sich aufrichtig gefreut haben, wenn die Schotten mit einem modificirten Episkopat hätten ausgesöhnt werden können. Da dies aber nicht sein könne, so sei es offenbar wünschenswerth, daß sie, so lange noch kein König über ihnen stehe, selbst das unwiderrufliche Verdammungsurtheil über die Institution aussprächen, die sie verabscheuten.[46]

Die Convention nahm daher wie es scheint, nach kurzer Debatte in die Rechtsforderung eine Klausel auf, welche erklärte, daß die Prälatur eine unerträgliche Last für das Königreich, daß sie der großen Masse des Volks seit langer Zeit verhaßt sei und daß sie abgeschafft werden müsse.

[Die Folter.]

Nichts in den Vorgängen zu Edinburg setzt einen Engländer mehr in Erstaunen, als das Verfahren der Stände in Bezug auf die Tortur. In England war die Folter stets gesetzwidrig gewesen. Selbst in den servilsten Zeiten hatten die Richter sie einstimmig dafür erklärt. Die Herrscher, welche gelegentlich ihre Zuflucht zu derselben genommen, hatten sie so weit möglich im Geheimen angewendet, hatten nie behauptet, daß sie im Einklange mit dem Staatsgesetz oder mit dem gemeinen Recht gehandelt und hatten sich damit entschuldigt, daß sie sagten, die außerordentliche Gefahr, der der Staat ausgesetzt sei, habe sie gezwungen, die Verantwortlichkeit für außerordentliche Vertheidigungsmittel auf sich zu nehmen. Kein englisches Parlament hatte es daher je für nöthig gehalten, eine Acte oder einen Beschluß in Bezug auf diesen Gegenstand zu erlassen. Die Tortur war weder in der Bitte um Recht noch in irgend einem von dem Langen Parlament entworfenen Gesetze erwähnt. Kein Mitglied der Convention von 1689 dachte daran vorzuschlagen, daß die Urkunde, welche den Prinzen und die Prinzessin von Oranien auf den Thron berief, eine Erklärung gegen die Anwendung von Folterbänken und Daumenschrauben zu dem Zwecke, Gefangene zur Selbstanklage zu zwingen, enthalten solle. Eine solche Erklärung würde mit Recht eher als eine Schwächung denn als Kräftigung einer Regel betrachtet worden sein, welche schon zu den Zeiten der Plantagenets von den berühmteren Weisen von Westminsterhall mit Stolz für einen unterscheidenden Zug der englischen Rechtswissenschaft erklärt worden war.[47] In der schottischen Rechtsforderung wurde die Anwendung der Tortur, ohne Beweis, oder in gewöhnlichen Fällen, für gesetzwidrig erklärt. Daraus ergiebt sich folgerichtig, daß die Tortur in Fällen wo starker Beweis vorhanden war oder wo ein außerordentliches Verbrechen vorlag, für gesetzmäßig erklärt war; auch führten die Stände die Tortur nicht unter den Mißbräuchen auf, welche gesetzliche Abhülfe erheischten. In der That, sie konnten die Tortur nicht verdammen, ohne sich selbst zu verdammen. Der Zufall wollte, daß, während sie sich mit der Feststellung der Regierung beschäftigten, der beredte und gelehrte Lord-Präsident Lockhardt, als er eines Sonntags aus der Kirche kam, auf offener Straße ermordet wurde. Der Mörder ward ergriffen und erwies sich als ein Elender, der, nachdem er seine Gattin barbarisch behandelt und aus dem Hause geworfen, durch ein Decret des Court of Session gezwungen worden war, für ihren Unterhalt zu sorgen. Ein wüthender Haß gegen die Richter, die sie in Schutz genommen, hatte sich seiner bemächtigt und ihn zu einem entsetzlichen Verbrechen und einem entsetzlichen Schicksale getrieben. Es war natürlich, daß eine von so erschwerenden Umständen begleitete Mordthat den Unwillen der Mitglieder der Convention erregte. Gleichwohl hätten sie den kritischen Ernst des Augenblicks und die Wichtigkeit ihrer Mission bedenken sollen. Leider aber befahlen sie in der Hitze der Leidenschaft dem Magistrate von Edinburg, den Gefangenen die spanischen Stiefeln anzulegen, und ernannten einen Ausschuß zur Beaufsichtigung der Operation. Hätte dieser unselige Vorfall nicht stattgefunden, so ist es wahrscheinlich, daß das schottische Gesetz bezüglich der Tortur ohne weiteres dem englischen Gesetze assimilirt worden wäre.[48]

Nach Feststellung der Rechtsforderung schritt die Convention zur Revision des Krönungseides. Als dies gethan war, wurden drei Mitglieder ernannt, welche die Regierungsurkunde nach London bringen sollten. Argyle, obwohl streng genommen dem Sinne des Gesetzes nach kein Peer, wurde zum Vertreter der Peers gewählt; Sir Jakob Montgomery repräsentirte die Deputirten der Grafschaften, und Sir Johann Dalrymple die der Städte.

Hierauf vertagten sich die Stände auf einige Wochen, nachdem sie noch einen Beschluß gefaßt hatten, welcher Hamilton ermächtigte diejenigen Maßregeln zu ergreifen, die zur Aufrechthaltung der öffentlichen Ruhe bis zum Schlusse des Interregnums nothwendig erscheinen könnten.

[Wilhelm und Marie nehmen die Krone Schottland's an.]

Die Ceremonie der Inauguration unterschied sich von gewöhnlichen Feierlichkeiten dieser Art durch einige höchst interessante Umstände. Am 11. Mai kamen die drei Commissare in das Berathungszimmer zu Whitehall und begaben sich von dort, begleitet von fast allen zur Zeit in London anwesenden vornehmen Schotten, nach dem Bankethause. Hier saßen Wilhelm und Marie unter einem Baldachin. Ein glänzender Kreis von englischen Edelleuten und Staatsmännern umgab den Thron; den Staatsdegen aber trug ein schottischer Lord und der Amtseid wurde nach schottischem Brauch abgenommen, Argyle sagte die Formel langsam vor und das königliche Paar sprach sie nach bis zu dem letzten Satze. Hier hielt Wilhelm inne.

Dieser Satz enthielt das Versprechen, daß er alle Ketzer und alle Feinde der wahren Gottesverehrung ausrotten wolle, und es war notorisch, daß in den Augen vieler Schotten nicht nur alle Katholiken, sondern auch alle protestantischen Episkopalen, alle Independenten, Baptisten und Quäker, alle Lutheraner, ja selbst alle britischen Presbyterianer, die sich durch den feierlichen Bund und Covenant nicht gebunden glaubten, Feinde der wahren Gottesverehrung waren.[49] Der König hatte die Commissare darauf aufmerksam gemacht, daß er diesen Theil des Eides nicht ohne eine bestimmte und öffentliche Erklärung leisten könne, und sie waren von der Convention autorisirt worden, eine Erklärung zu geben, die ihn befriedigen würde. „Ich mag mich," sagte er jetzt, „in keiner Weise verpflichten, ein Verfolger zu sein." — „Weder die Worte dieses Eides," entgegnete hierauf einer der Commissare, „noch die Gesetze Schottland's legen Eurer Majestät eine solche Verpflichtung auf." — „In diesem Sinne schwöre ich denn," versetzte Wilhelm, „und ich ersuche Sie alle, Mylords und Gentlemen, zu bezeugen, daß ich dies thue." Selbst seine Verleumder haben allgemein zugegeben, daß er bei dieser hochwichtigen Gelegenheit mit Freimüthigkeit, Würde und Weisheit handelte.[50]

[Unzufriedenheit der Covenanters.]

Als König von Schottland sah er sich bald bei jedem Schritte von allen den Schwierigkeiten, mit denen er als König von England zu kämpfen gehabt, und auch noch von anderen Schwierigkeiten umringt, die in England glücklicherweise unbekannt waren. Im Norden der Insel war keine Klasse unzufriedener mit der Revolution als die Klasse, die der Revolution am meisten verdankte. Die Art und Weise, wie die Convention die Frage der Kirchenverfassung entschieden, hatte den Bischöfen selbst nicht mehr mißfallen als den heftigen Convenanters, welche trotz Schwert und

Carabiner, trotz Folter und Galgen ihren Schöpfer lange nach ihrer Art in Höhlen und auf Bergspitzen verehrt hatten. Habe man jemals, riefen diese Zeloten aus, ein solches Schwanken zwischen zwei Meinungen, eine solche Annäherung zwischen dem Herrn und Baal gesehen? Die Stände hätten sagen sollen, das Episkopat sei in den Augen Gottes ein Greuel und sie seien aus Gehorsam gegen sein Wort und aus Furcht vor seiner gerechten Strafe entschlossen, gegen diese große nationale Sünde und Schmach so aufzutreten wie die heiligen Regenten, welche die Haine und Altäre Chamos' und Astarte's zerstörten. Leider werde Schottland nicht durch fromme Josias, sondern durch sorglose Gallios regiert. Die antichristliche Hierarchie müsse abgeschafft werden, nicht weil sie eine Beleidigung des Himmels sei, sondern weil sie auf Erden als eine drückende Last gefühlt werde, nicht weil sie dem großen Oberhaupte der Kirche, sondern weil sie dem Volke verhaßt sei. Sei denn die öffentliche Meinung der Prüfstein für Recht und Unrecht in der Religion? Müsse nicht die Ordnung, welche Christus in seinem eigenen Hause eingeführt, in allen Ländern und durch alle Zeiten heilig gehalten werden? Und sei für die Festhaltung dieser Ordnung in Schottland kein andrer Grund vorhanden als der, welcher mit gleichem Gewicht für die Aufrechthaltung der Prälatur in England, des Papstthums in Spanien und des Muhamedanismus in der Türkei geltend gemacht werden könne? Warum erwähne man nichts von den Convenants, welche die Nation so allgemein unterschrieben und so allgemein verletzt habe? Warum erkläre man nicht deutlich und bestimmt, daß die in diesen Urkunden niedergelegten Versprechungen noch immer für das Königreich bindend seien und bis ans Ende aller Zeiten bindend bleiben würden? Sollten diese Wahrheiten aus Rücksicht gegen die Gefühle und Interessen eines Fürsten unterdrückt werden, der Alles für Alle sei, ein

Bundesgenosse des götzendienerischen Spaniers und des lutherischen Dänen, ein Presbyterianer im Haag und ein Prälatist in Whitehall? Er habe allerdings, wie einst Jehu, in soweit gut gethan, daß er die Geißel des götzendienerischen Hauses Ahab's geworden sei. Aber auch er sei, wie Jehu, nicht darauf bedacht gewesen, von ganzem Herzen den Pfad des göttlichen Gesetzes zu wandeln, sondern habe Gottlosigkeiten geduldet und verübt, die sich nur der Größe nach von denen unterschieden, zu deren Feinde er sich erklärt habe. Es würde gottesfürchtigen Senatoren besser geziemt haben, ihm Vorstellungen zu machen über die Sünde, die er begehe, indem er sich dem anglikanischen Ritus anschließe und die anglikanische Kirchenverfassung aufrechterhalte, anstatt ihm durch Anwendung von Phrasen zu schmeicheln, welche verriethen, daß sie eben so sehr vom Erastianismus angesteckt seien wie er. Viele von Denen, welche diese Sprache führten, weigerten sich irgend einen Schritt zu thun, der als eine Anerkennung der neuen Souveraine ausgelegt werden konnte, und sie hätten lieber ganze Glieder von Musketieren auf sich feuern oder sich über dem Niveau der Ebbe an Pfähle anbinden lassen, als daß sie Gott gebeten hätten, Wilhelm und Marien zu segnen.

[Ministerielle Einrichtungen in Schottland.]

Indessen hatte der König von dem hartnäckigen Festhalten dieser Leute an ihren abgeschmackten Grundsätzen weniger zu fürchten als von dem Ehrgeiz und der Habsucht einer andren Sorte von Menschen, welche gar keine Grundsätze hatten. Es war nothwendig, daß er unverzüglich Minister ernannte, welche die Regierung Schottland's leiteten, und er mochte dazu ernennen wen er wollte, so mußte er nothwendig eine Menge von Expectanten in ihren Erwartungen täuschen und sie dadurch erbittern. Schottland war eines der ärmsten Länder Europa's; dennoch aber besaß kein Land in Europa eine größere Anzahl gewandter und selbstsüchtiger Politiker. Die Krone hatte nicht genug Stellen zu vergeben, um nur ein Zwanzigstel der Stellenjäger zu befriedigen, von denen jeder glaubte, daß er hervorragende Dienste geleistet habe und daß man sich seiner vorzugsweise erinnern müsse. Wilhelm that sein Möglichstes, um diese zahllosen und unersättlichen Aspiranten zu befriedigen, indem er viele Aemter Commissionen übertrug. Einige wichtige Posten konnte er jedoch nicht theilen.

[Hamilton.]

Hamilton wurde zum Lord Obercommissar ernannt, in der Hoffnung, daß ein enormer Gehalt, eine Wohnung in Holyrood Palace und eine fast königliche Pracht und Würde ihn zufriedenstellen würden.

[Crawford.]

Der Earl von Crawford ward zum Präsidenten des Parlaments ernannt, und man glaubte, daß diese Ernennung die strengen Presbyterianer befriedigen werde, denn Crawford war was sie einen Bekenner nannten. Seine Briefe und Reden sind, um sich seines eignen Ausdrucks zu bedienen, ungemein lieblich. Unter den hervorragenden Politikern der damaligen Zeit hatte er allein, oder doch fast allein, den Styl beibehalten, der unter der vorhergehenden Generation im Schwunge gewesen war. Er hatte für jede Gelegenheit eine Stelle aus dem Alten Testament bereit. Er füllte seine Depeschen mit Anspielungen auf Ismael und Hagar, Hanna und Eli, Elisa, Nehemia und Zerubabel und schmückte seine Reden mit Citaten aus Esra und Haggai. Ein Umstand, der den Mann und die Schule, in der er gebildet war, auffallend characterisirt, ist der, daß in der ganzen Masse seiner auf uns gekommenen Schriften nicht ein einziges Wort vorkommt, welches darauf hindeutete, daß er je in seinem Leben vom Neuen Testament etwas gehört hätte. Selbst noch in unsrer Zeit sind Leute von eigenthümlicher Geschmacksrichtung durch seine salbungsvolle Sprache so entzückt worden, daß sie ihn allen Ernstes für einen Heiligen erklärt haben. In den Augen Derer, welche die Menschen mehr nach ihren Thaten als nach ihren Worten zu beurtheilen pflegen, wird Crawford als ein egoistischer und grausamer Politiker erscheinen, der sich durch sein Gewinsel keineswegs dupiren ließ und dessen Eifer gegen die bischöfliche Kirchenverfassung nicht wenig durch das Verlangen nach bischöflichen Gütern angespornt wurde. Zur Entschuldigung seiner Habgier muß man sagen, daß er der ärmste Adelige eines armen Adels war und daß er vor der Revolution zuweilen nicht wußte, wo er eine Mahlzeit und einen Anzug hernehmen sollte.[51]

[Die Dalrymple. — Lockhart.]

Der befähigtste der schottischen Politiker und Wettkämpfer, Sir Johann Dalrymple, wurde zum Lord Advokaten ernannt. Sein Vater, Sir Jakob, der größte schottische Jurist, wurde an die Spitze des Court of Session gestellt. Sir Wilhelm Lockhart, ein Mann, dessen Briefe beweisen, daß er ein bedeutendes Talent besaß, wurde Generalprokurator.

[Montgomery.]

Sir Jakob Montgomery hatte sich mit der Hoffnung geschmeichelt, erster Minister zu werden. Er hatte sich in der Convention sehr ausgezeichnet und war einer der Commissare gewesen, welche den neuen Souverainen die Krone überreicht und den Eid abgenommen hatten. An parlamentarischer Geschicklichkeit und Beredtsamkeit stand unter seinen Landsleuten Keiner über ihm, außer dem neuen Lord Advokaten. Das Staatssekretariat war, wenn auch nicht in Ansehen, so doch dem wirklichen Einflusse nach das höchste Amt bei der schottischen Regierung, und dieses Amt war der Lohn, auf welchen Montgomery gerechten Anspruch zu haben glaubte. Aber die Episkopalen und die gemäßigten Presbyterianer fürchteten ihn als einen Mann von extremen Ansichten und rachsüchtigem Character. Er war ein Oberhaupt der Covenanters gewesen, war einmal wegen Conventikelhaltens, ein andermal wegen Beherbergung von Rebellen zur Untersuchung gezogen worden, war mit Geldbußen und Gefängniß bestraft und fast dazu getrieben worden, jenseit des atlantischen Meeres in der jungen Colonie New Jersey eine Zuflucht vor seinen Feinden zu suchen. Man fürchtete daher, daß, wenn er jetzt die ganze Gewalt der Krone in seine Hände bekäme, er furchtbare Wiedervergeltung für die erduldeten Leiden üben würde.[52]

[Melville.]

Wilhelm zog deshalb Melville vor, der zwar kein Mann von ausgezeichneten Talenten, aber von den Presbyterianern als ein entschiedener Freund und doch von den Episkopalen nicht als ein unversöhnlicher Feind betrachtet wurde. Melville nahm seinen Wohnsitz am englischen Hofe und wurde das ordentliche Communicationsorgan zwischen Kensington und den Autoritäten von Edinburg.

[Carstairs.]

Wilhelm hatte jedoch einen schottischen Rathgeber, der mehr Einfluß verdiente und besaß als irgend einer der ostensiblen Minister. Dies war Carstairs, einer der bedeutendsten Männer der damaligen Zeit. Er verband eine umfassende wissenschaftliche Bildung, eine große Befähigung für Staatsgeschäfte, und den festen Glauben und glühenden Eifer eines Märtyrers mit der Klugheit und Geschmeidigkeit eines vollendeten Staatsmannes. In Bezug auf Muth und Treue glich er Burnet, aber er besaß das was

Burnet fehlte: Urtheilsgabe, Selbstbeherrschung und eine seltene Verschwiegenheit. Es gab keinen Posten, den er nicht hätte erreichen können, wenn er ein Laie oder ein Priester der englischen Kirche gewesen wäre. Aber ein presbyterianischer Geistlicher durfte nicht hoffen, weder im Norden noch im Süden der Insel zu einer hohen Würde zu gelangen. Carstairs mußte sich mit der factischen Macht begnügen und den Anschein derselben Anderen überlassen. Er wurde zum Kaplan Ihrer Majestäten für Schottland ernannt; wo sich aber der König aufhalten mochte, ob in England, oder in Irland, oder in den Niederlanden, da war auch dieser zuverlässigste und klügste aller Höflinge. Des Königs Güte gewährte ihm ein bescheidenes Auskommen, und mehr verlangte er nicht. Aber es war wohl bekannt, daß er ein eben so nützlicher Freund und ein eben so furchtbarer Feind sein konnte als irgend ein Mitglied des Cabinets, und man hatte ihm in den Bureaux und in den Vorzimmern des Palastes den sehr bezeichnenden Beinamen des Cardinals gegeben.[53]

[Bildung des Clubs; Annandale, Roß.]

Montgomery wurde das Amt des Lord Justice Clerk angeboten. Aber dieser obgleich hohe und ehrenvolle Posten schien ihm seiner Verdienste und seiner Talente unwürdig und er kehrte von London nach Schottland zurück, das Herz von Haß gegen seinen undankbaren Gebieter und gegen seine glücklichen Nebenbuhler erfüllt. In Edinburg unterwarf sich ein Häuflein Whigs, welche durch die neuen Einrichtungen eben so schmerzlich in ihren Erwartungen getäuscht worden waren wie er selbst, bereitwillig der Leitung eines so kühnen und geschickten Führers. Unter seiner Direction bildeten diese Männer, unter denen der Earl von Annandale und Lord Roß die bedeutendsten waren, einen Verein, der Club genannt, wählten einen Schriftführer und kamen täglich in einer Taverne zusammen, um Oppositionspläne zu berathen. Um diesen Kern schaarte sich bald eine große Anzahl ehrsüchtiger und erbitterter Politiker.[54] Mit diesen unredlichen Unzufriedenen, die keinen andren Zweck hatten, als der Regierung zu schaden und Stellen zu erhaschen, verbanden sich andere Mißvergnügte, welche im Laufe eines langen Widerstandes gegen Tyrannei so verderbt und reizbar geworden waren, daß sie selbst unter der mildesten und constitutionellsten Regierung nicht zufrieden leben konnten.

[Hume.]

Ein solcher Mann war Sir Patrick Hume. Er war aus dem Exil ebenso streitsüchtig, ebenso unlenksam, ebenso neidisch auf jede höhere Autorität und als ein ebenso leidenschaftlicher Redner zurückgekehrt, wie er vier Jahre früher gewesen, und er wünschte eben so sehr Wilhelm zu einem bloß nominellen Souverain zu machen, als er früher gewünscht hatte, Argyle zu einem bloß nominellen Anführer zu machen.[55]

[Fletcher von Saltoun.]

Ein in moralischer und geistiger Hinsicht hoch über Hume stehender Mann, Fletcher von Saltoun, gehörte ebenfalls zu dieser Partei. Obwohl nicht Mitglied der Convention, war er doch ein sehr thätiges Mitglied des Clubs.[56] Er haßte die Monarchie und auch die Demokratie; sein Lieblingsplan war, Schottland zu einer oligarchischen Republik zu machen. Der König, wenn nun einmal ein König sein müsse, sollte eine bloße Puppe sein. Die niederste Klasse des Volks sollte leibeigen und die ganze legislative wie executive Gewalt in den Händen des Parlaments sein. Mit anderen Worten: das Land sollte durch einen Erbadel, den ärmsten, stolzesten und streitsüchtigsten in Europa, unumschränkt regiert werden. Unter einer solchen Regierung konnte weder von Freiheit noch von Ruhe die Rede sein. Handel, Industrie und Wissenschaft würden eingegangen und Schottland ein kleines Polen geworden sein mit einer Puppe als Souverain, einem stürmischen Reichstage und einem geknechteten Volke. Mit unglücklichen Amtscandidaten und mit ehrlichen aber verkehrten Republikanern waren Politiker vermischt, deren Haltung nur durch die Furcht bestimmt wurde. Viele Schmarotzer, die sich bewußt waren, in der schlimmen Zeit Strafwürdiges gethan zu haben, wollten sich gern mit dem mächtigen und rachsüchtigen Club aussöhnen und waren froh, daß sie ihrer Servilität gegen Jakob durch ihre Opposition gegen Wilhelm wieder gut machen durften.[57] Die große Masse der Jakobiten hielt sich inzwischen entfernt, sah mit Wohlbehagen die Feinde des Hauses Stuart uneinig unter einander und gab sich der Hoffnung hin, daß die Verwirrung mit der Wiedereinsetzung des verbannten Königs enden werde.[58]

[In den Hochlanden bricht Krieg aus.]

Während Montgomery sich anstrengte, aus verschiedenen

Elementen eine Partei zu bilden, welche beim Wiederzusammentritt der Convention mächtig genug sein konnte, um dem Throne Vorschriften zu machen, hatte ein noch furchtbarerer Feind als Montgomery die Fahne des Bürgerkriegs in einer Gegend aufgesteckt, von der die Politiker von Westminster und selbst die meisten Politiker von Edinburg nicht mehr wußten als von Abyssinien oder Japan.

[Zustand der Hochlande.]

Ein moderner Engländer, der in einem Tage aus seinem Club in St. James Street auf sein Jagdschloß in den Grampians gelangen kann und der in seinem Jagdschlosse alle Bequemlichkeiten und Luxusgegenstände seines Clubs findet, wird kaum glauben können, daß zur Zeit seiner Urgroßväter St. James Street mit den Grampians eben so wenig in Verbindung stand wie mit den Anden. Und doch war dem so. Im Süden unsrer Insel wußte man fast gar nichts von dem celtischen Theile Schottland's, und was man etwa wußte, erweckte kein andres Gefühl als Verachtung und Widerwillen. Die Klippen und Schluchten, die Wälder und Gewässer waren zwar die nämlichen, welche gegenwärtig jeden Herbst von entzückten Beschauern und Landschaftszeichnern wimmeln. Der Trosachs schlängelte sich wie heute zwischen gigantischen, mit Ginster und wilden Rosen bewachsenen Felswänden hin, der Foyers kam mit demselben Hüpfen und demselben Rauschen, mit dem er noch heute dem Neßsee zueilt, durch den Birkenwald herab, und der schneegekrönte Scheitel des Ben Cruachan erhob sich, der Junisonne spottend, wie heute, über die mit Weiden bedeckten Inselchen des Awesees. Aber keine dieser Landschaften vermochte bis in die neuere Zeit einen einzigen Dichter oder Maler aus wohlhabenderen und ruhigeren Gegenden herbeizulocken. Gesetz und Polizei, Handel und Industrie haben in der That viel mehr, als Leute von romantischen Ansichten bereitwillig zugeben werden, dazu beigetragen, den Sinn für die wilderen Naturschönheiten in uns zu wecken. Ein Reisender muß frei von jeder Besorgniß sein, ermordet zu werden, oder vor Hunger umzukommen, ehe er sich an den kühnen Umrissen und an der Farbenpracht der Berge erfreuen kann. Er wird so leicht nicht über den Anblick eines steilen Abgrundes entzückt sein, wenn er in Gefahr schwebt, zweitausend Fuß tief in denselben hinabzustürzen; ebenso wenig über den Anblick kochender Fluthen eines Waldstroms, der plötzlich sein Gepäck mit fort schwemmt und ihn zwingt, sein Heil in der Flucht zu suchen; oder über den Anblick der schauerlichen Majestät eines Gebirgspasses, wo er einen Leichnam findet, den Räuber eben ausgeplündert und verstümmelt haben; oder über das Gekrächz der Adler, deren nächste Mahlzeit vielleicht eines seiner eigenen Augen sein kann. Um's Jahr 1730 schrieb Capitain Burt, der erste Engländer, der die Gegenden besuchte, welche jetzt Vergnügungsreisende aus allen Theilen der gebildeten Welt herbeiziehen, ein Buch über seine Wanderungen. Er war unverkennbar ein Mann von umsichtigem, beobachtendem und gebildetem Geiste und würde, wenn er in unsrer Zeit gelebt hätte, ohne Zweifel mit einem Gemisch von Ehrfurcht und Wonne die Berge von Inverneßshire betrachtet haben. Da er aber mit den zu seiner Zeit allgemein vorherrschenden Ansichten schrieb, so erklärte er diese Gebirge für monströse Auswüchse. Er sagte, sie seien dermaßen mißgestaltet, daß die nacktesten Ebenen im Vergleich mit ihnen lieblich erscheinen müßten. Schönes Wetter, meinte er, mache den traurigen Anblick nur noch trauriger, denn je heller der Tag, um so unangenehmer berührten diese formlosen Massen von düstrem Braun und schmutzigem Roth das Auge. Welch' ein Contrast, rief er aus, zwischen diesen grauenhaften Gegenden und den Schönheiten von Richmond Hill![59] Manche Leute werden glauben, Burt sei ein Mann von alltäglichem und prosaischem Geiste gewesen; aber sie werden es wohl schwerlich wagen, eine ähnliche Ansicht über Oliver Goldsmith auszusprechen. Goldsmith war einer der wenigen Sachsen, welche vor mehr als einem Jahrhunderte den Muth hatten, die schottischen Hochlande zu bereisen. Die abschreckende Wildheit der Gegenden machte einen widerlichen Eindruck auf ihn, und er erklärte, daß er die reizende Umgebung von Leyden, die weite Fläche grüner Wiesen und die Landhäuser mit ihren Statuen und Grotten, ihren sauberen Blumenbeeten und geradlinigen Alleen bei weitem vorziehe. Es ist indessen schwer zu glauben, daß der Verfasser des Traveller und des Deserted Village den Tausenden von Handlungsdienern und Putzmacherinnen, welche jetzt beim Anblick des Katrinesees und des Lomondsees in Entzücken gerathen, an natürlichem Geschmack und Sinn für Naturschönheiten nachgestanden haben sollte. Seine Empfindungen sind leicht zu erklären. Erst nachdem Straßen durch die Felsen gehauen, nachdem Brücken über die Gießbäche geschlagen, nachdem Gasthäuser an die Stelle der Räuberhöhlen getreten, nachdem man in den wildesten Pässen von Badenoch oder Lochaber eben so wenig Gefahr lief ermordet zu werden wie in Cornhill, konnten die blauen Gewässer der Seen und die über den Wasserfällen hängenden Regenbogen den Fremden bezaubern und ihn selbst an den auf den Bergspitzen lauernden Wolken und Stürmen ein feierliches Vergnügen finden lassen.

Die veränderten Empfindungen, mit denen die Bewohner des Niederlandes die Scenerie des Hochlandes betrachteten, war eng verbunden mit einer nicht minder auffallenden Veränderung der Gesinnungen, mit denen sie den hochländischen Menschenschlag betrachteten. Es ist kein Wunder, wenn die wilden Schotten, wie man sie zuweilen nannte, im 17. Jahrhunderte von den Sachsen als bloße Wilde angesehen wurden. Sonderbar aber ist es gewiß, daß sie, obgleich sie als Wilde betrachtet wurden, nicht Gegenstände des Interesses und der Neugierde waren. Die Engländer studirten damals mit übergroßem Eifer die Sitten roher, durch große Continente und Meere von unsrer Insel getrennter Nationen. Es erschienen zahlreiche Bücher, welche die Gesetze, den Aberglauben, die Hütten, die Mahlzeiten, die Trachten, die Hochzeiten und Bestattungsgebräuche der Lappländer und Hottentotten, der Mohawks und Malayen beschrieben. Die Theaterstücke und Gedichte aus jener Zeit sind reich an Anspielungen auf die Gebräuche der afrikanischen Schwarzen und der amerikanischen Rothhäute. Der einzige Barbar, nach dessen näherer Kenntniß Niemanden verlangte, war der Hochländer. Fünf oder sechs Jahre nach der Revolution veröffentlichte ein unermüdlicher Angler ein Werk über Schottland. Er rühmte sich, im Laufe seiner Wanderungen von See zu See und von Bach zu Bach kaum einen Winkel des Königreichs unerforscht gelassen zu haben. Wenn wir aber seine Erzählung näher prüfen, so finden wir, daß er sich nicht über die äußersten Grenzen der celtischen Region hinausgewagt hat. Er sagt uns, daß er selbst von den Leuten, welche dicht bei den Gebirgspässen wohnten, über die gälische Bevölkerung nichts habe erfahren können. Wenige Engländer, schreibt er, hätten Inverary je gesehen, und jenseit Inverary sei Alles ein Chaos.[60] Unter der Regierung Georg's I. erschien ein Werk, welches einen sehr genauen Bericht über Schottland zu geben behauptete und in diesem über dreihundert Seiten starken Werke waren zwei geringschätzende Paragraphen als für die Hochlande und die Hochländer genügend erachtet.[61] Wir dürfen wohl zweifeln, ob im Jahre 1689 ein einziger von den zwanzig der wohlbelesenen Gentlemen, welche Will's Kaffeehaus besuchten, wußte, daß es innerhalb des Bereichs der vier Meere und in einer Entfernung von weniger als fünfhundert

Meilen von London viele Miniaturhöfe gab, in deren jedem ein kleiner Fürst, umgeben von Leibgarden, Waffenträgern, Musikern, einem erblichen Redner und einem erblichen Hofpoeten, einen rohen Hofstaat unterhielt, eine rohe Justiz ausübte, Krieg führte und Verträge schloß. So lange die alten gälischen Institutionen in voller Kraft bestanden, war kein Bericht über sie von einem zur richtigen Beurtheilung derselben befähigten Beobachter erschienen. Hätte ein solcher Beobachter die Hochländer studirt, so würde er ohne Zweifel darin ein inniges Gemisch der guten und schlechten Eigenschaften einer uncivilisirten Nation gefunden haben. Er würde gefunden haben, daß das Volk weder sein Vaterland noch seinen König liebte, daß es keine Anhänglichkeit an ein größeres Gemeinwesen als den Clan, oder an eine höhere Behörde als den Häuptling hatte. Er würde gefunden haben, daß das dortige Leben durch ein Gesetzbuch der Moral und Ehre geregelt wurde, welches himmelweit verschieden war von dem in friedlichen und prosperirenden Gesellschaften geltenden. Er würde gelernt haben, daß ein Messerstich in den Rücken oder ein Schuß hinter einem Felsblocke hervor gebilligte Wege waren, um sich für Beleidigungen Satisfaction zu verschaffen. Er würde Leute mit Stolz haben erzählen hören, wie sie oder ihre Väter an Erbfeinden in einem benachbarten Thale eine Rache ausgeübt, über welche alte Soldaten des dreißigjährigen Kriegs geschaudert haben würden. Er würde gefunden haben, daß das Räuberhandwerk für einen nicht nur unschuldigen, sondern sogar ehrenvollen Beruf galt. Er würde allenthalben, wohin er den Blick wendete, die allen Wilden characteristische Abneigung gegen eine geregelte Thätigkeit, und die Geneigtheit, den schwersten Theil der Handarbeit auf das schwächere Geschlecht zu wälzen, gesehen haben. Er würde erstaunt sein über den Anblick athletischer Männer, die sich in der Sonne wärmten, Lachse angelten oder Birkhühner schossen, während ihre greisen

Mütter, ihre schwangeren Frauen und ihre zarten Töchter die dürftige Haferernte einbrachten. Und die Weiber beklagten sich nicht über ihr hartes Loos. In ihren Augen war es ganz schicklich, daß ein Mann, besonders wenn er den aristokratischen Titel Duinhe Wassel führte und seine Mütze mit einer Adlerfeder schmückte, der Ruhe pflog, wenn er nicht focht, jagte oder plünderte. Den Namen eines solchen Mannes in Verbindung mit dem Handel oder mit einer mechanischen Beschäftigung zu nennen, war eine Beleidigung. Der Landbau war zwar minder verachtet, aber es war doch für einen hochgebornen Krieger eine viel angemessenere Beschäftigung, fremdes Land zu plündern, als sein eignes zu bestellen. Die Religion des größeren Theils der Hochlande war ein rohes Gemisch von Papismus und Heidenthum. Das Symbol der Erlösung war mit heidnischen Opfern und Beschwörungsformeln verbunden. Getaufte Menschen brachten dem einen Dämon Libationen von Ale und setzten für einen andren Trankopfer von Milch aus. Seher wickelten sich in Ochsenhäute und erwarteten so die Inspiration, welche die Zukunft enthüllen sollte. Selbst unter den Minstrels und Genealogen, deren erblicher Beruf es war, die Erinnerung vergangener Ereignisse zu bewahren, würde ein Forscher nur sehr wenige gefunden haben, welche lesen konnten. Er hätte in der That von einer Küste zur andren reisen können, ohne eine Seite gedrucktes oder geschriebenes Gälisch zu entdecken. Er würde seine Kenntniß des Landes theuer haben bezahlen müssen. Er würde eben so große Beschwerden zu ertragen gehabt haben, als wenn er sich unter den Eskimos oder Samojeden befunden hätte. Hier und da im Schlosse eines vornehmen Lords, der einen Sitz im Parlamente und im Geheimen Rathe hatte und der einen großen Theil seines Lebens in den Städten des Südens zuzubringen pflegte, würde er wohl Perrücken und gestickte Leibröcke, Silbergeschirr und feines Leinzeug, Spitzen und Juwelen, französische Speisen und französische Weine gefunden haben. In der Regel aber hätte er sich mit ganz anderen Quartieren begnügen müssen. In vielen Wohnungen würden die Möbeln, die Kost, die Kleidung, ja selbst das Haar und die Haut seiner Wirthe seine Philosophie auf eine harte Probe gestellt haben. Er würde sich zuweilen mit einer Hütte haben begnügen müssen, in der jeder Winkel von Ungeziefer wimmelte. Er würde eine mit Torfrauch geschwängerte und durch hunderterlei ekelhafte Dünste verpestete Luft eingeathmet haben. Zum Abendessen würde ihm Korn, das nur zu Pferdefutter taugte, nebst einem Napfe voll Blut von einer lebenden Kuh vorgesetzt worden sein. Einige seiner Tischgenossen würden mit Hautausschlägen bedeckt, andere mit Theer beschmiert gewesen sein wie die Schafe. Sein Lager würde der nackte Erdboden gewesen sein, trocken oder naß, je nach dem Wetter, und er würde sich von diesem Lager halb vergiftet durch den Gestank, halb blind vom Torfrauch und halb wahnsinnig vor Jucken erhoben haben.[62]

Dies ist gewiß kein anziehendes Bild. Und doch würde ein einsichtsvoller und vorurtheilsfreier Beobachter in dem Character und den Sitten dieses rohen Volks etwas gefunden haben, was wohl Bewunderung und gute Hoffnungen erwecken konnte. Sie besaßen einen Muth, der sich seitdem durch Heldenthaten in allen vier Welttheilen erprobt hat. Ihre treue Anhänglichkeit an ihren Stamm und an ihren Patriarchen war zwar vom politischen Gesichtspunkte ein großes Uebel, hatte aber doch etwas von dem Character einer Tugend. Das Gefühl war irregeleitet und regellos, aber es war dennoch heroisch. Es muß eine gewisse Seelengröße in einem Menschen wohnen, der die Gesellschaft, welcher er angehört und den Führer, dem er folgt, mit einer Zuneigung liebt, welche stärker ist als die Liebe zum Leben. Es ist wahr, der Hochländer machte sich kein Gewissen daraus, das Blut eines Feindes zu vergießen, aber nicht minder wahr ist es, daß er hohe Begriffe von der Pflicht der Treue gegen Bundesgenossen und der Gastfreundschaft gegen Gäste hatte. Seine räuberischen Gewohnheiten waren allerdings für das Gemeinwesen von großem Nachtheil; aber Diejenigen irrten sehr, die da glaubten, daß er irgend eine Aehnlichkeit mit den Schurken hatte, welche in reichen und wohlgeordneten Staaten vom Diebstahle leben. Wenn er die Heerden von Niederlandsfarmern vor sich her den Paß hinauf trieb, der in seine heimathliche Schlucht führte, hielt er sich eben so wenig für einen Dieb, wie ein Raleigh oder Drake sich für einen Dieb hielt, wenn er die Ladungen der spanischen Galeonen theilte. Er war ein Krieger, der die rechtmäßige Beute des Kriegs in Besitz nahm, eines Kriegs, der während der fünfunddreißig Generationen, welche vorübergegangen waren, seitdem die teutonischen Eroberer die Kinder des Bodens in die Gebirge getrieben hatten, niemals unterbrochen worden war. Daß er zum Schutze des friedlichen Gewerbfleißes mit der ganzen Strenge des Gesetzes bestraft wurde, wenn man ihn bei einem Raube nach solchen Grundsätzen ergriff, war vollkommen gerecht. Ungerecht aber war es, ihn in moralischer Beziehung in eine Kategorie mit den Taschendieben, welche im Drurylanetheater ihr Unwesen trieben, oder mit den Straßenräubern zu werfen, welche auf Blackheath die Reisewagen anfielen. Sein maßloser Geburtsstolz und seine Verachtung der Arbeit und des Handels waren zwar große Schwächen und hatten weit mehr als die Rauhheit des Klima's und die Unfruchtbarkeit des Bodens dazu beigetragen sein Vaterland arm und uncultivirt zu erhalten. Doch auch dafür gab es einen Ersatz. Um gerecht zu sein, muß man anerkennen, daß die patrizischen Tugenden unter der Bevölkerung der Hochlande nicht minder weit verbreitet waren als die patrizischen Fehler. Wie es keinen andren Theil der Insel gab, wo die Leute trotz dürftiger Kleidung, Wohnung und Nahrung den müßigen

Schlaraffengewohnheiten einer Aristokratie in einem so hohen Grade fröhnten, so gab es auch keinen Theil der Insel, wo diese Leute in einem so hohen Grade die besseren Eigenschaften einer Aristokratie, Anmuth und Würde des Benehmens, Selbstachtung und jenes edle Zartgefühl besaßen, welches die Entehrung mehr fürchtet als den Tod. Ein Gentleman dieser Art, dessen Kleider von jahrelangem Schmutze besudelt waren und in dessen Hütte es ärger roch als in einem englischen Schweinestall, machte häufig die Honneurs dieser Hütte mit einem vornehmen Anstande, welcher des glänzenden Hofzirkels von Versailles würdig gewesen wäre. Obwohl er eben so wenig Büchergelehrsamkeit besaß, wie der einfältigste Ackerknecht England's, so würde es doch ein grober Irrthum gewesen sein, hätte man ihn auf eine Stufe der Intelligenz mit diesen Ackerknechten stellen wollen. Mit einer Wissenschaft kann der Mensch allerdings nur durch Lesen genau bekannt werden. Aber die Künste der Poesie und der Beredtsamkeit können in einem Zeitalter wo Bücher gänzlich oder doch fast gänzlich unbekannt sind, der absoluten Vollkommenheit nahe gebracht werden und einen großen Einfluß auf den Volksgeist ausüben. Der erste große Lebens- und Sittenmaler hat mit einer Lebendigkeit, welche keinen Zweifel zuließ, daß er die Natur treu copirte, den Eindruck geschildert, den Beredtsamkeit und Gesang auf Zuhörer machten, die nicht einmal das Alphabet kannten. Es ist wahrscheinlich, daß bei den Berathungen der Hochländer Männer, welche dem Amte eines Dorfgerichtsschreibers nicht gewachsen gewesen waren, Fragen über Krieg und Frieden, über Tribut und Huldigung mit einem eines Halifax und Caermarthen würdigen Scharfsinn erörterten, und daß bei den Banketen der Hochländer Minstrels, die nicht lesen konnten, zuweilen Rhapsodien vortrugen, in denen ein verständiger Kritiker Stellen gefunden haben würde, die ihn an die lieblichen Verse Otway's oder an die kräftigen

Strophen Dryden's erinnert hätten.

Es gab daher schon damals Beweise genug für die Rechtfertigung des Glaubens, daß der Celte durch keine natürliche Inferiorität dem Sachsen weit nachstand. Man hätte mit Gewißheit voraussagen können, daß, wenn eine energische Polizei es dem Hochländer unmöglich gemacht hätte, ihm zugefügtes Unrecht durch Gewalt zu rächen und sich seine Bedürfnisse durch Raub zu verschaffen, wenn seine Anlagen durch den bildenden Einfluß der protestantischen Religion und der englischen Sprache entwickelt würden, wenn er die Zuneigung und Achtung, mit denen er sein kleines Gemeinwesen und seinen kleinen Fürsten betrachten gelernt hatte, auf sein Vaterland und dessen rechtmäßige Obrigkeit übertragen könnte, das Königreich einen großen Zuwachs an Kraft für alle Zwecke des Friedens wie des Kriegs erlangen würde.

So würde ohne Zweifel der Ausspruch eines unterrichteten und unparteiischen Richters gelautet haben. Aber einen solchen Richter gab es damals nicht. Die von den gälischen Provinzen weit entfernt wohnenden Sachsen konnten nicht gut unterrichtet sein, und die in der Nähe dieser Provinzen wohnenden Sachsen konnten nicht unparteiisch sein. Zwischen Grenzbewohnern sind nationale Feindschaften jederzeit am heftigsten gewesen, und die Feindschaft zwischen den Grenzbewohnern des Hochlandes und denen des Niederlandes längs der ganzen Grenze war das Erzeugniß von Jahrhunderten und wurde durch beständige Reibungen immer frisch erhalten. Einmal wurden ganze Quadratmeilen Weideland von bewaffneten Räubern aus dem Gebirge verwüstet. Ein andermal hingen ein Dutzend Plaids in einer Reihe an den Galgen von Crieff oder Stirling. Es wurden zwar auf dem streitigen Gebiete Jahrmärkte zum nothwendigen Austausch von Waaren gehalten. Aber zu diesen Jahrmärkten kamen beide Theile kampfgerüstet, und der Tag endete oftmals mit

Blutvergießen. So war der Hochländer ein Gegenstand des Hasses für seine sächsischen Nachbarn, und von seinen sächsischen Nachbarn erfuhren die weiter von ihm entfernt wohnenden Sachsen das Wenige, was sie über seine Sitten und Gewohnheiten zu erfahren wünschten. Wenn die Engländer sich einmal herabließen, an ihn zu denken — und dies geschah selten — so betrachteten sie ihn als einen schmutzigen, gemeinen Wilden, als einen Sklaven, einen Papisten, einen Halsabschneider und Räuber.[63]

Diese geringschätzende Abneigung erhielt sich bis zum Jahre 1745, worauf derselben für kurze Zeit eine heftige Furcht und Wuth folgte. Das ernstlich besorgte England bot seine ganze Macht auf und die Hochländer wurden rasch, vollständig und für immer unterworfen. Eine kurze Zeit lang schnaubte die englische Nation, noch erhitzt von dem neuerlichen Kampfe, nichts als Rache. Das Gemetzel auf dem Schlachtfelde und auf dem Schaffote genügte nicht, um den öffentlichen Blutdurst zu stillen. Der Anblick des Tartan reizte den Pöbel von London zu einem Hasse, der sich durch unmännliche Mißhandlungen an wehrlosen Gefangenen äußerte. Eine politische und sociale Umwälzung fand in der ganzen celtischen Region statt. Die Macht der Häuptlinge wurde gebrochen, das Volk entwaffnet, der Gebrauch der alten Nationaltracht verboten, den alten räuberischen Gewohnheiten wirksam Einhalt gethan, und kaum war diese Veränderung durchgeführt, so begann ein sonderbarer Umschwung der öffentlichen Meinung. Mitleid trat an die Stelle des Widerwillens. Die Nation verwünschte die an den Hochländern verübten Grausamkeiten und vergaß, daß sie selbst für diese Grausamkeiten verantwortlich war. Die nämlichen Londoner, welche, so lange der Marsch Derby's noch in frischem Andenken war, die gefangenen Rebellen verhöhnt und mit Steinen geworfen hatten, gaben jetzt dem Fürsten, der den Aufstand niedergeworfen, den Spottnamen des „Schlächters". Die barbarischen Institutionen und Gebräuche, die kein Sachse zur Zeit ihres Bestehens einer ernsten Prüfung werth gehalten und von denen er nie anders als mit Verachtung gesprochen, hatten nicht sobald aufgehört zu existiren, als sie Gegenstände der Neugierde, des Interesses und selbst der Bewunderung wurden. Kaum waren die Häuptlinge einfache Grundherren geworden, so begann man auch schon gehässige Vergleiche zwischen der Habgier des Grundherrn und der Nachsicht des Häuptlings anzustellen. Man schien vergessen zu haben, daß das alte gälische Staatswesen für unvereinbar mit der Autorität des Gesetzes befunden worden war, das Fortschreiten der Civilisation gehemmt und mehr als einmal den Fluch des Bürgerkriegs über das Land gebracht hatte. Wie man früher nur die abschreckende Seite dieses Staatswesens gesehen hatte, so sah man jetzt nur die anziehende Seite desselben. Das alte Band, sagte man, sei ein verwandtschaftliches gewesen, das neue sei ein rein commercielles. Könne es etwas Beklagenswertheres geben, als daß der Häuptling eines Stammes um eines geringfügigen Pachtrückstandes willen Pächter vertreibe, die sein eigen Fleisch und Blut seien und deren Vorfahren oftmals auf dem Schlachtfelde mit ihren Leibern seine Vorfahren gedeckt hätten? So lange es gälische Räuber gab, waren sie von der sächsischen Bevölkerung als hassenswerthes Ungeziefer betrachtet worden, das ohne Gnade vertilgt werden müsse. Sobald aber die Vertilgung bewerkstelligt, sobald das Vieh in den Engpässen von Perthshire eben so sicher war als auf dem Markte zu Smithfield, wurde der Freibeuter zu einem Romanhelden verherrlicht. So lange die gälische Tracht getragen wurde, hatten die Sachsen sie für häßlich, für lächerlich, ja sogar für höchst unanständig erklärt. Bald nachdem dieselbe verboten worden, machten sie die Entdeckung, daß sie das anmuthigste Gewand von Europa war. Die gälischen Bauwerke, die gälischen Gebräuche, der gälische

Aberglaube, die gälischen Dichtungen, seit vielen Jahrhunderten geringschätzend vernachlässigt, begannen von dem Augenblicke an, wo die gälischen Eigenthümlichkeiten zu verschwinden anfingen, die Aufmerksamkeit der Gelehrten auf sich zu ziehen. Dieser Impuls war so stark, daß, wo die Hochlande im Spiele waren, einsichtsvolle Männer unbewiesenen Geschichten bereitwillig Glauben schenkten und Männer von Geschmack ganz werthlosen Compositionen einen überspannten Beifall zollten. Epische Gedichte, welche jeder geübte und vorurtheilsfreie Kritiker auf den ersten Blick als fast gänzlich modern erkannt haben würde und die, wenn sie als moderne Erzeugnisse veröffentlicht worden wären, sofort den ihnen gebührenden Platz neben Blackmore's Alfred und Wilkie's Epigoniad gefunden haben würden, wurden für funfzehnhundert Jahr alt erklärt und allen Ernstes der Iliade zur Seite gestellt. Schriftsteller von ganz andrer Art als die Betrüger, welche diese Fälschungen fabrizirten, sahen ein, welcher gewaltige Eindruck durch geschickte Schilderungen des früheren Hochlandlebens hervorgebracht werden könnte. Alles Widerwärtige wurde gemildert, alles Schöne und Edle mit besonderem Nachdruck hervorgehoben. Einige dieser Werke waren mit so bewundernswerthem Geschick abgefaßt, daß sie, wie die historischen Stücke Shakespeare's, die Geschichte ersetzten. Die Phantasiegebilde des Dichters wurden für seine Leser zu Wirklichkeiten, die Orte, welche er beschrieb, wurden geheiligte Stätten und das Ziel von Tausenden von Pilgern. Bald war die Phantasie des Volks so ausschließend beschäftigt mit Plaids, Tartschen und Claymores, daß die meisten Engländer die Namen Schotte und Hochländer als gleichbedeutend betrachteten. Nur wenige schienen zu wissen, daß zu einer noch nicht fernen Zeit ein Macdonald oder ein Macgregor in seinem Tartan einem Bürger von Edinburg oder Glasgow das war, was ein indianischer Jäger in seinem Kriegsschmucke einem Bewohner von Philadelphia oder Boston ist. Künstler und Schauspieler stellten Bruce und Douglas in gestreiften kurzen Röcken dar. Eben so gut hätten sie Washington den Tomahawk schwingend und mit einer Reihe Skalpen umgürtet darstellen können. Endlich erreichte diese Mode einen Punkt, der nicht leicht überschritten werden konnte. Der letzte britische König, der in Holyrood residirte, glaubte keinen glänzenderen Beweis von seiner Achtung vor den Gebräuchen, welche vor der Union in Schottland geherrscht hatten, geben zu können, als indem er sich in einen Anzug kleidete, den vor der Union neun Schotten unter zehn für die Tracht eines Banditen erklärt haben würden.

So ist es gekommen, daß die alten gälischen Institutionen und Sitten nie in dem einfachen Lichte der Wahrheit dargestellt worden sind. Bis in die Mitte des vorigen Jahrhunderts wurden sie durch ein falsches Medium gesehen; seitdem sind sie durch ein andres gesehen worden. Früher schimmerten sie nur undeutlich durch den verdunkelnden und entstellenden Nebel des Vorurtheils, und dieser Nebel hatte sich kaum zerstreut, so erschienen sie glänzend in den reichsten Farben der Poesie. Die Zeit, wo ein vollkommen treues Bild hätte entworfen werden können, ist jetzt vorbei. Das Original ist längst verschwunden, eine authentische Copie existirt nicht und Alles was noch möglich, ist die Herstellung einer unvollkommenen Aehnlichkeit mit Hülfe zweier Portraits, von denen das eine eine plumpe Karrikatur, das andre ein Meisterstück der Schmeichelei ist.

[Eigenthümlicher Character des Jakobitismus in den Hochlanden.]

Unter den falschen Begriffen, die sich in Bezug auf die Geschichte und den Character der Hochländer allgemein verbreitet haben, muß namentlich einer berichtigt werden.

Während des Jahrhunderts, das mit dem Feldzuge Montrose's begann und mit dem Feldzuge des jungen Prätendenten schloß, wurde jede im Interesse des Hauses Stuart auf britischem Boden vollbrachte große kriegerische That durch die Tapferkeit gälischer Stämme vollbracht. Die Engländer haben daher ganz natürlich diesen Stämmen die Denkungsart englischer Cavaliere zugeschrieben: eine tiefe Ehrfurcht vor der königlichen Würde und eine begeisterte Anhänglichkeit an die königliche Familie. Eine nähere Untersuchung wird jedoch ergeben, daß die Stärke dieser Gefühle bei den celtischen Clans sehr überschätzt worden ist.

Wenn wir die Geschichte unserer bürgerlichen Zwistigkeiten studiren, dürfen wir nie vergessen, daß dieselben Namen, Kennzeichen und Kriegsrufe in verschiedenen Theilen der britischen Inseln eine ganz verschiedene Bedeutung hatten. Wir haben bereits gesehen, wie wenig der irische Jakobitismus und der englische Jakobitismus mit einander gemein hatten. Der Jakobitismus des schottischen Hochländers war, wenigstens im 17. Jahrhundert, eine dritte, von den beiden anderen ganz verschiedene Varietät. Die gälische Bevölkerung war in der That weit davon entfernt, die Prinzipien des passiven Gehorsams und des Nichtwiderstandes anzuerkennen. Das ganze alltägliche Leben dieser Bevölkerung war eigentlich aus Ungehorsam und Widerstand zusammengesetzt. Gerade einige von denjenigen Clans, die man allgemein als so enthusiastisch loyal zu schildern gewohnt war, daß sie bereit sein würden, bis zum Tode treu zu Jakob zu halten, selbst wenn er im Unrecht wäre, hatten, so lange er auf dem Throne saß, seiner Autorität nie die geringste Achtung gezollt, selbst wenn er offenbar im Rechte war. Es war ihre Gewohnheit, ihr Beruf gewesen, ihm ungehorsam zu sein und ihm zu trotzen. Einige von ihnen waren wegen des Verbrechens der Widerspenstigkeit gegen seine gesetzmäßigen Befehle wirklich unter Hörnerklang proscribirt worden und würden ohne Besinnen jeden seiner Beamten, der sich über die Gebirgspässe hinaus gewagt hätte, um seinen Befehl zu vollziehen, in Stücke zerrissen haben. Die englischen Whigs wurden von ihren Gegnern beschuldigt, daß sie bezüglich des dem Staatsoberhaupte gebührenden Gehorsams gefährlich lockeren Prinzipien huldigten. Indessen hat kein ehrenwerther englischer Whig jemals den Aufruhr vertheidigt, außer als ein seltenes und extremes Mittel gegen seltene und extreme Uebel. Aber unter den celtischen Häuptlingen, deren Loyalität das Thema so vieler feuriger Lobpreisungen gewesen ist, gab es mehrere, deren ganze Existenz vom Knabenalter an ein einziger langer Aufruhr war. Von solchen Männern durfte man offenbar nicht erwarten, daß sie die Revolution in dem Lichte betrachten würden, in welchem dieselbe einem oxforder Eidverweigerer erschien. Auf der andren Seite wurden sie nicht, wie die eingebornen Irländer, durch Widerwillen gegen die sächsische Oberherrschaft zur Ergreifung der Waffen gedrängt; der schottische Celte war dieser Herrschaft niemals unterworfen gewesen. Er bewohnte sein eignes wildes und unfruchtbares Gebiet und beobachtete seine eigenen nationalen Gebräuche. In seinem Verkehr mit den Sachsen war er eher der Bedrücker als der Bedrückte. Er erpreßte Räubertribut von ihnen, entführte ihre Schaf- und Rinderheerden, und selten wagten sie es, ihn in seine heimathliche Wildniß zu verfolgen. Sie hatten nie sein ödes Moos- und Kiesland unter sich vertheilt. Er hatte nie den Thurm seiner erblichen Häuptlinge von einem Usurpator in Besitz nehmen sehen, der nicht gälisch sprach und der auf Alle die es sprachen, wie auf rohes Sklavenvolk herabsah, auch waren seine nationalen und religiösen Gefühle nie durch die Macht und durch den Glanz einer Kirche beleidigt worden, die er als eine ausländische und zugleich ketzerische betrachtete.

Der wahre Grund der Bereitwilligkeit, mit der ein großer Theil der Bevölkerung der Hochlande im Laufe des 17. Jahrhunderts zweimal für die Stuarts das Schwert zog, ist in den inneren Zwistigkeiten zu suchen, welche die Republik der Clans spaltete. Denn es gab eine Republik der Clans, das verkleinerte Ebenbild der großen Republik der europäischen Nationen. In der kleineren von diesen beiden Republiken, wie in der größeren, gab es Kriege, Verträge, Alliancen, Streitigkeiten wegen Gebiet und Vorrang, ein System des öffentlichen Rechts und ein Gleichgewicht der Macht. Dabei existirte eine unerschöpfliche Quelle der Unzufriedenheit und Zwietracht. Einige Jahrhunderte früher war das Feudalsystem in das Gebirgsland eingeführt worden, hatte aber das patriarchalische System weder vernichtet, noch sich vollständig mit demselben amalgamirt. Gewöhnlich war Derjenige, der nach der normännischen Verfassung Lord war, auch Häuptling nach der celtischen Verfassung, und in diesem Falle war kein Streit. Waren aber die beiden Charactere getrennt, so concentrirte sich der ganze willige und loyale Gehorsam auf den Häuptling. Der Lord hatte nur das, was er durch Gewalt erlangen und behaupten konnte. Wenn er mit Hülfe seines eignen Stammes Pächter, die einem andren Stamme angehörten, sich unterthan zu erhalten vermochte, so herrschte eine Tyrannei von Clan gegen Clan, vielleicht die heftigste von allen Formen der Tyrannei.

[Eifersucht auf den Einfluß der Campbells.]

Verschiedene Stämme hatten sich zu verschiedenen Zeiten zu einem Ansehen erhoben, das allgemeine Furcht und Neid erweckt hatte. Die Macdonalds hatten früher einmal auf den Hebriden und in dem ganzen Gebirgslande von Argyleshire und Inverneßshire ein Uebergewicht besessen ähnlich dem, welches das Haus Oesterreich einst in der Christenheit besaß. Aber das Uebergewicht der Macdonalds war, wie das des Hauses Oesterreich, verschwunden, und die Campbell's, die Kinder Diarmid's, waren in den Hochlanden das geworden, was die Bourbons in Europa geworden waren. Der Vergleich könnte noch weiter fortgeführt werden. Aehnliche Beschuldigungen wie man sie der französischen Regierung zur Last zu legen pflegte, wurden den Campbells zur Last gelegt. Eine besondere Gewandtheit, ein besonderer äußerer Schein von Eleganz, eine besondere Verachtung aller eingegangenen Verpflichtungen wurden mit oder ohne Grund dem gefürchteten Stamme zugeschrieben. „Schön und falsch wie ein Campbell" wurde ein Sprichwort. Es hieß, ein Mac Callum More nach dem andren habe mit unermüdlichem, gewissenlosem und unbeugsamem Ehrgeize Berg auf Berg und Insel auf Insel zu den ursprünglichen Besitzungen seines Hauses gehäuft. Einige Stämme waren aus ihrem Gebiet vertrieben, andere zur Zahlung eines Tributs gezwungen, noch andere den Eroberern einverleibt worden. So war endlich die Zahl der waffenfähigen Männer, welche den Namen Campbell führten, stark genug, um den vereinten Streitkräften aller übrigen weltlichen Clans im Felde die Spitze zu bieten.[64] Während der bürgerlichen Unruhen, welche im Jahre 1638 begannen, erreichte die Macht dieser ehrgeizigen Familie ihren Höhepunkt. Der Marquis von Argyle war ebensowohl das Oberhaupt einer Partei wie der Häuptling eines Stammes. Im Besitze zweier verschiedenen Arten von Autorität, bediente er sich jeder derselben in solcher Weise, daß er damit die andre erweiterte und verstärkte. Der notorische Umstand, daß er die Claymores von fünftausend halbheidnischen Gebirgsbewohnern ins Feld bringen konnte, vermehrte seinen Einfluß bei den strengen Presbyterianern, welche den Geheimen Rath und die Generalversammlung von Edinburg füllten, und sein Einfluß in Edinburg vermehrte wieder den Schrecken, den sein Name im Gebirge verbreitete. Von allen Fürsten der schottischen Hochlande, deren Geschichte uns näher bekannt ist, war er der mächtigste und gefürchtetste. Während seine Nachbarn die Zunahme seiner Macht mit einer Wuth beobachteten, welche die Furcht kaum niederzuhalten vermochte, rief Montrose sie zu den Waffen. Dem Aufrufe ward bereitwilligst Folge geleistet und eine mächtige Coalition von Clans zog in den Krieg, dem Namen nach für König Karl, in Wirklichkeit aber gegen Mac Callum More. Wer die Geschichte dieses Kampfes studirt hat, wird nicht leicht zweifeln können, daß, wenn Argyle die Sache der Monarchie unterstützt hätte, seine Nachbarn sich gegen dieselbe erklärt haben würden. Achtbare Schriftsteller erzählen von dem Siege, den die Royalisten bei Inverlochy über die Rebellen erfochten. Aber die in der Nähe des Ortes wohnenden Landleute stellen die Sache richtiger dar. Sie sprechen von der großen Schlacht, welche dort die Macdonalds gegen die Campbells gewannen.

Die Gesinnungen, welche die Koalition gegen den Marquis von Argyle hervorgerufen hatten, bestanden noch lange nach seinem Tode in ihrer ganzen Stärke fort. Sein Sohn, der Earl Archibald, erbte, obwohl er ein Mann von vielen ausgezeichneten Tugenden war, mit der Macht seiner Vorfahren zu gleicher Zeit auch die Unpopularität, die eine fast unausbleibliche Folge einer solchen Macht war. Im Jahre 1675 bildeten mehrere kriegslustige Stämme eine Conföderation gegen ihn, mußten sich aber der überlegenen Macht fügen, die ihm zu Gebote stand. Es herrschte daher von einer Meeresküste bis zur andren große Freude, als er im Jahre 1681 auf eine geringfügige Anschuldigung hin vor Gericht gestellt, zum Tode verurtheilt, ins Exil getrieben und seiner Titel beraubt wurde. Groß war der Schrecken, als er 1685 aus der Verbannung zurückkehrte und das feurige Kreuz aussandte, um seine Stammesgenossen unter seine Fahne zu rufen, und wieder war große Freude, als sein Unternehmen gescheitert, als seine Armee zusammengeschmolzen, als sein Kopf auf das Tolbooth von Edinburg gesteckt worden war und als die Häuptlinge, die ihn als einen Unterdrücker betrachtet, unter leichten Bedingungen von der Krone Erlassung alter Verbindlichkeiten und Verleihung neuer Titel erlangt hatten. Während England und Schottland allgemein Jakob's Tyrannei verabscheuten, wurde er in Appin und Lochaber, in Glenroy und Glenmore als ein Befreier verehrt.[65] Der durch die Macht und den Ehrgeiz des Hauses Argyle erregte Haß war selbst dann noch nicht gekühlt, als das Oberhaupt dieses Hauses hingeopfert, als seine Kinder landesflüchtig waren, als fremde Truppen die Besatzung des Schlosses Inverary bildeten und als das ganze Ufer des Fynesees durch Feuer und Schwert verwüstet war. Man sagte, der schreckliche Präcedenzfall mit den Macgregors müsse wiederholt und es als ein Verbrechen erklärt werden, den verhaßten Namen Campbell zu tragen.

Da änderte sich plötzlich Alles. Die Revolution kam und der Erbe Argyle's kehrte triumphirend zurück. Er war, wie seine Vorgänger es gewesen, das Oberhaupt nicht nur eines Stammes, sondern auch einer Partei. Der Richterspruch, der ihn seines Eigenthums und seiner Titel beraubt hatte, wurde von der Majorität der Convention für null und nichtig angesehen. Die Thüren des Parlamentshauses wurden ihm geöffnet, er wurde unter dem ganzen schottischen Hochadel dazu auserwählt, den neuen Soverainen den Amtseid abzunehmen, und dazu ermächtigt, auf seinen Besitzungen eine Armee für den Dienst der Krone auszuheben. Jetzt war er unzweifelhaft so mächtig wie der mächtigste seiner Vorfahren. Unterstützt durch die Kraft der Regierung, verlangte er nun gewiß die Entrichtung aller der langjährigen schweren Zins- und Tributrückstände, die seine Nachbarn ihm schuldeten und übte Rache für alle Beleidigungen und Schmähungen, die seine Familie erduldet hatte.

[Die Stewarts und Macnaghtens.]

Angst und Unruhe herrschte in den Schlössern von zwanzig Miniaturkönigen. Groß war die Besorgniß der Stewarts von Appin, deren Gebiet auf der einen Seite vom Meere und auf der andren vom Stamme Diarmid's eingezwängt war. Noch größer war die Bestürzung bei den Macnaghtens. Sie waren einst die Herren der schönen Thäler gewesen, durch welche die Ara und die Shira dem Fynesee zuströmen. Aber die Campbells hatten die Oberhand behalten. Die Macnaghtens waren zur Unterwerfung gezwungen worden und hatten von Geschlecht zu Geschlecht mit Furcht und Abscheu zu dem benachbarten Schlosse Inverary emporgeblickt. Neuerdings war ihnen eine vollkommene Emancipation versprochen worden. Eine Urkunde, kraft welcher ihrem Häuptlinge seine Besitzungen als unmittelbares Kronlehen zugeschrieben wurden, war ausgefertigt und harrte nur noch der königlichen Siegel, als die Revolution plötzlich eine Hoffnung zertrümmerte, welche nahe an Gewißheit grenzte. [66]

[Die Macleans.]

Die Macleans erinnerten sich, daß die Campbells vor nicht mehr als vierzehn Jahren in ihr Gebiet eingefallen, den Stammsitz ihres Häuptlings genommen und eine Besatzung in denselben gelegt hatten.[67] Noch ehe Wilhelm und Marie in Edinburg proklamirt worden, war ein Maclean, ohne Zweifel vom Oberhaupte seines Stammes abgesandt, über das Meer nach Dublin gekommen und hatte Jakob versichert, daß, wenn einige Bataillone aus Irland in Argyleshire landen sollten, sich ihnen sofort viertausendvierhundert Claymores anschließen würden.[68]

[Die Camerons; Lochiel.]

Ein ähnlicher Geist beseelte die Camerons. Ihr Oberhaupt,

Sir Ewan Cameron von Lochiel, mit dem Beinamen der Schwarze, hatte in Bezug auf persönliche Eigenschaften unter den celtischen Fürsten nicht seines Gleichen. Er war ein leutseliger Gebieter, ein zuverlässiger Bundesgenosse und ein furchtbarer Feind. Sein Gesicht und seine Haltung waren von seltenem Adel. Einige Personen, die in Versailles gewesen waren, darunter der kluge und beobachtende Simon Lord Lovat, meinten, daß in Bezug auf Persönlichkeit und Manieren eine auffallende Aehnlichkeit zwischen Ludwig XIV. und Lochiel stattfinde, und wer die Portraits Beider mit einander vergleicht, wird bemerken, daß in der That einige Aehnlichkeit vorhanden war. In der Statur war jedoch ein großer Unterschied. Ludwig erreichte trotz seiner Schuhe mit hohen Absätzen und trotz einer mächtig hohen Perrücke kaum die Mittelgröße. Lochiel war lang und kräftig gebaut. In Behendigkeit und Geschicklichkeit im Gebrauche der Waffen kamen ihm wenige unter den Gebirgsbewohnern gleich. Er hatte mehr als einmal im Einzelkampfe gesiegt und war ein weit und breit berühmter Jäger. Er führte einen energischen Krieg gegen die Wölfe, welche bis zu seiner Zeit das Hochwild der Grampians zerrissen, und von seiner Hand fiel der letzte des blutdürstigen Gezüchts, das bekanntermaßen über unsre ganze Insel verbreitet war. Auch zeichnete sich Lochiel nicht weniger durch geistige wie durch körperliche Kräfte aus. Einem gebildeten und vielgereisten Engländer, der in Westminster unter Busby und in Oxford unter Aldrich die Classiker studirt, der im Umgange mit Mitgliedern der königlichen Societät etwas von den Wissenschaften und in den Galerien von Florenz und Rom etwas von den schönen Künsten gelernt hatte, würde er allerdings wohl unwissend erschienen sein. Aber obwohl Lochiel wenig Bücherkenntnisse besaß, so war er doch ungemein verständig bei Berathungen, beredtsam in der Debatte, erfinderisch in Auskunftsmitteln und geschickt in der Leitung des menschlichen Characters. Sein Verstand

bewahrte ihn vor den Thorheiten, zu denen sich seine Bruderhäuptlinge oftmals durch Stolz und Zorn hinreißen ließen. Daher nannten Viele, die seine Bruderhäuptlinge als bloße Barbaren betrachteten, seinen Namen mit Achtung. Selbst bei der holländischen Gesandtschaft am St. James Square sprach man von ihm als von einem Manne, der an Einsicht und Muth nicht leicht seines Gleichen finden dürfte. Als Beschützer der Literatur kann er dem freigebigen Dorset zur Seite gestellt werden. Wie Dorset aus seiner Tasche Dryden eine Pension aussetzte, die seinem Einkommen als Hofpoet gleichkam, so soll Lochiel einem berühmten Barden, der von Räubern ausgeplündert worden und der in einer rührenden gälischen Ode um Almosen bat, drei Kühe und die kaum glaubliche Summe von fünfzehn Pfund Sterling geschenkt haben. Der Character dieses großen Häuptlings war in der That schon zweitausendfünfhundert Jahre vor seiner Geburt geschildert worden, und zwar — so groß ist die Macht des Genies — mit Farben, welche eben so viele Jahre nach seinem Tode noch frisch sein werden. Er war der Ulysses der Hochlande.
[69]

Er war Herr über ein großes Gebiet, bevölkert von einem Stamme, der keinen andren Gebieter, keinen andren Gott verehrte als ihn. Für dieses Gebiet war er jedoch dem Hause Argyle lehnspflichtig. Er war verpflichtet, seinem Lehnsherrn im Kriege beizustehen und ihm einen hohen Grundzins zu bezahlen. Diese Vasallenschaft hatte er allerdings schon in früher Jugend als erniedrigend und ungerecht betrachten gelernt. Während seiner Minderjährigkeit hatte er unter der Vormundschaft des klugen Marquis gestanden und war auf dem Schlosse Inverary erzogen worden. Mit dem achtzehnten Jahre aber riß sich der Knabe von der Autorität seines Vormundes los und focht tapfer für Karl I. wie für Karl II. Er wurde daher von den Engländern als ein Cavalier betrachtet, nach der

Restauration in Whitehall gut aufgenommen und von Jakob's Hand zum Ritter geschlagen. Das Compliment jedoch, welches ihm bei einem seiner Besuche am englischen Hofe gemacht wurde, würde einem Sachsen nicht sehr schmeichelhaft erschienen sein. „Nehmen Sie Ihre Taschen in Acht, Mylords," rief Se. Majestät, „hier kommt der König der Diebe." Die Loyalität Lochiel's ist fast sprichwörtlich, aber sie war dem was man in England Loyalität nannte, ganz unähnlich. In den Protokollen des schottischen Parlaments war er zu den Zeiten Karl's II. als ein gesetzloser und rebellischer Mann geschildert, der aus eigner Machtvollkommenheit und mit souverainer Verachtung der königlichen Autorität Ländereien besitze.[70] Einmal erhielt der Sheriff von Inverneßshire von König Jakob Befehl, in Lochaber einen Gerichtstag zu halten. Lochiel, eifersüchtig auf diese Einmischung in seinen patriarchalischen Despotismus, erschien bei der Gerichtsverhandlung an der Spitze von vierhundert bewaffneten Camerons. Er affectirte große Achtung vor dem königlichen Befehl, ließ aber einige Worte fallen, welche von den Pagen und Waffenträgern, die jeden seiner Blicke scharf beobachteten, vollkommen verstanden wurden. „Ist keiner meiner Burschen so gut, diesen Richter zum Teufel zu jagen? Ich habe sie schon Händel anfangen sehen, wo es weniger nöthig war." Im nächsten Augenblicke begann ein Zanken und Streiten unter der Menge, man wußte nicht wie oder wo. Hunderte von Dolchen blitzten, das Geschrei „Hülfe!" und „Mörder!" ertönte von allen Seiten, es kamen zahlreiche Verwundungen vor, zwei Menschen wurden getödtet, die Sitzung wurde in tumultuarischer Verwirrung aufgehoben und der geängstigte Sheriff mußte sich unter den Schutz des Häuptlings stellen, der ihn mit einem plausiblen Anschein von Achtung und Theilnahme sicher nach seiner Wohnung geleitete. Man muß lachen, wenn man daran denkt, daß der Mann, der diese That verübte, von Schriftstellern, welche

Somers und Burnet als Verächter der legitimen Autorität der Landesherren tadeln, beständig als der zuverlässigste und pflichtgetreueste Unterthan gerühmt wird. Lochiel würde allerdings die Lehre vom Nichtwiderstande höhnend verlacht haben. Aber es gab kaum einen andren Häuptling in Inverneßshire, der durch den Sturz des Hauses Argyle mehr als er gewonnen oder triftigeren Grund gehabt hätte, die Restauration dieses Hauses zu fürchten. Die Maßnahmen der Convention konnten daher kaum einen andren Häuptling in Inverneßshire mehr beunruhigen und ärgern als ihn.

[Die Macdonalds.]

Doch unter allen den Hochländern, welche die neueste Wendung des Geschicks mit peinlicher Besorgniß betrachteten, waren die Macdonalds die heftigsten und mächtigsten. Mehr als einer von den Magnaten, welche diesen weitverbreiteten Namen führten, machte Anspruch auf die Ehre, der rechtmäßige Nachfolger der Lords der Inseln zu sein, die noch im 15. Jahrhundert den Königen von Schottland den Vorrang streitig gemacht hatten. Dieser genealogische Streit, der bis auf unsre Zeit gewährt hat, verursachte viel Hader unter den Betheiligten. Alle aber stimmten darin überein, daß sie den früheren Glanz ihrer Dynastie zurückwünschten und das emporgekommene Geschlecht Campbell verabscheuten. Die alte Fehde hatte niemals geruht. Noch fortwährend wurde in Versen wie in Prosa wiederholt, daß der schönste Theil des den ehemaligen Oberhäuptern der gälischen Nation gehörenden Gebiets, Islay, wo sie mit königlicher Pracht gewohnt hatten, Jona, wo sie mit religiösem Pomp bestattet worden waren, die Berge von Jura, die reiche Halbinsel Kintyre, von den rechtmäßigen Besitzern auf den unersättlichen Mac Callum More übergegangen seien. Seit dem Sturze des Hauses Argyle konnten die Macdonalds, wenn sie auch ihre sonstige Macht nicht wiedererlangt hatten, sich wenigstens rühmen, daß gegenwärtig ihnen Niemand überlegen war. Von der Furcht vor ihrem mächtigen Feinde im Westen befreit, hatten sie ihre Waffen gegen schwächere Feinde im Osten, gegen den Clan Mackintosh und gegen die Stadt Inverneß gerichtet.

[Fehde zwischen den Macdonalds und den Mackintoshs. Inverneß.]

Der Clan Mackintosh, ein Zweig eines alten und berühmten Stammes, der seinen Namen und sein Wappen von der wilden Katze der Wälder entlehnte, hatte einen Streit mit den Macdonalds, der sich, wenn man der Tradition glauben darf, aus den finsteren Zeiten herschrieb, wo die dänischen Seeräuber die Küsten Schottland's verwüsteten. Inverneß war eine sächsische Colonie unter den Celten, ein Bienenstock von Kaufleuten und Handwerkern inmitten einer Bevölkerung von Müßiggängern und Plünderern, ein einsamer Posten der Civilisation in einer Region von Barbaren. Obgleich die Gebäude nur einen kleinen Theil des Flächenraumes bedeckten, den sie gegenwärtig einnehmen; obgleich die Ankunft einer Brigg im Hafen ein seltenes Ereigniß war; obgleich die Börse den Mittelpunkt einer schmutzigen Straße bildete, in der ein Marktkreuz stand, das große Aehnlichkeit mit einem zerbrochenen Meilenzeiger hatte; obgleich die Sitzungen des Gemeinderaths in einem armseligen Gebäude mit schmucklosen Wänden gehalten wurden; obgleich die besten Häuser von der Art waren, daß sie jetzt bloße Hütten genannt werden würden; obgleich die besten Dächer von Stroh waren; obgleich die besten Zimmerdecken aus rohem Gebälk bestanden; obgleich die besten Fenster wegen mangelnder Scheiben bei schlechtem Wetter mit Läden verschlossen wurden; obgleich die geringeren Wohnungen bloße Erdhütten waren, in denen Fässer mit ausgeschlagenem Boden die Stelle der Kamine vertraten, so war doch diese Stadt in den Augen des Gebirgsbewohners der Grampians wie ein Babylon oder Tyrus. Nirgend anderwärts hatte er mehrere hundert Häuser, zwei Kirchen und ein Dutzend Malzdarren beisammengesehen. Nirgend anderwärts war er durch den Glanz von Budenreihen geblendet worden, wo Messer, Hornlöffel, zinnerne Kessel und bunte Bänder zum Verkauf ausgestellt waren. Nirgend anderwärts war er an Bord eines der gewaltigen Schiffe gewesen, welche Wein und Zucker aus Ländern brachten, die weit über die Grenzen seiner Geographie hinaus lagen. [71] Es kann nicht Wunder nehmen, daß die stolzen und kriegerischen Macdonalds, welche zwar die friedliche Industrie verachteten, denen aber nach den Früchten dieser Industrie gelüstete, mit den Bewohnern von Inverneß eine Reihe von Händeln anfingen. Unter der Regierung Karl's II. hatte man gefürchtet, daß die Stadt von diesen rohen Nachbarn erstürmt und geplündert werden würde. Die Friedensbedingungen, welche sie anboten, bewiesen, wie wenig sie nach der Autorität des Fürsten und des Gesetzes fragten. Sie verlangten, daß ihnen ein schwerer Tribut bezahlt werden, daß die Municipalbehörden sich eidlich verpflichten sollten, jeden Bürger, der das Blut eines Macdonald vergösse, der Rache des Clans auszuliefern, und daß jeder Bürger, sobald er irgendwo Jemandem begegnete, der den Tartan der Macdonalds trüge, zum Zeichen seiner Unterwerfung die Waffen strecken solle. Nie hatte Ludwig XIV., selbst nicht als er zwischen Utrecht und Amsterdam lagerte, die Generalstaaten mit so despotischem Uebermuthe behandelt.[72] Durch die Vermittelung des schottischen Geheimraths kam ein Vergleich zu Stande; aber die alte Feindschaft verminderte sich nicht.

[Inverneß wird von Macdonald von Keppoch bedroht.]

Gemeinsame Feindschaften und gemeinsame Befürchtungen erzeugten ein gutes Einvernehmen zwischen der Stadt und dem Clan Mackintosh. Der Feind, den Beide am meisten haßten und fürchteten, war Colin Macdonald von Keppoch, ein Musterexemplar von ächtem hochländischen Jakobiten. Keppoch hatte Zeit seines Lebens die Autorität der Krone verhöhnt und sich derselben widersetzt. Er war zu wiederholten Malen bei seiner Unterthanenpflicht aufgefordert worden, von seinem gesetzwidrigen Treiben abzulassen, hatte aber jede solche Ermahnung mit Verachtung behandelt. Die Regierung wollte jedoch nicht zu extremen Maßregeln gegen ihn greifen, und er herrschte noch lange ungestört über die stürmischen Berggipfel von Coryarrick und über die gigantischen Terrassen, welche noch jetzt die Grenzen des einstigen Sees von Glenroy bezeichnen. Er war berühmt wegen seiner Kenntniß aller Schluchten und Höhlen dieser traurigen Gegend, und seine Geschicklichkeit, eine Viehheerde bis in die entlegensten Schlupfwinkel zu verfolgen, war so groß, daß man ihm den Beinamen „Coll der Kühe" gegeben hatte.[73] Endlich zwangen seine frechen Verletzungen des Gesetzes den Geheimrath, energische Maßregeln gegen ihn zu ergreifen. Er wurde für einen Rebellen erklärt, Androhungen von Feuer und Schwert wurden unter dem Siegel Jakob's gegen ihn erlassen, und wenige Wochen vor der Revolution rückte ein königliches Truppencorps, unterstützt durch die gesammte Streitmacht der Mackintoshs, in Keppoch's Gebiet ein. Er lieferte den Eingedrungenen eine Schlacht und siegte. Die Truppen des Königs wurden in die Flucht geschlagen, ihr Anführer wurde getödtet, und zwar durch einen Helden, dessen Loyalität gegen den König viele Schriftsteller sehr wohlgefällig dem factiösen Ungestüm der Whigs gegenübergestellt haben.[74]

Wenn Keppoch jemals die geringste Ehrfurcht vor der Regierung gehabt hatte, so wurde dieses Gefühl durch die allgemeine Anarchie, welche auf die Revolution folgte, völlig in ihm erstickt. Er verwüstete das Gebiet Mackintosh's, marschirte gegen Inverneß und drohte der Stadt mit Zerstörung. Die Gefahr war groß. Die Häuser waren nur von einer Mauer umgeben, auf welche Zeit und Wetter so verderblich eingewirkt hatten, daß sie bei jedem Sturme wankte. Dennoch zeigten die Einwohner einen kecken Trotz und ihr Muth wurde durch ihre Prediger angefeuert. Sonntag der 28. April war ein Tag der Angst und Verwirrung. Die Wilden streiften um die kleine sächsische Colonie herum wie eine Heerde hungriger Wölfe um eine Schafhürde. Keppoch drohte und bramarbasirte, er werde mit allen seinen Leuten in die Stadt dringen und sie plündern. Inzwischen versammelten sich die Bürger bewaffnet auf dem Marktplatze, um die Reden ihrer Geistlichen anzuhören. Der Tag verging, ohne daß ein Sturm erfolgte, und der Montag und Dienstag verstrichen unter großer Angst. Da erschien ein unerwarteter Vermittler.

[Dundee erscheint in Keppoch's Lager.]

Dundee hatte sich nach seiner Flucht von Edinburg auf seinen Landsitz in dem Thale zurückgezogen, durch welches der Glamis dem ehemaligen Schlosse Macbeth's zuströmt. Dort blieb er einige Zeit ruhig. Er betheuerte, daß er nicht die Absicht habe, sich der neuen Regierung zu widersetzen, er erklärte sich bereit nach Edinburg zurückzukehren, wenn er nur gewiß sein dürfe, gegen ungesetzliche Gewalt geschützt zu werden, und er erbot sich, sein Ehrenwort zu geben, oder, wenn dies nicht genüge, Caution zu erlegen, daß er sich ruhig verhalten wolle. Einige von seinen alten Soldaten hatten ihn begleitet und bildeten eine Besatzung von hinreichender Stärke, um sein Haus gegen die Presbyterianer der Umgegend zu beschützen. Hier hätte er möglicherweise unbehelligt und harmlos bleiben können, wenn nicht ein Vorfall, für den er nicht verantwortlich war, seine Feinde unversöhnlich gemacht und ihn zur Verzweiflung getrieben hätte.[75]

Ein Emissär Jakob's war mit Briefen an Dundee und Balcarras von Irland nach Schottland hinübergefahren. Dies erweckte Verdacht. Der Bote wurde festgenommen, verhört und durchsucht und die Briefe bei ihm gefunden. Einige davon gingen von Melfort aus und waren seiner würdig. Jede Zeile verrieth die Eigenschaften, die ihn zu einem Gegenstande des Abscheus für sein Vaterland und zum Liebling seines Gebieters gemacht hatten. Er verkündete jubilirend den nahen Anbruch des Tages der Rache und der Beraubung, des Tages, an welchem das Eigenthum der Rebellen unter die Loyalen vertheilt und wo Viele, welche angesehen und reich gewesen, Verbannte und Bettler sein würden. Der König, sagte Melfort, sei entschlossen, Strenge zu üben. Die Erfahrung habe Seine Majestät endlich zu der Ueberzeugung gebracht, daß Milde Schwäche sein würde. Selbst die Jakobiten ersahen mit Entrüstung aus den Briefen, daß eine Restauration Confiscationen und Proscriptionen zur unmittelbaren Folge haben würde. Einige von ihnen nahmen keinen Anstand es auszusprechen, daß Melfort ein Schurke sei, daß er Dundee und Balcarras hasse, daß er sie verderben wolle und daß er zu dem Ende diese abscheulichen Depeschen geschrieben und sich eines Boten bedient habe, der es sehr geschickt einzurichten gewußt, daß er ergriffen wurde. Es ist jedoch ausgemacht, daß Melfort auch nach der Veröffentlichung dieser Papiere so hoch als je zuvor in Jakob's Gunst stand. Daher kann es kaum einem Zweifel unterliegen, daß der Sekretär selbst in den Stellen, welche die eifrigen Vertheidiger des erblichen Rechts empörten, nur die Gesinnungen und Absichten seines Gebieters treulich wiedergab.[76] Hamilton befahl kraft der Vollmachten, welche die Stände vor ihrer Vertagung ihm ertheilt hatten, Balcarras und Dundee zu verhaften. Balcarras wurde festgenommen und zuerst in seinem eigenen Hause und dann in dem Tolbooth von Edinburg internirt. Aber Dundee's habhaft zu werden war nicht so leicht. Sobald er erfuhr, daß Verhaftsbefehle gegen ihn erlassen waren, ging er mit seinen Anhängern über den Dee und blieb kurze Zeit auf den unwirthbaren Besitzungen des Hauses Gordon. Von hier aus setzte er sich mit den Macdonalds und Camerons wegen eines Aufstandes in Communication. Er scheint jedoch damals von den Hochländern wenig gewußt und sich wenig um sie gekümmert zu haben. Gegen ihren Nationalcharacter empfand er wahrscheinlich die Abneigung des Sachsen und gegen ihren militärischen Character die Geringschätzung des Soldaten von Profession. Er kehrte bald in das Niederland zurück und blieb dort bis er erfuhr, daß ein starkes Truppencorps ausgesandt war, um sich seiner zu bemächtigen.[77] Jetzt zog er sich in die Gebirgsgegend, als seine letzte Zufluchtsstätte, eilte nordwärts durch Strathdon und Strathbogie, ging über den Spey und kam am Morgen des 1. Mai mit einem kleinen Reitertrupp in Keppoch's Lager vor Inverneß an.

Die neue Lage, in welche Dundee jetzt versetzt war, die neuen Aussichten, die sich ihm eröffneten, weckten in seinem erfinderischen und unternehmenden Kopfe natürlich neue Pläne. Die Hunderte von athletischen Celten, die er in ihrer nationalen Schlachtordnung sah, waren offenbar keine zu verachtenden Bundesgenossen. Wenn er eine große Koalition von Clans bilden, wenn er zehn- oder zwölftausend dieser entschlossenen Krieger unter eine Fahne bringen, wenn er sie überreden konnte, sich dem Zügel der Disciplin zu unterwerfen, welch' eine Laufbahn stand ihm dann bevor!

Ein Patent von König Jakob war, selbst als König Jakob fest auf dem Throne saß, vom Coll der Kühe niemals sonderlich respectirt worden. Dieser Häuptling haßte jedoch die Campbells mit der ganzen Gluth eines Macdonald und erklärte sofort seinen Anschluß an die Sache des Hauses Stuart. Dundee nahm es auf sich, den Streit zwischen Keppoch und Inverneß zu schlichten. Die Stadt willigte ein, zweitausend Dollars zu bezahlen, eine Summe, die, so klein sie in den Augen der Goldschmiede von Lombard Street erscheinen mochte, wahrscheinlich jeden Schatz überstieg, der je in die Einöden von Coryarrick gebracht worden war. Die Hälfte der Summe wurde nicht ohne Mühe von den Einwohnern zusammengebracht und für den Rest soll Dundee sein Wort verpfändet haben.[78]

Er versuchte nun zunächst, die Macdonalds mit den Mackintoshs auszusöhnen und schmeichelte sich mit der Hoffnung, daß die beiden kriegerischen Stämme, welche noch unlängst einander feindlich gegenübergestanden hatten, geneigt sein würden, unter seinem Commando nebeneinander zu kämpfen. Doch er überzeugte sich bald, daß es kein leichtes Ding war, eine Fehde zwischen Hochländern zu schlichten. Von den Rechten der streitenden Könige wußte keiner der beiden Clans etwas, noch kümmerte er sich darum. Das Benehmen beider muß örtlichen Leidenschaften und Interessen zugeschrieben werden. Was Argyle für Keppoch war, das war Keppoch für die Mackintoshs. Die Mackintoshs blieben daher neutral, und ihrem Beispiele folgten die Macphersons, ein andrer Zweig des Stammes der wilden Katze. Dies war nicht Dundee's einzige Enttäuschung. Die Mackenzies, die Frasers, die Grants, die Munros, die Mackays, die Macleods wohnten in großer Entfernung von dem Gebiete Mac Callum More's. Sie lagen nicht im Streit mit ihm, schuldeten ihm nichts und hatten keinen Grund, die Vergrößerung seiner Macht zu fürchten. Daher sympathisirten sie nicht mit seinen beunruhigten und aufgebrachten Nachbarn und konnten nicht dazu bewegen werden, dem Bündnisse gegen ihn sich anzuschließen.[79]

[Aufstand der den Campbells feindlichen Clans.]

Diejenigen Häuptlinge hingegen, welche näher bei Inverary wohnten und die den Namen Campbell seit langer Zeit fürchteten und haßten, hießen Dundee freudig willkommen und versprachen, am 18. Mai an der Spitze ihrer Leute zu ihm zu stoßen. Während der letzten zwei Wochen vor diesem Tage durchzog er Badenoch und Athol und forderte die Bewohner dieser Districte zur bewaffneten Erhebung auf. Dann stürmte er mit seinen Reitern in das Niederland hinab, überrumpelte Perth und führte einige Whiggentlemen als Gefangene mit sich ins Gebirge. Unterdessen waren die Feuerkreuze von Ort zu Ort über alle Haiden und Berge dreißig Meilen im Umkreise von Ben Nevis gewandert, und als er den Sammelplatz in Lochaber erreichte, sah er, daß der Zuzug bereits begonnen hatte. Das Hauptquartier war nahe bei Lochiel's Hause aufgeschlagen, einem großen, ganz aus Tannenholz gezimmerten Gebäude, das in den Hochlanden für einen prächtigen Palast galt. Hier empfing Lochiel, umgeben von sechshundert Kriegern, seine Gäste. Macnaghten von Macnaghten und Stewart von Appin hatten sich mit ihren kleinen Clans eingefunden. Macdonald von Keppoch führte die Krieger, welche einige Monate vorher unter seinem Commando die Musketiere König Jakob's in die Flucht geschlagen hatten. Macdonald von Clanronald stand noch in zartem Alter, aber sein Oheim, der während seiner Minderjährigkeit die Regentschaft führte, hatte ihn ins Lager gebracht. Der Jüngling war von einer auserlesenen Leibgarde begleitet, bestehend aus seinen Vettern, lauter stattlichen Leuten und kräftigen Fäusten. Macdonald von Glengarry, der sich durch seine dunklen Brauen und durch seine hohe Gestalt auszeichnete, kam aus dem großen Thale, wo eine Kette von Seen, welche außerhalb des Landes damals noch unbekannt und auf keiner Karte angegeben waren, gegenwärtig die tägliche Straße für die Dampfschiffe bildet, die zwischen dem atlantischen und dem deutschen Ocean hin und her fahren. Keiner von den Beherrschern der Berge hatte eine höhere Meinung von seiner persönlichen Wichtigkeit und lag häufiger mit anderen Häuptlingen in Streit als dieser. Er pflegte in seinen Manieren und in seinem Hauswesen eine Rohheit zur Schau zu tragen, welche die seiner rohen Nachbarn noch übertraf, und erklärte, daß er die wenigen Luxusgegenstände, welche aus den civilisirten Theilen der Erde ihren Weg in die Hochlande gefunden, als Zeichen der Verweichlichung und Entartung der gälischen Race betrachte. Diesmal hatte er es für gut befunden, den Glanz der sächsischen Krieger nachzuahmen, denn er ritt an der Spitze seiner vierhundert mit Plaids bekleideten Clansleute in einem stählernen Küraß und einem mit Gold gestickten Rocke. Ein andrer Macdonald, der ein beklagenswerthes und entsetzliches Ende nehmen sollte, hatte einen Trupp verwegener Freibeuter aus dem traurigen Gebirgspasse Glencoe herbeigeführt. Etwas später kamen die großen Potentaten von den Hebriden. Macdonald von Sleat, der reichste und mächtigste von allen Großen, welche auf den hohen Titel des Lords der Inseln Anspruch machten, kam von Sky an der Spitze von siebenhundert Streitern. Eine Flotte von langen Böten brachte fünfhundert Macleans von Mull unter dem Commando ihres Häuptlings Sir Johann von Duart. In alten Zeiten hatte eine weit stärkere Streitmacht seine Vorfahren in die Schlacht begleitet. Aber die Macht, wenn auch nicht der Muth des Clans war durch die Arglist und durch die Waffen der Campbells gebrochen worden. Eine andre Schaar Macleans kam unter einem tapferen Anführer, der sich nach dem Lochbuy nannte, was so viel heißt als gelber See.[80]

[Tarbet's Rath für die Regierung.]

Es scheint nicht, daß ein einziger Häuptling, der keinen speciellen Grund hatte, das Haus Argyle zu fürchten und zu hassen, Dundee's Aufruf Folge leistete. Man hat sogar starken Grund zu glauben, daß selbst die Häuptlinge, welche kamen, ruhig zu Haus geblieben sein würden, wenn die Regierung die Politik der Hochlande verstanden hätte. Nur ein talentvoller und erfahrener Staatsmann, welcher der vornehmen hochländischen Familie der Mackenzie entsprossen war, der Viscount Tarbet, verstand diese Politik gründlich. Er setzte damals Melville brieflich und Mackay mündlich nicht nur die Ursachen der krankhaften Zustände auseinander, welche die Calamitäten des Bürgerkriegs über Schottland zu bringen drohten, sondern gab auch die Heilmittel dagegen an. Die Gälen, sagt Tarbet, seien keineswegs allgemein für einen Aufstand eingenommen. Selbst von denjenigen papistischen Clans, welche keinen Grund hätten, die Unterwerfung unter das Joch der Campbells zu fürchten, sei wenig zu besorgen. Es sei notorisch, daß auch die talentvollsten und rührigsten unter den mißvergnügten Häuptlingen sich um die zwischen den Whigs und Tories obschwebenden Streitfragen gar nicht kümmerten. Lochiel insbesondere, den seine ausgezeichneten persönlichen Eigenschaften zu dem bedeutendsten Manne unter den Gebirgsbewohnern machten, frage nach Jakob eben so wenig etwas wie nach Wilhelm. Wenn die Camerons, die Macdonalds und die Macleans überzeugt werden könnten, daß ihre Güter und Ehrenstellen ihnen unter der neuen Regierung gesichert blieben, wenn Mac Callum More einige Zugeständnisse mache und Ihre Majestäten die Bezahlung einiger Pachtrückstände übernähmen, so würde Dundee die Clans mit wenig Erfolg zu den Waffen rufen. Fünftausend Pfund Sterling, meinte Tarbet, würden hinreichen, um alle celtischen Magnaten zu beschwichtigen, und in der That, obgleich diese Summe den Politikern von Westminster lächerlich klein vorkommen mochte, obgleich sie nicht größer war als der jährliche Gehalt des Oberkammerherrn oder des Kriegszahlmeisters, war sie doch enorm für einen rohen Potentaten, der zwar über Hunderte von Quadratmeilen herrschte und Hunderte von Kriegern ins Feld stellen konnte, aber vielleicht niemals fünfzig Guineen auf einmal in seiner Geldkasse gehabt hatte.[81]

Obwohl Tarbet von den schottischen Ministern der neuen Souveraine für einen sehr zweifelhaften Freund gehalten wurde, so verschmähte man seinen Rath doch nicht ganz. Es wurde beschlossen, den Mißvergnügten Propositionen zu machen, welche er angerathen hatte. Viel hing dabei von der Wahl eines Agenten ab, und leider bewies die getroffene Wahl, wie wenig die Vorurtheile der wilden Gebirgsstämme in Edinburg verstanden wurden. Ein Campbell wurde dazu ausersehen, für die Sache des Königs Wilhelm Männer zu gewinnen, deren Groll gegen den König Wilhelm einzig und allein den Grund hatte, daß er die Campbells begünstigte. Anerbietungen, welche durch eine solche Mittelsperson gemacht wurden, mußten natürlich als Schlinge und zugleich als Beleidigungen betrachtet werden. Unter solchen Umständen war es unnütz, daß Tarbet an Lochiel und Mackay an Glengarry schrieb. Lochiel antwortete Tarbet gar nicht, und Glengarry gab Mackay eine zwar artige, aber kalte Antwort, in welcher er dem General rieth, das Beispiel Monk's nachzuahmen.[82]

[Unentschiedener Feldzug in den Hochlanden.]

Inzwischen vergeudete Mackay einige Wochen mit Märschen, Contremärschen und unentschiedenen Scharmützeln. Späterhin gestand er ehrlich ein, daß die Kenntnisse, die er sich während seiner dreißigjährigen Militärdienste auf dem Continent erworben, ihm in seiner damaligen neuen Stellung nichts nützten. Es war schwer, in einem solchen Lande den Feind zu verfolgen, und unmöglich war es, ihn dahin zu bringen, daß er eine offene Schlacht annahm. Nahrung für ein Invasionsheer war in der waldigen und steinigen Wildniß nicht zu finden; eben so wenig konnten Lebensmittel für viele Tage weit über weiche Sümpfe und steile Anhöhen transportirt werden. Der General überzeugte sich, daß er seine Leute und ihre Pferde fast zu Tode ermüdet und doch nichts erreicht hatte. Hochländische Hülfstruppen würden ihm von großem Nutzen gewesen sein; allein er hatte wenig solche Hülfstruppen. Der Häuptling der Grants, den die vorige Regierung verfolgt und der Conspiration mit dem unglücklichen Earl von Argyle angeklagt hatte, war zwar ein warmer Freund der Revolution. Zweihundert Mackay's kamen, wahrscheinlich unter dem Einflusse von verwandtschaftlichen Gefühlen, aus dem äußersten Norden unsrer Insel, wo es in der Mitte des Sommers keine Nacht giebt, um unter einem Anführer ihres Namens zu kämpfen; im Allgemeinen aber erwarteten die Clans, die sich nicht an dem Aufstande betheiligten, den Ausgang mit kalter Gleichgültigkeit und schmeichelten sich mit der Hoffnung, daß es ihnen leicht werden würde, sich mit den Siegern auszusöhnen und daß sie an der Plünderung der Besiegten würden Theil nehmen dürfen.

Eine Erfahrung von wenig mehr als einem Monat überzeugte Mackay, daß es nur ein Mittel gab, durch welches die Hochlande unterworfen werden konnten. Es war nutzlos, die Gebirgsbewohner Berg auf Berg ab zu verfolgen. Eine Reihe von Festungen mußte an den wichtigsten Punkten errichtet und mit starken Besatzungen versehen werden. Der Ort, mit dem der General vorschlug den Anfang zu machen, war Inverlochy, wo die gewaltigen Ueberreste eines alten Schlosse standen und noch stehen. Dieser Posten lag nahe an einem Meeresarme und im Herzen des von den mißvergnügten Clans bewohnten Landes. Ein dort stationirtes und nöthigenfalls durch Kriegsschiffe unterstütztes starkes Truppencorps hätte zu gleicher Zeit die Macdonalds, die Camerons und die Macleans wirksam in Schach halten können.[83]

Während Mackay in seinen Briefen an den Staatsrath zu Edinburg die Nothwendigkeit vorstellte, auf diesen Plan einzugehen, hatte Dundee mit Schwierigkeiten zu kämpfen, welche all' seine Energie und Geschicklichkeit nicht völlig zu bewältigen vermochte.

[Militärischer Character der Hochländer.]

So lange die Hochländer noch eine Nation waren, die ihre eigenthümliche Verfassung hatte, waren sie in einem Sinne brauchbarer und in einem andren Sinne unbrauchbarer für militärische Zwecke als irgend eine andre Nation in Europa. Der Celte als Individuum eignete sich moralisch und physisch trefflich für den Krieg, und ganz besonders für den Krieg in einem so wilden und rauhen Lande wie das seine. Er war unerschrocken, kräftig, leichtfüßig und ertrug ohne Murren Kälte, Hunger und Anstrengungen. Ueber steile Felsen und verrätherische Sümpfe bewegte er sich eben so leicht wie die französischen Haustruppen auf der Straße von Versailles nach Marly. Er war an den Gebrauch der Waffen und an den Anblick des Blutes gewöhnt; er war ein geübter Fechter und Schütze, und bevor er jemals in Reih' und Glied gestanden, war er schon mehr als ein halber Soldat.

Wie der einzelne Celte leicht in einen Soldaten zu verwandeln war, ebenso war ein ganzer Stamm von Celten leicht in ein Bataillon Soldaten zu verwandeln. Es bedurfte dazu nichts weiter, als daß die militärische Organisation mit der patriarchalischen Organisation in Einklang gebracht wurde. Der Häuptling mußte Oberst, sein Oheim oder sein Bruder mußte Major, die Pächter, welche gleichsam die Peerschaft des kleinen Staates bildeten, mußten die Hauptleute sein und die Compagnie jedes Hauptmanns mußte aus denjenigen Bauern bestehen, die auf seinem Grund und Boden wohnten und deren Namen, Gesichter, Verwandten und Charactere er genau kannte; die Unteroffiziere mußten aus den auf die Adlerfeder stolzen Duinhe Wassels gewählt sein, der Waffenträger war eine vortreffliche Ordonnanz, der Erbpfeifer und seine Söhne bildeten die Musikbande, und der Clan wurde so mit einem Male ein Regiment. In einem solchen Regiment herrschte vom ersten Augenblicke an die strenge Ordnung und der pünktliche Gehorsam, worin die Stärke regulärer Armeen besteht. Jeder Mann, vom Höchsten bis zum Niedrigsten, war an seinem geeigneten Platze und kannte diesen Platz vollkommen. Es war nicht nöthig, den neueingerichteten Truppen erst durch Drohungen oder Strafen die Pflicht einzuschärfen, den Mann als ihr Oberhaupt zu betrachten, den sie von jeher, so lange sie denken konnten, als ihr Oberhaupt betrachtet hatten. Jeder Gemeine hatte von Kindheit an seinen Korporal sehr, seinen Hauptmann noch mehr geachtet und seinen Obersten fast angebetet. An Meuterei war daher nicht zu denken, ebenso wenig an Desertion, denn gerade diejenigen Gefühle, welche andere Soldaten am mächtigsten antreiben zu desertiren, hielten den Hochländer bei seiner Fahne. Wohin sollte er gehen, wenn er sie verließ? Alle seine Verwandten, alle seine Freunde waren um dieselbe versammelt. Trennte er sich also von ihr, so trennte er sich zugleich für immer von seiner Familie und brachte den ganzen Jammer des Heimwehs über sich, das in regulären Armeen so viele Rekruten antreibt, auf die Gefahr von körperlicher Züchtigung und Tod hin zu entlaufen. Wenn man diese Umstände erwägt, wird man sich nicht darüber wundern, daß die hochländischen Clans zuweilen große Kriegsthaten vollbracht haben.

Was aber diese Institutionen, welche einen Stamm von Hochländern, die alle dieselben Namen führten und alle demselben Oberhaupte unterthan waren, im Kampfe so furchtbar machten, machte die Nation ungeeignet für den Krieg im Großen. Nichts war leichter als Clans in tüchtige Regimenter zu verwandeln; aber nichts war schwieriger als diese Regimenter dergestalt zu vereinigen, daß sie eine tüchtige Armee bildeten. Von den Schäfern und Hirten, welche in den Reihen fochten, bis hinauf zu den Häuptlingen war Alles Harmonie und Ordnung. Jeder Mann blickte empor zu seinem unmittelbaren Vorgesetzten und Alle blickten empor zu dem gemeinsamen Oberhaupte. Aber mit dem Häuptling schloß diese Subordinationskette. Er verstand nur zu gebieten und hatte nicht gelernt zu gehorchen. Selbst königlichen Erlassen, selbst Parlamentsedicten pflegte er nur dann Gehorsam zu bezeigen, wenn sie in vollkommenem Einklang mit seinen Neigungen standen. Man durfte nicht erwarten, daß er einer delegirten Autorität eine Achtung zollen werde, die er der höchsten Autorität zu verweigern gewohnt war. Er hielt sich für berechtigt, über die Zweckmäßigkeit jedes ihm zukommenden Befehls zu entscheiden. Von seinen Bruderhäuptlingen waren einige seine Feinde, andere seine Nebenbuhler. Es war kaum möglich, ihn abzuhalten, sie zu beleidigen, oder ihn zu überzeugen, daß sie ihn nicht beleidigten. Alle seine Untergebenen sympathisirten mit allen seinen Animositäten, betrachteten seine Ehre wie ihre eigene und waren bereit auf seinen Ruf sich um ihn gegen den Oberbefehlshaber zu schaaren. Es war daher sehr wenig Aussicht, daß durch irgend welche Mittel fünf Clans bewogen werden konnten, während eines langen Feldzugs herzlich mit einander zu cooperiren. Die meiste Hoffnung dazu war noch in dem Falle, wenn sie von einem Sachsen angeführt wurden. Es ist bemerkenswerth, daß keine der großen Thaten, welche die Hochländer während unserer Bürgerkriege vollbrachten, unter dem Commando eines Hochländers vollbracht wurde. Einige Schriftsteller haben es als einen Beweis für das außerordentliche Genie

Montrose's und Dundee's erwähnt, daß diese Feldherren, obgleich nicht gälischen Stammes oder gälischer Sprache, im Stande gewesen waren, Bündnisse gälischer Stämme zu bilden und zu leiten. Aber gerade weil Montrose und Dundee keine Hochländer waren, vermochten sie Armeen anzuführen, welche aus hochländischen Clans zusammengesetzt waren. Wäre Montrose Häuptling der Camerons gewesen, so würden die Macdonalds sich niemals seiner Autorität gefügt haben. Wäre Dundee Häuptling des Clanronald gewesen, so würde der Glengarry ihm nie gehorcht haben. Stolze und empfindliche Männer, welche kaum den König als ihren Vorgesetzten anerkannten, würden niemals die Superiorität eines Nachbarn, eines von ihres Gleichen, eines Nebenbuhlers, ertragen haben. Viel leichter konnten sie die Obergewalt eines ausgezeichneten Fremden ertragen. Doch selbst einem solchen Fremden gestanden sie nur eine sehr beschränkte und sehr prekäre Autorität zu. Einen Häuptling vor ein Kriegsgericht zu stellen, ihn zu erschießen, ihn zu cassiren, ihn zu degradiren, ihm öffentlich einen Verweis zu geben, war unmöglich. Macdonald von Keppoch oder Maclean von Duart würde jeden Offizier todtgeschlagen haben, der ihm sein Schwert abverlangt und ihm gesagt hätte, daß er sich als Arrestanten zu betrachten habe, und Hunderte von Claymores würden augenblicklich aufgebrochen sein, um den Mörder zu beschützen. Es blieb dem Befehlshaber, unter dem diese Potentaten zu dienen sich herabließen, nichts Andres übrig als mit ihnen zu berathschlagen, sie zu bitten, ihnen zu schmeicheln, sie zu bestechen, und selbst durch diese Mittel vermochte menschliche Geschicklichkeit nur auf kurze Zeit die Eintracht zu erhalten. Denn jeder Häuptling glaubte Anspruch auf besondere Berücksichtigung zu haben, und man durfte daher keinem besondere Artigkeit erweisen, ohne die anderen zu verletzen. Der General war nichts weiter als der Präsident eines Congresses kleiner

Könige. Er wurde beständig aufgefordert, Streitigkeiten wegen Stammbäumen, wegen Vorrang, oder wegen Theilung von Beute anzuhören und zu schlichten. Mochte sein Ausspruch lauten wie er wollte, Jemand mußte dadurch verletzt werden. Jeden Augenblick konnte er erfahren, daß sein rechter Flügel in Folge eines zweihundert Jahre alten Streites auf sein Centrum gefeuert habe, oder daß ein ganzes Bataillon nach seinem heimathlichen Thale zurückgekehrt sei, weil ein andres Bataillon auf den Ehrenposten gestellt worden war. Ein hochländischer Barde würde in der Geschichte des Jahres 1689 leicht Sujets gefunden haben, ganz ähnlich denen, welche der trojanische Krieg den großen Dichtern des Alterthums lieferte. Heute ist Achilles mißmuthig, hütet sein Zelt und kündigt die Absicht an, mit allen seinen Leuten abzuziehen. Morgen stürmt Ajax im Lager umher und droht dem Ulysses den Hals abzuschneiden.

Daher kam es, daß, obgleich die Hochländer in den Bürgerkriegen des 17. Jahrhunderts einige große Thaten vollbrachten, diese Thaten keine nach wenigen Wochen noch erkennbare Spuren hinterließen. Siege von seltenem und fast ungeheuerlichem Glanze zogen alle Folgen einer Niederlage nach sich. Kriegsveteranen und Soldaten waren ganz erstaunt über diese plötzlichen Glückswechsel. Es war unglaublich, daß undisciplinirte Leute solche Waffenthaten vollbracht haben sollten. Eben so unglaublich war es, daß solchen Waffenthaten, nachdem sie vollbracht waren, der Triumph der Besiegten und die Unterwerfung der Sieger auf dem Fuße gefolgt sein sollte. Nachdem Montrose rasch hintereinander Sieg auf Sieg erfochten, sah er sich mitten auf der Bahn des Glücks plötzlich von seinen Untergebenen verlassen. Lokale Eifersüchteleien und lokale Interessen hatten seine Armee zusammengebracht. Lokale Eifersüchteleien und lokale Interessen lösten sie auf. Die Gordons verließen ihn, weil sie sich gegen die Macdonalds zurückgesetzt glaubten. Die Macdonalds verließen ihn, weil sie die Campbells plündern wollten. Die Streitmacht, die man früher für stark genug gehalten hatte, um das Schicksal eines Königreichs zu entscheiden, schmolz binnen wenigen Tagen zusammen, und auf die Siege von Tippermuir und Kilsyth folgte die Niederlage von Philiphaugh. Dundee lebte nicht lange genug, um einen ähnlichen Glücksumschlag zu erfahren, aber man hat allen Grund zu glauben, daß, wenn er nur vierzehn Tage länger gelebt hätte, seine Geschichte ein Seitenstück zu der Geschichte Montrose's gewesen sein würde.

Bald nachdem die Clans sich in Lochaber gesammelt hatten, machte Dundee einen Versuch sie zu überreden, daß sie sich der Disciplin einer regulären Armee unterwarfen. Er berief einen Kriegsrath zusammen, um diese Frage zu erörtern. Seine Ansicht wurde von allen denjenigen Offizieren unterstützt, welche aus dem Niederlande zu ihm gestoßen waren. Unter ihnen zeichneten sich Jakob Seton, Earl von Dunfermline, und Jakob Galloway, Lord Dunkeld, aus. Die celtischen Häuptlinge vertraten die entgegengesetzte Meinung. Lochiel, der talentvollste unter ihnen, war ihr Wortführer und verfocht die Sache mit großem Scharfsinn und natürlicher Beredtsamkeit. „Unser System," — so lautete der Hauptinhalt seines Raisonnements — „mag nicht das beste sein; aber wir sind von Kindheit auf dazu erzogen worden, wir verstehen es vollkommen und es steht mit unseren eigenthümlichen Institutionen, Gefühlen und Sitten im Einklange. Wenn wir auf unsre Art Krieg führen, so haben wir die Erfahrung und die Kaltblütigkeit von Veteranen. Führen wir auf andre Art Krieg, so werden wir rohe und unbeholfene Rekruten sein. Soldaten aus uns zu machen, wie die eines Cromwell und Turenne waren, dazu würden Jahre gehören, und wir haben nicht Wochen übrig. Wir haben hinreichend Zeit, unsre Disciplin zu verlernen, aber nicht Zeit genug, die eurige zu erlernen." Dundee erklärte sich unter großen Schmeicheleien für Lochiel überzeugt, und er war es vielleicht auch, denn die Gründe des verständigen alten Häuptlings waren durchaus nicht ohne Gewicht.[84]

[Zwistigkeiten in der hochländischen Armee.]

Einige celtische Kriegsgebräuche waren jedoch von der Art, daß Dundee sie nicht dulden konnte. So grausam er auch war, seine Grausamkeit hatte immer eine Methode und einen Zweck. Er hoffte noch immer, daß es ihm gelingen werde, einige neutral gebliebene Häuptlinge zu gewinnen und er vermied daher sorgfältig Alles was sie zu offener Feindseligkeit hätte aufstacheln können. Dies war allerdings ein Verfahren, von dem sich erwarten ließ, daß es dem Interesse Jakob's förderlich sein würde; aber Jakob's Interesse war den wilden Räubern, welche einzig und allein zu dem Zwecke ersprießliche Raubzüge unternehmen und alten Groll rächen zu können, seinen Namen gebrauchten und sich um sein Banner schaarten, sehr gleichgültig. Keppoch insbesondere, der die Mackintoshs weit mehr haßte, als er die Stuarts liebte, plünderte das Gebiet seiner Feinde nicht nur, sondern verbrannte auch Alles was er nicht mit fortnehmen konnte. Dundee gerieth beim Anblick der brennenden Wohnungen in heftigen Zorn. „Lieber möchte ich," sagte er, „in einem anständigen Regiment die Muskete tragen, als Anführer einer solchen Räuberbande sein." Von Bestrafung war natürlich keine Rede. Es darf in der That schon als ein auffallender Beweis von dem Einflusse des Generals angesehen werden, daß der Coll der Kühe es der Mühe werth hielt, sich wegen eines Benehmens zu entschuldigen, um dessentwillen er in einer wohldisciplinirten Armee erschossen worden wäre.[85]

Da die Grants für den König Wilhelm die Waffen ergriffen hatten, so wurde ihr Eigenthum als gute Prise betrachtet. Eine Abtheilung der Camerons fiel in ihr Gebiet ein, es kam zu einem Gefecht, es floß etwas Blut, und eine Menge Vieh wurde in Dundee's Lager getrieben, wo man Lebensmittel sehr gut brauchen konnte. Dieser Streifzug gab Anlaß zu einem Streite, dessen Geschichte den Character einer Armee von Hochländern im richtigsten Lichte zeigt. Unter Denen, welche im Kampfe mit den Camerons fielen, befand sich ein Macdonald von der Seitenlinie der Glengarries, der lange unter den Grants gelebt hatte, in Gesinnungen und Ansichten ein Grant geworden und beim Aufgebot seines Stammes nicht erschienen war. Obgleich er sich gegen den gälischen Codex der Ehre und Moral schwer vergangen hatte, erinnerten sich doch seine Stammesgenossen der geheiligten Bande, die er vergessen. Mochte er gut oder schlecht sein, er war von ihrem Fleisch und Blut und er hätte daher ihrer Justiz aufgespart werden sollen. Der Name, den er trug, das Blut der Lords von den Inseln hätte ihn schützen sollen. Glengarry begab sich wüthend zu Dundee und verlangte Rache an Lochiel und dem ganzen Geschlecht Cameron. Dundee erwiederte, der unglückliche Gentleman, der gefallen sei, habe den Clan wie auch den König verrathen. Sei es im Kriege wohl erhört, daß die Person eines Feindes, eines unter den Waffen Kämpfenden wegen eines Namens und seiner Abkunft für unantastbar gehalten werden müsse? Und selbst wenn ein Unrecht geschehen sei, wie solle es wieder gut gemacht werden? Die halbe Armee müsse erst die andre Hälfte erschlagen, ehe Lochiel ein Haar gekrümmt werden könne. Glengarry entfernte sich wieder, tobend wie ein Besessener. Da seine Klagen von Denen, die ihm Recht verschaffen sollten, nicht beachtet würden, so wolle er sich selbst Recht verschaffen; er wolle seine Leute aufbieten und mit dem Schwert in der Hand über die Mörder seines Vetters herfallen. Eine Zeit lang wollte er auf keine Vorstellungen hören. Als man ihm zu bedenken gab, daß Lochiel's Anhänger den Glengarryleuten an Zahl um das Doppelte überlegen seien, rief er aus: „Das thut nichts; ein Glengarry ist soviel werth als zwei Camerons." Wäre Lochiel eben so heftig und großsprecherisch gewesen, so ist es wahrscheinlich, daß die hochländische Insurrection der Regierung wenig mehr zu schaffen gemacht und daß die Rebellen ohne viel Aufhebens einander gegenseitig in ihren Wildnissen erschlagen haben würden. Aber die Natur hatte ihm in reichem Maße die Eigenschaften eines Staatsmannes verliehen, obwohl das Schicksal diese Eigenschaften in einem unbekannten Winkel der Erde verborgen hatte. Er sah ein, daß jetzt keine Zeit zur Zwietracht sei; sein Muth war längst anerkannt und sein Temperament verstand er vollkommen zu beherrschen. Glengarry's Wuth, durch keine neuen Provokationen gereizt, legte sich bald. Allerdings vermutheten Manche, daß er niemals ganz so kampflustig gewesen sei, als er sich gestellt habe und daß er mit seinem Toben nichts weiter beabsichtigt habe, als sein eignes Ansehen in den Augen seiner Anhänger aufrecht zu erhalten. Wie dem auch sein möge, der Streit wurde geschlichtet und die beiden Häuptlinge begrüßten sich mit dem äußeren Schein von Artigkeit an der Tafel des Generals. [86]

[Dundee sucht bei Jakob um Unterstützung nach.]

Die Erfahrungen, welche Dundee an seinen celtischen Bundesgenossen machte, mußten es ihm wünschenswerth erscheinen lassen, in seiner Armee einige Truppen zu haben, auf deren Gehorsam er sich verlassen konnte und welche nicht auf einen Wink von ihrem Obersten die Waffen gegen ihren General und ihren König kehren würden. In Folge dessen schrieb er während der Monate Mai und Juni mehrere Briefe nach Dublin, worin er dringend um Beistand bat. Wenn sechstausend, viertausend, dreitausend reguläre

Soldaten jetzt nach Lochaber geschickt würden, könne Se. Majestät darauf rechnen, daß er bald in Holyrood ein Hoflager halten werde. Daß ein solches Truppencorps entbehrlich war, unterlag kaum einem Zweifel. Jakob's Autorität war damals in allen Theilen Irland's anerkannt, außer an den Ufern des Ernesees und hinter den Mauern von Londonderry. Er hatte in diesem Königreiche eine Armee von vierzigtausend Mann. Ein Achtel von dieser Armee wäre dort kaum vermißt worden und hätte in Verbindung mit den aufständischen Clans in Schottland große Dinge ausrichten können.

Die Antworten, welche Dundee auf seine Ansuchen erhielt, berechtigten ihn zu der Hoffnung, daß ihm bald ein starkes und wohlausgerüstetes Corps aus Ulster zugeschickt werden würde. Vor der Ankunft dieser Verstärkungen wollte er nicht das Glück einer Schlacht versuchen.[87] Mackay auf der andren Seite war es müde, in einer Wildniß umherzumarschiren. Seine Leute waren erschöpft und entmuthigt; er hielt es für wünschenswerth, daß sie die Gebirgsgegend verließen, und Wilhelm war der nämlichen Meinung.

[Unterbrechung des Kriegs in den Hochlanden.]

So wurde im Juni der Bürgerkrieg wie auf Verabredung zwischen den beiderseitigen Generälen völlig eingestellt. Dundee blieb in ungeduldiger Erwartung der Truppen und Zufuhren aus Irland in Lochaber. Es war ihm indessen unmöglich, seine Hochländer in einem Zustande der Unthätigkeit beisammenzuhalten, denn es bedurfte eines großen Gebiets von Sumpf- und Gebirgsland, um eine so zahlreiche Mannschaft zu unterhalten. Die Clans kehrten daher in ihre Schluchten zurück, nachdem sie versprochen hatten, sich auf den ersten Aufruf wieder zu sammeln.

Inzwischen erholten sich die durch harte Strapatzen

und Entbehrungen erschöpften Soldaten Mackay's in Quartieren, welche über das ganze Niederland von Aberdeen bis Stirling zerstreut waren. Mackay selbst war in Edinburg und drang in die dortigen Minister, ihm die Mittel zur Errichtung einer Fortifikationskette in den Grampians zu bewilligen. Die Minister hatten sich, wie es scheint, in ihren militärischen Hülfsmitteln verrechnet. Man hatte erwartet, daß die Campbells eine Streitmacht ins Feld stellen würden, welche hinreichend war, um die ganze Stärke der unter Dundee marschirenden Clans aufzuwiegen. Ebenso hatte man erwartet, daß die westlichen Covenanters sich beeilen würden, die Reihen der Armee König Wilhelm's zu verstärken. Beide Erwartungen wurden getäuscht. Argyle hatte sein Fürstenthum verwüstet und seinen Stamm entwaffnet und desorganisirt gefunden. Es mußte eine beträchtliche Zeit darüber hingehen, ehe sein Banner von einer Streitmacht umgeben sein würde, wie seine Väter sie in den Kampf geführt hatten.

[Bedenklichkeiten der Covenanters, für König Wilhelm die Waffen zu ergreifen.]

Die Covenanters des Westens waren im allgemeinen nicht geneigt, sich einreihen zu lassen. An Muth fehlte es ihnen sicherlich nicht, und sie haßten Dundee mit tödtlicher Erbitterung. Seine Grausamkeit war in ihrem Theile des Landes noch in frischem Andenken. Jedes Dorf hatte seine blutige Geschichte. In dem einen Hause fehlte der greise Vater, in dem andren der hoffnungsvolle Sohn. Man erinnerte sich nur zu gut, wie die Dragoner in die Hütte des Landmanns eingedrungen waren, bei jedem Worte ihn, sich selbst und Einer den Andren verfluchend und verwünschend, wie sie die achtzigjährige Großmutter hinter dem warmen Ofen hervorgerissen und mit roher Hand den Busen seiner sechzehnjährigen Tochter betastet hatten; wie ihm die Abschwörungsformel vorgehalten worden war, wie er die Arme über der Brust gekreuzt und gesagt hatte: „der Wille Gottes geschehe;" wie der Oberst ein Piket mit geladenen Gewehren herbeigerufen und wie drei Minuten später der brave Hausvater vor seiner eigenen Thür in einer Blutlache gelegen hatte. Der Platz des Märtyrers am Herde war noch leer und jedes Kind konnte seinen noch grünen Grabhügel auf der Haide zeigen. Wenn die Leute dieser Gegend ihren Unterdrücker einen Diener des Teufels nannten, so sprachen sie nicht in bildlichem Sinne; sie glaubten wirklich, daß zwischen dem bösen Menschen und dem bösen Geiste ein enges Bündniß mit bestimmten Bedingungen bestehe, daß Dundee sich verpflichtet habe, das Werk der Hölle auf Erden zu verrichten und daß die Hölle zu höheren Zwecken ihren Sklaven beschützen dürfe, bis das Maß seiner Schuld voll sein würde. Aber so gründlich diese Leute auch Dundee verabscheuten, so erhoben doch die meisten von ihnen Bedenken dagegen, für Wilhelm das Schwert zu ziehen. Es wurde in der Pfarrkirche zu Douglas ein großes Meeting gehalten und die Frage vorgelegt, ob es zu einer Zeit, wo Krieg im Lande wüthe und eine irische Invasion erwartet werde, nicht Pflicht sei, zu den Waffen zu greifen. Die Debatte war heftig und tumultuarisch. Die Redner der einen Seite beschworen ihre Brüder, nicht den Fluch auf sich zu laden, der gegen die Bewohner von Meros geschleudert worden, weil sie dem Herrn nicht gegen den Mächtigen zu Hülfe kamen. Die Redner der andren Seite donnerten gegen sündige Bündnisse. Es seien Schlechtgesinnte in Wilhelm's Heere, Mackay's eigne Rechtgläubigkeit sei problematisch; mit solchen Kameraden und unter einem solchen General Kriegsdienste zu leisten, würde ein sündiges Bündniß sein. Nach langem Hin- und Herstreiten und unter großer Verwirrung wurde endlich eine Abstimmung vorgenommen und die Majorität erklärte sich dahin, das es ein sündiges Bündniß sein würde, Kriegsdienste zu nehmen.

[Aushebung des Cameron'schen Regiments.]

Es gab jedoch eine starke Minorität und aus den Mitgliedern dieser Minorität gelang es dem Earl von Angus ein Infanteriecorps zu bilden, das noch heute, nach Verlauf von mehr als hundertsechzig Jahren, unter dem Namen des Cameron'schen Regiments bekannt ist. Der erste Oberstleutnant desselben war Cleland, der unerbittliche Bluträcher, der Dundee aus der Convention getrieben hatte. Es machte keine geringe Schwierigkeit, die Reihen zu füllen, denn viele westländische Whigs, die es nicht für absolut sündhaft hielten, einzutreten, stellten Bedingungen, welche alle militärische Disciplin untergraben mußten. Einige wollten nicht unter einem Obersten, Major, Hauptmann, Sergeanten oder Korporal dienen, der nicht bereit sei, den Covenant zu unterschreiben. Andere bestanden darauf, daß, wenn es durchaus nöthig befunden würde, den und jenen Offizier anzustellen, welcher die unter der vorigen Regierung vorgeschriebenen Testeide geleistet habe, er sich wenigstens durch öffentliches Eingeständniß seiner Sünde vor der Fronte des Regiments zum Commando qualificiren sollte. Die Mehrzahl der Enthusiasten, welche diese Bedingungen gestellt hatten, wurde durch geschickte Bearbeitung bewogen, ihre Forderungen bedeutend herabzustimmen. Doch hatte das Regiment immerhin einen ganz eigenthümlichen Character. Die Soldaten waren sämmtlich strenge Puritaner. Einer ihrer ersten Schritte war eine Petition an das Parlament, daß alle Trunksucht, Ausschweifung und Gottlosigkeit streng bestraft werden möchte. Ihr eignes Verhalten muß musterhaft gewesen sein, denn das schlimmste Verbrechen, das die überspannteste Bigotterie ihnen zur Last legen konnte, bestand darin, daß sie dem Könige zu seinem Geburtstage Hurrahs brachten. Man hatte ursprünglich beabsichtigt, mit der militärischen Organisation des Corps die Organisation einer presbyterianischen Gemeinde zu verweben. Jede Compagnie sollte einen Aeltesten liefern und die Aeltesten sollten mit dem Kaplan ein geistliches Tribunal zur Unterdrückung der Unsittlichkeit und Ketzerei bilden. Es wurden indeß keine Aeltesten ernannt; aber ein angesehener Bergprediger, Alexander Shields, wurde zu dem Amte eines Kaplans berufen. Es läßt sich schwer denken, daß der Fanatismus eine höhere Gluth erreichen könnte, als er aus den Schriften Shields' hervorleuchtet. Nach seinen Ansichten würde es die erste Pflicht jedes christlichen Herrschers sein, jeden heterodoxen Unterthan bis zum Tode zu verfolgen, und ebenso die erste Pflicht jedes christlichen Unterthanen, einen heterodoxen Fürsten zu ermorden. Doch es herrschte damals in Schottland eine fanatische Begeisterung, im Vergleich zu welcher selbst die Begeisterung dieses Mannes noch lau war. Die extremen Covenanters protestirten gegen seinen Abfall eben so heftig als sie gegen die Schwarze Indulgenz und gegen den Suprematseid protestirt hatten und erklärten Jeden, der in Angus' Regiment eintrat, eines ruchlosen Bündnisses mit Uebelgesinnten schuldig.[88]

[Uebergabe des Schlosses von Edinburg.]

Mittlerweile war das Edinburger Schloß gefallen, nachdem es sich länger als zwei Monate gehalten hatte. Die Vertheidigung sowohl wie der Angriff waren sehr lau betrieben worden. Der Herzog von Gordon, der keine Lust hatte, sich den tödtlichen Haß Derer zuzuziehen, in deren Gewalt seine Besitzungen und sein Leben bald sein konnten, fand es nicht für gerathen, die Stadt zu beschießen. Auf der andren Seite betrieben die Belagerer ihre Operationen mit so wenig Energie und Umsicht, daß die Jakobiten in der Citadelle mit den draußen befindlichen Jakobiten in fortwährender Communication standen. Man erzählte sich sonderbare Geschichten von den artigen und kurzweiligen Botschaften, welche zwischen den Belagerten und den Belagerern gewechselt wurden. Einmal ließ Gordon den städtischen Behörden sagen, daß er wegen einiger ihm aus Irland zugekommenen Nachrichten eine Geschützsalve geben werde, daß aber die gute Stadt sich nicht zu beunruhigen brauche, denn er werde seine Kanonen nicht mit Kugeln laden. Ein andermal wirbelten seine Trommeln das Zeichen zum Parlamentiren; die weiße Fahne wurde ausgesteckt, es fand eine Unterredung statt und er benachrichtigte den Feind ganz ernsthaft, daß alle seine Spielkarten bis zum Zerfallen abgegriffen seien und daß er ihm doch einige frische Packete zukommen lassen möchte. Seine Freunde errichteten einen Telegraphen, vermittelst dessen sie sich über die Linien der Schildwachen hinweg mit ihm unterhielten. An einem Fenster im obersten Stock eines der höchsten der gigantischen Häuser, von denen noch jetzt einige wenige High Street verdunkeln, wurde, wenn Alles gut ging, ein weißes Tuch, und wenn die Sachen schlecht standen, ein schwarzes Tuch ausgehangen. Hatte man ausführlichere Meldungen zu machen, so wurde eine Tafel emporgehalten, auf der die Nachricht mit so großen Buchstaben geschrieben stand, daß sie mit Hülfe eines Fernrohrs von den Wällen der Citadelle aus gelesen werden konnte. Boten mit Briefen und frischen Lebensmitteln gelangten in verschiedenen Verkleidungen und durch mannichfache Kunstgriffe über den Wassergraben, der sich damals auf der Nordseite der Festung befand, und erklommen den steilen Abhang. Der Knall einer Muskete auf einem bestimmten Außenwerke war das Signal, welches den Freunden des Hauses Stuart anzeigte, daß wieder einer ihrer Emissäre glücklich den Felsen erklettert hatte. Endlich aber waren die Vorräthe erschöpft und man mußte kapituliren. Vortheilhafte Bedingungen wurden bereitwillig zugestanden, die Garnison zog ab und die Schlüssel wurden unter den Acclamationen einer großen Menge Bürger übergeben.[89]

[Parlamentssession in Edinburg.]

Doch die Regierung hatte im Parlamentshause viel erbittertere und hartnäckigere Feinde als im Schlosse. Als die Stände nach ihrer Vertagung wieder zusammentraten, wurden die Krone und das Scepter Schottland's als Symbole des abwesenden Souverains mit gewohntem Pomp im Saale ausgestellt. Hamilton ritt als Lord Obercommissar mit großem Gepränge von Holyrood aus durch High Street, und Crawford nahm seinen Sitz als Präsident ein. Zwei Edicte, von denen das eine die Convention in ein Parlament verwandelte, das andre Wilhelm und Marien als König und Königin anerkannte, wurden rasch angenommen und mit dem Scepter berührt, und nun begann der Kampf der Parteien.[90]

[Einfluß des Clubs.]

Es zeigte sich bald, daß die von Montgomery organisirte Opposition unüberwindlich stark war. Obgleich aus vielen heterogenen Elementen, aus Republikanern, Whigs, Tories, eifrigen Presbyterianern und bigotten Prälatisten zusammengesetzt, agirte sie eine Zeit lang wie ein Mann und zog eine Menge jener unbedeutenden und kleinmüthigen Politiker an sich, welche sich naturgemäß zu der stärkeren Partei hinneigen. Die Freunde der Regierung waren gering an Zahl und nicht verbunden. Hamilton ging nur mit halbem Herzen an die Erfüllung seiner Pflichten. Unbeständig war er jederzeit gewesen; jetzt war er auch noch unzufrieden. Er bekleidete zwar den höchsten Posten, den ein Unterthan erreichen konnte; aber er bildete sich ein, daß er nur den Schein der Macht habe, während Andere die wirkliche Macht besäßen, und es war ihm daher nicht unlieb, wenn er Diejenigen, auf die er eifersüchtig war, belästigt und beunruhigt sah. Er hinterging den Fürsten, den er repräsentirte, nicht geradezu, aber er intriguirte zuweilen mit den Führern des Clubs und spielte Denen, die ihm im Dienste der Krone zur Seite standen, mitunter arglistige Streiche.

Seine Instructionen schrieben ihm vor, Gesetze zur Milderung oder Beseitigung zahlreicher Mißstände und besonders einem die Macht des Artikelausschusses beschränkenden und die Verfassung desselben reformirenden Gesetze, sowie ferner einem das presbyterianische Kirchenregiment einführenden Gesetze die königliche Genehmigung zu ertheilen.[91] Doch es war gleichgültig, wie seine Instructionen lauteten. Die Führer des Clubs legten es darauf an, eine Ursache zur Uneinigkeit zu finden. Die Vorschläge der Regierung bezüglich der Artikellords wurden verächtlich zurückgewiesen. Hamilton schrieb um neue Instructionen nach London und bald wurde ihm ein zweiter Plan, welcher dem einst despotischen Ausschusse nicht viel mehr als den Namen ließ, zugeschickt. Aber auch dieser zweite Plan theilte das Schicksal des ersten, obgleich er von der Art war, daß er vernünftige und gemäßigte Reformers hätte befriedigen können. Unterdessen legten die Oberhäupter des Clubs ein Gesetz vor, welches dem Könige verbot, jemals irgend Jemanden in einem öffentlichen Amte anzustellen, der an irgend einer mit der Rechtsforderung unverträglichen Maßregel Antheil gehabt oder irgend einem guten Plan der Stände hindernd oder verzögernd entgegengetreten sei. Dieses Gesetz, das in einem sehr kleinen Rahmen fast alle Fehler vereinigte, die ein Gesetz nur haben kann, war, wie man sehr wohl wußte, auf den neuen Lordpräsidenten des Court of Session und auf seinen Sohn, den neuen Lord Advokaten, abgesehen. Ihr Glück und ihre Macht hatte ihnen den Neid jedes in seinen Hoffnungen getäuschten Amtscandidaten zugezogen. Daß sie Neulinge waren, die Ersten ihres Geschlechts, die sich zur Auszeichnung emporgeschwungen, und daß sie dessenungeachtet lediglich durch die Kraft der Befähigung eben so wichtige Personen im Staate geworden waren wie der Herzog von Hamilton oder der Earl von Argyle, war ein Gedanke, der vielen bedürftigen und stolzen Patriziern das Herz zernagte. In den Augen der schottischen Whigs waren die Dalrymple das was Halifax und Caermarthen in den Augen der englischen Whigs waren. Weder die Verbannung Sir Jakob's, noch der Eifer, mit dem Sir Johann die Revolution unterstützt hatte, wurden als eine Sühne für alte Vergehen angenommen. Sie hatten Beide dem blutdürstigen und götzendienerischen Hause gedient. Sie hatten Beide das Volk Gottes unterdrückt. Ihre späte Reue konnte ihnen vielleicht einen billigen Anspruch auf Verzeihung geben, gab ihnen aber gewiß kein Recht auf Ehren und Belohnungen.

Die Freunde der Regierung versuchten es vergebens, die Aufmerksamkeit des Parlaments von der Verfolgung der Familie Dalrymple auf die wichtige und dringliche Frage der Kirchenverfassung zu lenken. Sie sagten, das alte System sei abgeschafft, es sei noch kein andres System an dessen Stelle gesetzt, man wisse nicht mehr, welches eigentlich die Staatsreligion des Landes sei, und es sei die erste Pflicht der Legislatur, einer Anarchie ein Ende zu machen, welche täglich Unheil und Verbrechen hervorrufe. Die Führer des Clubs ließen sich damit nicht von ihrem Ziele abbringen. Es wurde beantragt und beschlossen, daß die Inbetrachtnahme der kirchlichen Angelegenheiten so lange aufgeschoben werden solle, bis die weltlichen Angelegenheiten geordnet seien. Die ungerechte und absurde Incapacitätsacte wurde mit vierundsiebzig gegen vierundzwanzig Stimmen angenommen. Ein andrer noch augenscheinlicher auf das Haus Stair abzielender Beschluß folgte unmittelbar darauf. Das Parlament machte Anspruch auf ein Veto bei der Ernennung von Richtern und maßte sich die Befugniß an, die Untersiegelung zu verhindern, mit anderen Worten, die ganze Justizverwaltung zu suspendiren, bis dieser

Anspruch zugestanden wäre. Aus dem Verlaufe der Debatte ging klar hervor, daß, wenn die Führer des Clubs auch mit dem Court of Session begonnen hatten, sie nicht damit aufzuhören gedachten. Die von Sir Patrick Hume und Anderen angeführten Argumente führten direct zu dem Schlusse, daß dem Könige die Ernennung keines wichtigen Staatsbeamten zustehen solle. Sir Patrick sprach in der That in Rede wie in Schrift seine Meinung dahin aus, daß das ganze Ernennungsrecht im Reiche von der Krone auf die Stände übertragen werden sollte. Wenn die Stelle des Schatzmeisters, des Kanzlers, des Sekretärs erledigt sei, müsse das Parlament Sr. Majestät einige Namen vorlegen, und Se. Majestät solle verbunden sein von diesen Namen einen zu wählen.[92]

Während dieser ganzen Zeit verweigerten die Stände beharrlich jede Geldbewilligung, bis ihre Acte mit dem Scepter berührt sein würden. Der Lord Obercommissar ward endlich über ihre Verkehrtheit so aufgebracht, daß er nach langem Temporisiren selbst solche Acte zu berühren verweigerte, gegen die an sich nichts einzuwenden war, und welche zu genehmigen ihn seine Instructionen ermächtigten. Dieser Stand der Dinge würde mit einer großen Erschütterung geendigt haben, wenn der König von Schottland nicht zugleich König eines viel größeren und reicheren Landes gewesen wäre. Karl I. hatte nie irgend ein Parlament zu Westminster unlenksamer gefunden, als Wilhelm während dieser Session das Parlament zu Edinburg fand. Aber es lag nicht in der Macht des Parlaments von Edinburg, einen solchen Zwang auf Wilhelm auszuüben, wie das Parlament von Westminster ihn auf Karl ausgeübt hatte. Eine Verweigerung von Geldern war zu Westminster eine ernsthafte Sache und ließ dem Souverain keine andre Wahl als nachzugeben, oder durch verfassungswidrige Mittel Geld zu erheben. In Edinburg brachte ihn eine derartige Verweigerung in kein solches Dilemma. Die größte

Summe, die er aus Schottland in einem Jahre zu erhalten hoffen konnte, betrug weniger, als was er aus England alle vierzehn Tage bezog. Er hatte sich daher nur in die Grenzen seiner unbestreitbaren Prärogative einzuschließen und hier in der Defensive zu verharren, bis eine günstige Conjunctur eintrat.[93]

[Unruhen in Athol.]

Während diese Dinge im Parlamentshause vorgingen, brach der Bürgerkrieg in den Hochlanden, der einige Wochen unterbrochen gewesen war, heftiger als zuvor wieder aus. Seit der Glanz des Hauses Argyle verblichen war, konnte kein gälischer Häuptling an Macht sich mit dem Marquis von Athol messen. Der Bezirk, von dem er seinen Titel herleitete und dessen Souverain er fast genannt werden konnte, war an Flächenraum größer als eine gewöhnliche Grafschaft, und war fruchtbarer, besser angebaut und dichter bevölkert als der größere Theil der Hochlande. Die Männer, die seinem Banner folgten, wurden für nicht minder zahlreich gehalten als sämmtliche Macdonalds und Macleans zusammengenommen, und standen an Kraft und Muth keinem Stamme im Gebirge nach. Aber der Clan war durch die Unbedeutendheit des Häuptlings unbedeutend gemacht worden. Der Marquis war der falscheste, unbeständigste, kleinmüthigste Mensch von der Welt. In dem kurzen Zeitraum von sechs Monaten war er bereits mehrere Male ein Jakobit und mehrere Male Wilhelmit gewesen. Sowohl Jakobiten als Wilhelmiten betrachteten ihn mit Verachtung und Mißtrauen, welche sie nur aus Respect vor seiner ungeheuren Macht nicht rückhaltlos äußerten. Nachdem er zu wiederholten Malen beiden Parteien Treue gelobt und zu wiederholten Malen Beide verrathen hatte, begann er zu überlegen, daß er am besten für seine Sicherheit sorgen werde, wenn er sowohl die Functionen eines Peers, als die eines Häuptlings niederlegte, wenn er sich sowohl von dem Parlamentshause zu Edinburg, als von seinem Schlosse im Gebirge fern hielte, und wenn er das Land verließe an das er gerade bei dem Wendepunkte seines Geschickes durch alle Bande der Pflicht und der Ehre gekettet war. Während ganz Schottland mit Ungeduld und ängstlicher Spannung zu sehen erwartete, in welches Heer seine zahlreichen Anhänger eintreten würden, schlich er sich fort nach England, nahm seinen Aufenthalt in Bath und gab vor die dortige Kur zu brauchen.[94] Sein Fürstenthum, somit ohne Oberhaupt, war gegen sich selbst gespalten. Die Leute von Athol waren im allgemeinen König Jakob zugethan. Denn er hatte sich ihrer noch vor vier Jahren als Diener seiner Rache gegen das Haus Argyle bedient. Sie hatten Inverary besetzt; sie hatten Lorn verwüstet; sie hatten Häuser demolirt, Obstbäume umgehauen, Fischerböte verbrannt, Mühlsteine zerschlagen, Campbells aufgehängt, und es war daher nicht zu erwarten, daß sie sich über die Aussicht auf Mac Callum More's Restauration freuen würden. Ein Wort von dem Marquis würde zweitausend Claymores ins jakobitische Lager gesendet haben. Dieses Wort aber wollte er nicht aussprechen, und in Folge dessen war die Haltung seiner Anhänger ebenso unentschlossen und inconsequent wie seine eigene.

Während sie auf eine Andeutung seiner Wünsche warteten, wurden sie gleichzeitig von zwei Führern zu den Waffen gerufen, von denen jeder mit einem Schein von Grund darauf Anspruch machen konnte, als Repräsentant des abwesenden Häuptlings betrachtet zu werden. Lord Murray, des Marquis ältester Sohn, der mit einer Tochter des Herzogs von Hamilton vermählt war, erklärte sich für König Wilhelm. Stewart von Ballenach, der vertraute Agent des Marquis, erklärte sich für König Jakob. Das Volk wußte nicht, welcher Aufforderung es folgen sollte. Der, dessen Autorität die höchste Achtung gezollt worden sein würde, hatte beiden Parteien sein Wort verpfändet, und war dann aus Furcht sich einer von beiden anschließen zu müssen davongelaufen; auch war es nicht leicht zu sagen, ob der Platz, den er leer gelassen, seinem Haushofmeister oder seinem muthmaßlichen Erben gebührte.

Der wichtigste militärische Posten in Athol war Blair Castle. Das Haus, welches gegenwärtig diesen Namen führt, unterscheidet sich durch nichts Auffallendes von anderen Landsitzen der Aristokratie. Das alte Gebäude war ein hoher Thurm von roher Bauart, der ein vom Garry bewässertes Thal beherrschte. Die Mauern würden einer Geschützbatterie nicht lange widerstanden haben, waren aber vollkommen stark genug, um die Hirten der Grampians in Schach zu halten. Ungefähr fünf Meilen südlich von dieser Veste verengerte sich das Thal des Garry zu der berühmten Schlucht von Killiecrankie. Gegenwärtig führt eine Heerstraße so eben wie irgend eine Straße in Middlesex in sanfter Steigung aus dem Niederlande zu dem Gipfel des Gebirgspasses hinauf. Weiße Villas blicken durch den Birkenwald, und an einem schönen Sommertage giebt es kaum eine Krümmung des Passes, wo man nicht einen Angler, der seine Fliege in den Schaum des Flusses wirft, einen Künstler, der eine Felsenspitze zeichnet, oder eine auf einer Landpartie begriffene Gesellschaft sähe, die auf dem Rasen in Schatten und Sonnenschein schmauset. Zu den Zeiten Wilhelm's III. aber wurde Killiecrankie von den friedlichen und betriebsamen Bewohnern des Niederlands von Perthshire nur mit Schaudern genannt. Sie galt für die gefährlichste der finsteren Schluchten, durch welche die Räuber aus dem Gebirge hervorzustürzen pflegten. Das für moderne Ohren so wohlklingende Rauschen des an den bemoosten Felsen und über die glatten Kiesel dahin strömenden Flusses, die des Pinsel's eines Wilson würdigen dunklen Fels- und Laubmassen, die phantastischen Bergspitzen, bei Sonnenauf- und Untergang in ein Meer von Licht gebadet, wie es auf Claude's Bildern glüht, erweckten in unseren Vorfahren nur Gedanken von mörderischen Hinterhalten und von ausgeplünderten, verstümmelten und den Raubvögeln preisgegebenen Leichnamen. Der einzige Pfad war schmal und rauh; nur mit Mühe konnte ein Pferd hinaufgeführt werden; zwei Menschen konnten kaum neben einander gehen, und an einigen Stellen lief der Weg so dicht am Abhange hin, daß der Reisende eines sicheren Auges und Fußes dringend bedurfte. Viele Jahre später erbaute der erste Herzog von Athol eine Straße, die eben gut genug war, damit er sie mit seinem Wagen befahren konnte. Aber selbst diese Straße war so steil und so schmal, daß eine Handvoll entschlossener Männer sie gegen eine Armee hätte vertheidigen können.[95] Kein Sachse betrachtete denn auch einen Besuch in Killiecrankie als ein Vergnügen, bis die Erfahrung die englische Regierung gelehrt hatte, daß die Spitzhacke und der Spaten diejenigen Waffen waren, durch welche die Hochländer am wirksamsten unterworfen werden konnten.

[Der Krieg bricht in den Hochlanden wieder aus.]

Die Gegend, welche gerade über diesem Passe lag, war jetzt der Schauplatz eines Krieges, wie ihn die Hochlande nicht häufig gesehen hatten. Männer, die den nämlichen Tartan trugen und dem nämlichen Herrn unterthan waren, standen einander gegenüber. Der Name des abwesenden Häuptlings wurde, mit einem Anschein von Grund, auf beiden Seiten gebraucht. Ballenach hielt an der Spitze einer Anzahl Vasallen, die ihn als den Vertreter des Marquis betrachteten, Blair Castle besetzt. Murray erschien mit zwölfhundert Mann vor den Mauern und verlangte, in das Schloß seiner Familie, das Schloß, das dereinst sein Eigen werden sollte, eingelassen zu werden. Die Besatzung weigerte sich die Thore zu öffnen. Die Belagerer sandten

Boten nach Edinburg, die Belagerten nach Lochaber.[96] An beiden Orten rief die Nachricht große Aufregung hervor. Mackay und Dundee waren beide der Ansicht, daß die Krisis rasches und kräftiges Einschreiten erfordere. Von dem Schicksal von Blair Castle hing wahrscheinlich das Schicksal von ganz Athol ab, und von dem Schicksal Athol's konnte das Schicksal Schottland's abhängen. Mackay eilte nach dem Norden und befahl seinen Truppen, sich in dem Niederlande von Perthshire zu sammeln. Einige von ihnen lagen an so entfernten Orten, daß sie nicht zeitig genug anlangten. Er hatte jedoch bald die drei schottischen Regimenter bei sich, welche in Holland gedient hatten und die Namen ihrer Obersten, Mackay's selbst, Balfour's und Ramsay's, führten. Auch ein tapferes Infanterieregiment aus England war da, welches damals das Regiment Hastings hieß, aber jetzt als das dreizehnte der Linie bekannt ist. Zu diesen alten Truppen kamen dann noch zwei im Niederlande neu angeworbene Regimenter. Das eine davon wurde von Lord Kenmore, das andre, das im Grenzlande ausgehoben worden und das noch jetzt des Königs Leibgrenzer genannt wird, von Lord Leven befehligt. Zwei Reitertrupps, commandirt von Lord Annandale und Lord Belhaven, brachten die Armee wahrscheinlich auf die Zahl von über dreitausend Mann. Belhaven ritt an der Spitze seines Trupps; aber Annandale, der factiöseste von allen Anhängern Montgomery's, zog den Club und das Parlamentshaus dem Felde vor.[97]

Dundee hatte mittlerweile alle Clans, die seine Ernennung anerkannten, aufgefordert, sich zu einer Expedition nach Athol zu versammeln. Seine Bemühungen wurden von Lochiel kräftig unterstützt. Die Feuerkreuze wurden wieder in aller Eile durch Appin und Ardnamurchan, nach Glenmore hinauf und den Levensee entlang ausgesandt. Aber der Aufruf kam so unerwartet und die verstattete Frist war so kurz, daß das Aufgebot kein ganz vollständiges war. Die ganze Streitmacht scheint nicht dreitausend Mann stark gewesen zu sein. Mit diesem Corps rückte Dundee aus. Auf seinem Marsche zog er Verstärkungen an sich, die eben aus Ulster angekommen waren. Sie bestanden aus wenig mehr als dreihundert schlecht bewaffneten, schlecht gekleideten und schlecht disciplinirten irischen Fußsoldaten. Ihr Anführer war ein Offizier, Namens Cannon, der in den Niederlanden gedient hatte und der vielleicht auf einem untergeordneten Posten und in einer regulären Armee an seinem Platze gewesen sein würde, aber der ihm jetzt übertragenen Rolle durchaus nicht gewachsen war.[98] Er hatte sich bereits so lange zwischen den Hebriden aufgehalten, daß einige mit ihm zugleich abgeschickte und mit Vorräthen befrachtete Schiffe von englischen Kreuzern genommen worden waren. Er und seine Soldaten waren mit Mühe dem nämlichen Schicksale entgangen. Trotz dieses Mangels an Befähigung bekleidete er eine Stelle, die ihm in Schottland den höchsten militärischen Rang nächst Dundee einräumte.

Die Enttäuschung war bitter. Jakob hätte in der That besser gethan, wenn er den Hochländern allen Beistand verweigert hätte, anstatt daß er sie gleichsam zum Besten hatte, indem er ihnen an Stelle der erbetenen und erwarteten wohlorganisirten Armee ein an Zahl und Aussehen verachtungswerthes Gesindel schickte. Es war nun klar, daß alles was für ihn in Schottland geschah, durch schottische Hände geschehen mußte.[99]

Während Mackay von der einen und Dundee von der andren Seite gegen Blair Castle vorrückte, hatten wichtige Ereignisse daselbst stattgefunden. Murray's Anhänger fingen bald an, in ihrer Treue für ihn zu wanken. Sie sahen eine große Zahl ihrer Stammesgenossen, unter der Anführung eines Gentleman, von dem man vermuthete, daß er das Vertrauen des Marquis besitze, sich gegenübergestellt. Die Belagerungsarmee schmolz daher rasch zusammen. Viele kehrten unter dem Vorgeben heim, daß sie ihre Familien und ihr Vieh in Sicherheit bringen müßten, da die Nachbarschaft auf dem Punkte stehe, der Schauplatz eines Kriegs zu werden. Andere erklärten freimüthiger, daß sie in einem solchen Kampfe nicht fechten mochten. Eine starke Truppe ging an einen Bach, füllte die Mützen mit Wasser, trank auf die Gesundheit König Jakob's und zerstreute sich dann.[100]

Ihr Eifer für König Jakob bewog sie jedoch nicht, sich der Fahne seines Generals anzuschließen. Sie legten sich unter den Felsen und Dickichten längs des Garry auf die Lauer, in der Hoffnung, daß es bald eine Schlacht geben werde und daß, welchen Ausgang dieselbe auch nehmen möchte, Flüchtlinge und Leichname zu plündern sein würden.

Murray war in arger Bedrängniß. Seine Streitmacht war auf einige hundert Mann geschmolzen, selbst diesen Leuten konnte er nicht recht trauen, und die Macdonalds und Camerons rückten rasch vor. Er hob daher die Belagerung von Blair Castle auf und zog sich mit wenigen Anhängern in den Engpaß von Killiecrankie zurück. Hier stieß bald eine Abtheilung von zweihundert Füselieren zu ihm, welche Mackay vorausgeschickt hatte, um den Paß zu besetzen. Das Hauptcorps der Armee vom Niederlande folgte bald nach.
[101]
Am frühen Morgen des 27. Juli, einem Sonnabend, kam Dundee bei Blair Castle an. Hier erfuhr er, daß Mackay's Truppen bereits in der Schlucht von Killiecrankie waren. Man mußte rasch zu einem Entschluß kommen. Es wurde Kriegsrath gehalten. Die sächsischen Offiziere waren allgemein dagegen eine Schlacht zu wagen; die celtischen Häuptlinge aber waren andrer Meinung. Glengarry und Lochiel waren jetzt beide eines Sinnes. „Schlagen Sie los, Mylord," sagte Lochiel mit seiner gewohnten Energie; „schlagen Sie unverzüglich los, wenn Sie auch nur Einer gegen Drei sind. Unsere Leute sind guten Muthes, sie

fürchten weiter nichts, als daß der Feind entkommen möchte. Lassen Sie ihnen ihren Willen und sein Sie versichert, daß sie entweder umkommen, oder einen vollständigen Sieg erfechten werden. Wenn Sie sie aber zurückhalten, wenn Sie sie nöthigen in der Defensive zu verharren, so stehe ich für nichts. Wenn wir nicht kämpfen, so thäten wir besser, wir brächen auf und zögen uns in unsere Berge zurück.[102]"

Dundee's Züge heiterten sich auf. „Sie hören es, Gentlemen," sagte er zu seinen Offizieren; „Sie hören die Meinung eines Mannes, der den hochländischen Krieg besser versteht als irgend Einer von uns." Keine Stimme erhob sich dagegen. Es wurde beschlossen zu kämpfen, und die verbündeten Clans rückten guten Muthes vorwärts dem Feinde entgegen.

Der Feind hatte inzwischen den Engpaß erstiegen. Der Marsch bergauf war langwierig und mühsam gewesen; denn selbst die Fußsoldaten konnten nur zwei bis drei Mann hoch marschiren und die Bagagepferde, zwölfhundert an Zahl, mußten einzeln hintereinander gehen. Kein Wagen war jemals diesen steilen Pfad hinaufgezogen worden. Die Spitze der Colonne war bereits oben angelangt und befand sich auf dem Plateau, während die Nachhut noch in der Ebene war. Endlich war der Uebergang bewerkstelligt, und die Truppen befanden sich in einem Thale von nicht bedeutender Ausdehnung. Ermüdet von der Anstrengung des Morgens warfen sie sich ins Gras, um einige Ruhe und Erfrischung zu genießen.

Früh am Nachmittag wurden sie durch den Alarmruf aufgeschreckt, daß die Hochländer sich näherten. Ein Regiment nach dem andren stand auf und ordnete sich. In einer kleinen Weile war der Gipfel einer Anhöhe, die etwa einen Büchsenschuß vor ihnen lag, mit schottischen Mützen und Plaids bedeckt. Dundee ritt in der Absicht vor, die Stärke der Streitmacht, mit der er es zu thun haben sollte, zu recognosciren, und stellte dann seine Leute mit so viel Geschick auf, als ihr eigenthümlicher Charakter ihm zu bethätigen gestattete. Es war wünschenswerth, die Clans getrennt zu halten. Jeder Stamm, ob groß oder klein, bildete eine Colonne, welche von der nächsten durch einen weiten Zwischenraum geschieden war. Das eine dieser Bataillone mochte siebenhundert Mann stark sein, während ein andres bloß aus hundertzwanzig Mann bestand. Lochiel hatte vorgestellt, daß es unmöglich sei, Männer von verschiedenen Stämmen zu vermischen, ohne Alles zu zerstören, was die eigenthümliche Stärke eines Hochlandsheeres bilde.[103]

Auf der rechten Flanke, dicht am Garry standen die Macleans. Ihnen zunächst Cannon mit seinem irischen Fußvolke. Dann kamen die Macdonalds von Clanronald, von dem Vormunde ihres jungen Fürsten befehligt. Auf der Linken standen andere Schaaren von Macdonalds. An der Spitze eines starken Bataillons erhob sich die stattliche Figur Glengarry's, der die königliche Standarte König Jakob's VII. trug.[104] Noch weiter links stand die Reiterei, eine kleine Schwadron, bestehend aus einigen jakobitischen Gentlemen, die aus dem Niederlande ins Gebirge geflüchtet waren, und aus etwa vierzig von Dundee's alten Reitern. Jenseit derselben kam Lochiel mit seinen Camerons, und die äußerste Linke bildeten die Männer von Sky unter Anführung Macdonald's von Sleat.[105]

In den Hochlanden wie in allen Ländern, wo der Krieg nicht zu einer Wissenschaft geworden ist, hielt man es für die wichtigste Pflicht eines Befehlshabers, das Beispiel persönlichen Muthes und körperlicher Anstrengung zu geben. Lochiel war besonders berühmt wegen seiner physischen Tapferkeit. Seine Clansleute erzählten mit Stolz, wie er feindliche Reihen selbst durchbrochen und riesenhafte Krieger niedergehauen habe. Er verdankte diesen Thaten vielleicht einen eben so großen Theil seines Einflusses wie den ausgezeichneten Eigenschaften, die ihn, hätte das Schicksal ihn in das englische Parlament oder an den französischen Hof versetzt, zu einem der hervorragendsten Männer seines Jahrhunderts gemacht haben würden. Er war jedoch verständig genug, um einzusehen, wie irrig die Meinung war, welche seine Landsleute gefaßt hatten. Er wußte, daß es nicht das Amt eines Generals war, Schläge auszutheilen und zu empfangen. Er wußte, wie schwer es Dundee geworden war, nur wenige Tage ein aus verschiedenen Clans bestehendes Heer zusammenzuhalten, und er wußte, daß das was einem Dundee Mühe gekostet hatte, einem Cameron geradezu unmöglich sein würde. Ein Leben, von dem so viel abhing, durfte nicht einem barbarischen Vorurtheile geopfert werden. Lochiel beschwor daher Dundee, sich nicht unnöthiger Gefahr auszusetzen. „Ew. Lordschaft Amt ist es," sagte er, „Alles zu beaufsichtigen und Ihre Befehle zu ertheilen, und an uns ist es, diese Befehle auszuführen." Dundee erwiederte mit ruhiger Hochherzigkeit, daß in den Worten seines Freundes Sir Ewan viel Wahres liege, daß aber kein General etwas Großes vollbringen könne, ohne das Vertrauen seiner Leute zu besitzen. „Ich muß mir den Ruf der persönlichen Tapferkeit erwerben. Ihre Leute erwarten ihre Anführer im dichtesten Kampfgewühl zu sehen, und heute sollen sie mich da sehen. Ich verspreche Ihnen jedoch bei meiner Ehre, daß ich in künftigen Gefechten mich mehr schonen werde."

Mittlerweile wurde auf beiden Seiten ein Kleingewehrfeuer unterhalten, von den regulären Soldaten aber geschickter und nachhaltiger als von den Gebirgsleuten. Der Raum zwischen den beiden Heeren war eine einzige Rauchwolke. Nicht wenige Hochländer fielen, und die Clans wurden ungeduldig. Die Sonne stand jedoch schon tief im Westen, als Dundee endlich den Befehl gab, sich kampffertig zu machen. Seine Leute erhoben ein großes Jubelgeschrei. Der Feind, wahrscheinlich erschöpft durch die

Anstrengungen des Tages, antwortete mit einem nur schwachen und vereinzelten Hurrah. „Jetzt frisch ans Werk!" sagte Lochiel. „Das ist nicht der Ruf von Männern, die zum Siege gehen." Er war durch alle seine Reihen gegangen, hatte an jeden Cameron einige Worte gerichtet, und jedem das Versprechen abgenommen, zu siegen oder zu sterben.[106]

Es war sieben Uhr vorüber. Dundee gab das Losungswort. Die Hochländer ließen ihre Plaids fallen. Die Wenigen, die so luxuriös waren, rohe Socken von ungegerbter Haut zu tragen, warfen sie weg. Man erinnerte sich noch lange in Lochaber, daß Lochiel seine Schuhe, wahrscheinlich das einzige Paar in seinem Clan, auszog und barfuß an der Spitze seiner Leute kämpfte. Die ganze Linie rückte feuergebend vor. Der Feind erwiederte das Feuer mit guter Wirkung. Als nur noch ein kleiner Raum zwischen den beiden Heeren war, warfen die Hochländer plötzlich ihre Gewehre weg, zogen ihre Breitschwerter und stürzten mit einem furchtbaren Geschrei vorwärts. Die Niederländer machten sich bereit, den Angriff zurückzuweisen; doch dies war damals eine langwierige und schwerfällige Procedur, und die Soldaten hanthierten noch an den Mündungen ihrer Gewehre und an den Griffen ihrer Bajonette herum, als der ganze Strom der Macleans, Macdonalds und Camerons auf sie anstürmte. In zwei Minuten war die Schlacht verloren und gewonnen. Die Reihen von Balfour's Regiment öffneten sich. Er wurde niedergehauen, während er im Gedränge kämpfte. Ramsay's Leute machten kehrt und warfen die Waffen weg. Mackay's eignes Fußvolk wurde durch den wüthenden Angriff der Camerons auseinandergesprengt. Sein Bruder und sein Neffe bemühten sich vergebens, die Leute zu sammeln. Ersterer wurde durch einen Hieb mit einem Claymore todt zu Boden gestreckt. Der Andre arbeitete sich, mit acht Wunden bedeckt, durch das Getümmel und Blutvergießen bis an die

Seite seines Oheims. Selbst in dieser äußersten Bedrängniß behielt Mackay seine ganze Geistesgegenwart. Er hatte noch eine Hoffnung. Ein Reiterangriff konnte das Kriegsglück wenden, denn vor Reitern fürchteten sich, wie man glaubte, selbst die tapfersten Hochländer. Doch er rief umsonst nach den Reitern. Belhaven benahm sich zwar als ein tapferer Gentleman; aber seine Reiter, über die Niederlage des Fußvolks erschrocken, sprengten in Verwirrung davon; Annandale's Leute folgten; Alles war vorüber und der wirre Strom von Rothröcken und Tartans wälzte sich das Thal hinunter in die Schlucht von Killiecrankie.

Mackay, von einem treuen Diener begleitet, sprengte muthig durch das dichteste Gewühl der Claymores und Tartschen und erreichte einen Punkt, von wo er einen Ueberblick über das Schlachtfeld hatte. Seine ganze Armee war verschwunden, mit Ausnahme einiger Grenzer, welche Leven zusammengehalten hatte, und des Regiments Hastings, das ein mörderisches Feuer in die celtischen Reihen gesandt hatte und das noch in ungebrochener Ordnung Stand hielt. Die Leute welche gesammelt werden konnten, beliefen sich auf nur wenige Hunderte. Der General beeilte sich, sie über den Garry zu führen, und nachdem er diesen Fluß zwischen sie und den Feind gebracht hatte, machte er einen Augenblick Halt, um über seine Lage nachzudenken.

Er konnte kaum begreifen, wie die Sieger so unklug sein konnten, ihm auch nur diesen Augenblick zur Ueberlegung zu lassen. Sie hätten mit Leichtigkeit seine ganze Mannschaft niederhauen oder gefangen nehmen können, bevor die Nacht einbrach. Aber die Energie der celtischen Krieger hatte sich in einem wüthenden Angriff und einem kurzen Kampfe erschöpft. Der Engpaß war von den zwölfhundert Lastthieren, welche die Lebensmittel und das Gepäck der besiegten Armee trugen, verstopft. Eine solche Beute war eine unwiderstehliche Versuchung für Leute, die ebensowohl durch das Verlangen nach Raub, wie durch das Verlangen nach Ruhm zum Kriege getrieben wurden. Es ist wahrscheinlich, daß sogar wenige Häuptlinge geneigt waren um König Jakob's willen eine so reiche Beute im Stich zu lassen. Dundee selbst würde in diesem Augenblicke nicht im Stande gewesen sein, seine Anhänger dazu zu bewegen, daß sie von den Beutehaufen abließen und das große Werk des Tages vollendeten, und Dundee war nicht mehr.

[Dundee's Tod.]

Beim Beginn des Gefechts hatte er seinen Platz vor der Fronte seiner kleinen Reiterschaar genommen. Er befahl ihr ihm zu folgen und ritt vorwärts. Doch es schien beschlossen zu sein, daß an diesem Tage die Schotten des Niederlandes in beiden Armeen sich in nachtheiligem Lichte zeigen sollten. Die Reiter zögerten. Dundee wendete sich um, erhob sich in den Steigbügeln und forderte sie seinen Hut schwenkend auf, herbeizukommen. Als er seinen Arm erhob, lüftete sich sein Harnisch und entblößte den unteren Theil seiner linken Seite. Eine Musketenkugel traf ihn, sein Pferd sprang vorwärts und stürzte sich in eine Wolke von Rauch und Staub, welche beiden Armeen den Fall des siegreichen Generals verbarg. Ein Mann, Namens Johnstone, war in seiner Nähe und fing ihn auf, als er aus dem Sattel herabsank. „Wie steht die Schlacht?" fragte Dundee. „Gut für König Jakob," antwortete Johnstone, „aber ich bin besorgt um Ew. Lordschaft." — „Wenn die Schlacht gut für ihn steht," erwiederte der Sterbende, „so ist an mir um so weniger gelegen." Dies waren seine letzten Worte; als aber eine halbe Stunde darauf Lord Dunfermline und einige andere Freunde zur Stelle kamen, glaubten sie noch einige schwache Lebenszeichen zu erkennen. Der in zwei Plaids gehüllte Leichnam wurde nach Blair Castle gebracht.[107]

[Mackay's Rückzug.]

Mackay, der von Dundee's Schicksal nichts wußte, wohl aber Dundee's Geschicklichkeit und Thätigkeit kannte, erwartete augenblicklich und heftig verfolgt zu werden, und machte sich wenig Hoffnung, auch nur die spärlichen Ueberreste der besiegten Armee retten zu können. Durch den Engpaß konnte er sich nicht zurückziehen, denn die Hochländer waren bereits dort. Er beschloß daher, über die Berge in das Thal des Tay vorzudringen. Er holte bald einige Hundert seiner Ausreißer ein, welche dieselbe Richtung eingeschlagen hatten. Die meisten von ihnen gehörten zu

Ramsay's Regiment und mußten gediente Soldaten sein. Aber sie waren ohne Waffen, durch die erlittene Niederlage demoralisirt, und der General konnte bei ihnen keinen Ueberrest von militärischer Disciplin ober kriegerischem Muthe entdecken. Seine Lage war von der Art, daß sie auch den Stärksten auf eine harte Probe stellen mußte. Die Nacht war hereingebrochen; er befand sich ohne Führer in einer Wüste; ein siegreicher Feind war ihm aller Wahrscheinlichkeit nach auf den Fersen, und er hatte für die Sicherheit eines Haufens von Menschen zu sorgen, welche Kopf und Herz verloren hatten. Er hatte eben die schmerzlichste und demüthigendste Niederlage erlitten. Seine Privatgefühle waren nicht weniger tief verwundet worden als seine Berufsgefühle. Ein theurer Verwandter war eben vor seinen Augen todt niedergestreckt worden. Ein andrer bewegte sich, aus vielen Wunden blutend, nur noch schwach neben ihm. Doch der Muth des unglücklichen Generals wurde durch einen festen Glauben an Gott und durch ein hohes Pflichtgefühl für den Staat aufrechterhalten. Bei all' seinem Elend und Mißgeschick trug er das Haupt noch stolz erhoben und fand Muth nicht allein für sich, sondern für Alle die ihn umgaben. Seine erste Sorge war, des Weges gewiß zu sein. Ein einsames Licht, das durch die Dunkelheit schimmerte, führte ihn zu einer kleinen Hütte. Die Bewohner sprachen nur gälisch, und waren anfangs durch das Erscheinen von Uniformen und Waffen geängstigt. Doch Mackay's Leutseligkeit zerstreute ihre Besorgniß. Ihre Sprache war ihm in der Jugend geläufig gewesen, und er hatte genug davon behalten, um sich mit ihnen verständigen zu können. Nach ihren Anweisungen und mit Hülfe einer Taschenkarte, auf welcher die Straßen jenes wilden Landes oberflächlich angegeben waren, gelang es ihm sich zurecht zu finden. Er marschirte die ganze Nacht. Als der Tag anbrach, war seine Aufgabe schwieriger als je. Hasting's und Leven's Leute benahmen sich zwar noch wie Soldaten. Aber die Ramsay'schen Ausreißer waren ein bloßer Pöbelhaufen. Sie hatten ihre Musketen weggeworfen, und die Breitschwerter, vor denen sie geflohen waren, blitzten beständig vor ihren Augen. Jeder neue Gegenstand jagte ihnen einen neuen Schrecken ein. Ein Häuflein Hirten in Plaids, welche ihr Vieh trieben, wurde durch die Einbildungskraft zu einem Heere celtischer Krieger vergrößert. Einige der Ausreißer verließen das Hauptcorps und entflohen ins Gebirge, wo ihre Feigheit die verdiente Strafe fand. Sie wurden um ihrer Röcke und Schuhe willen erschlagen, und ihre nackten Leichname den Adlern von Ben Lawers preisgegeben. Die Desertion würde noch viel ärger gewesen sein, hätten nicht Mackay und seine Offiziere mit dem Pistol in der Hand jeden Mann niederzuschießen gedroht, den sie bei dem Versuche sich fortzustehlen betreffen würden.

Endlich kamen die ermüdeten Flüchtlinge vor Weems Castle an. Der Besitzer des Schlosses war ein Freund der neuen Regierung und er erwies ihnen soviel Gastfreundschaft als in seinen Kräften stand. Sein Vorrath von Hafermehl wurde herbeigebracht, es wurden einige Rinder geschlachtet und den zahlreichen Gästen eine eilig zubereitete kunstlose Mahlzeit vorgesetzt. So gestärkt brachen sie wieder auf und marschirten den ganzen Tag über Sumpf, Moor und Berg. So dünn bevölkert die Gegend auch war, konnten sie doch deutlich sehen, daß die Nachricht von ihrem Mißgeschick sich schon weit verbreitet hatte und daß die Bevölkerung allenthalben in großer Aufregung war. Spät in der Nacht erreichten sie das Schloß Drummond, das durch eine kleine Besatzung für König Wilhelm vertheidigt wurde, und am folgenden Tage marschirten sie unter geringeren Beschwerden weiter nach Stirling.[108]

[Eindruck der Schlacht von Killiecrankie.]

Das Gerücht von ihrer Niederlage war ihnen vorausgeeilt. Ganz Schottland war in Gährung. Der Schlag war allerdings hart, aber er wurde durch die hochfliegenden Hoffnungen der einen und durch die maßlosen Befürchtungen der andren Partei übertrieben. Man glaubte anfangs, daß die ganze Armee König Wilhelm's umgekommen, daß Mackay selbst gefallen, daß Dundee an der Spitze eines siegberauschten und beutegierigen zahlreichen Barbarenheeres bereits vom Gebirge herabgekommen, daß er Herr des ganzen Landes jenseits des Forth, daß Fife aufgestanden sei, um sich ihm anzuschließen, daß er in drei Tagen in Stirling und in acht Tagen in Holyrood sein werde. Es wurden Booten ausgesandt, um ein in Northumberland liegendes Regiment aufzufordern, eiligst über die Grenze zu rücken. Andere Boten brachten das dringende Gesuch an Seine Majestät nach London, sofort alle entbehrlichen Soldaten zu schicken und am liebsten selbst mitzukommen, um sein nordisches Reich zu retten.

[Vertagung des schottischen Parlaments.]

Die Factionen im Parlamentshause vergaßen in ihrem Schrecken über die gemeinsame Gefahr allen Streit. Die Anhänger des Hofes wie die Mißvergnügten beschworen einstimmig den Lordstatthalter, die Session zu schließen und sie von einem Orte zu entlassen, wo ihre Berathungen bald durch die Gebirgsbewohner unterbrochen werden könnten. Es wurde ernstlich in Erwägung gezogen, ob es nicht rathsam sei, Edinburg aufzugeben, die im Schlosse und im Tolbooth befindlichen zahlreichen Staatsgefangenen auf ein vor Leith liegendes Kriegsschiff zu bringen und den Sitz der Regierung nach Glasgow zu verlegen.

Der Nachricht von Dundee's Sieg folgte aller Orten sehr bald die Nachricht von seinem Tode, und es ist ein schlagender Beweis für den Umfang und das Maß seiner

Fähigkeiten, daß sein Tod überall als ein Ereigniß betrachtet wurde, das seinen Sieg vollständig aufwog. Ehe Hamilton die Stände vertagte, theilte er ihnen mit, daß er gute Nachrichten für sie habe, daß Dundee wirklich todt sei und daß daher die Rebellen im Grunde eine Niederlage erlitten hätten. In verschiedenen Briefen, welche damals von einsichtsvollen und erfahrenen Staatsmännern geschrieben wurden, spricht sich eine gleiche Ansicht aus. Dem Boten, der mit der Nachricht von der Schlacht an den englischen Hof eilte, folgte ein andrer auf dem Fuße, der eine Depesche für den König brachte und, da er Se. Majestät im St. Jamespalaste nicht anwesend fand, nach Hampton Court sprengte. Niemand in der Hauptstadt wagte es das Siegel zu erbrechen; glücklicherweise aber hatte eine befreundete Hand, nachdem der Brief verschlossen war, auf die Außenseite desselben die tröstenden Worte geschrieben: „Dundee ist gefallen, Mackay ist in Stirling angelangt," und diese Worte beruhigten die Gemüther der Londoner.[109]

Aus dem Engpasse von Killiecrankie hatten sich die Hochländer, stolz auf ihren Sieg und mit Beute beladen, nach dem Schlosse Blair zurückgezogen. Sie rühmten sich, daß das Schlachtfeld mit Haufen gefallener sächsischer Soldaten bedeckt sei, und daß das Aussehen der Leichname deutlich beweise, was ein gutes gälisches Breitschwert in einer guten gälischen Hand auszurichten vermöge. Man habe Köpfe gefunden, welche bis an den Hals gespalten, und Hirnschädel, welche dicht über den Ohren glatt abgehauen gewesen seien. Indessen hatten auch die Sieger ihren Sieg theuer erkauft. Auf ihrem Marsche waren sie durch das Feuer des Feindes sehr beunruhigt worden, und selbst nach dem entscheidenden Angriffe hatten Hastings' Engländer und ein Theil von Leven's Grenzern noch immer ein wohlgenährtes Feuer unterhalten. Hundertzwanzig Camerons waren getödtet worden; der Verlust der Macdonalds war noch bedeutender und mehrere vornehme und angesehene Gentlemen waren geblieben.[110]

Dundee ward in der Kirche von Blair Athol beigesetzt, aber kein Denkmal über seiner Gruft errichtet, und die Kirche selbst existirt schon lange nicht mehr. Ein roher Stein auf dem Schlachtfelde bezeichnet, wenn anders man der lokalen Ueberlieferung glauben darf, die Stelle wo er fiel. [111] In den letzten drei Monaten seines Lebens hatte er sich als ein großer Feldherr und Staatsmann gezeigt, und sein Name wird daher von der zahlreichen Klasse von Leuten, welche der Ansicht sind, daß es kein auch noch so großes Maß von Schlechtigkeit giebt, welches durch Muth und Talent nicht aufgewogen werden könnte, mit Achtung genannt.

Es ist merkwürdig, daß die beiden bedeutendsten Schlachten, welche vielleicht jemals irreguläre Truppen über reguläre gewannen: die Schlacht von Killiecrankie und die Schlacht von Newton Butler, in einer und der nämlichen Woche stattfanden. In beiden Schlachten war der Sieg der irregulären Truppen ungemein rasch und vollständig. In beiden Schlachten war der panische Schrecken der regulären Truppen, trotz des glänzenden Beispiels von Muth, das ihre Generäle gaben, ganz besonders schimpflich. Auch ist zu bemerken, daß der eine dieser beiden außerordentlichen Siege von Celten über Sachsen, der andre von Sachsen über Celten erfochten wurde. Allerdings ist der Sieg von Killiecrankie, obgleich er weder glänzender noch wichtiger war als der von Newton Butler, in viel weiteren Kreisen berühmt, und der Grund davon liegt auf der Hand. In Schottland sind die Angelsachsen und die Celten ausgesöhnt worden, in Irland sind sie nie ausgesöhnt worden. In Schottland werden alle Großthaten beider Racen ohne Unterschied zusammengeworfen und werden als den Ruhm des ganzen Landes bildend betrachtet. Die alte Antipathie ist so vollkommen verschwunden, daß es etwas ganz Gewöhnliches ist, einen Bewohner des Niederlandes mit Selbstgefälligkeit und sogar mit Stolz von der demüthigendsten Niederlage sprechen zu hören, die seine Vorfahren je erlitten. Es dürfte schwer sein, einen berühmten Mann zu nennen, bei welchem das Nationalgefühl und das Clansgefühl stärker gewesen waren als bei Sir Walter Scott. Wenn jedoch Sir Walter Scott Killiecrankie erwähnte, schien er gänzlich zu vergessen, daß er ein Sachse, daß er von demselben Blute war und die nämliche Sprache sprach wie Ramsay's Fußvolk und Annandale's Reiter. Sein Herz schwoll von Siegesstolz, wenn er erzählte, wie seine Stammverwandten gleich Hasen vor einer geringen Anzahl Krieger eines andren Stammes und einer andren Zunge die Flucht ergriffen hatten.

In Irland ist die Fehde heute noch nicht getilgt. Der von einer Minderzahl in höhnender Weise wiederholte Name Newton Butler ist der großen Mehrheit der Bevölkerung verhaßt. Wenn man ein Denkmal auf dem Schlachtfelde errichtete, würde es wahrscheinlich verstümmelt werden; wenn man in Cork oder Waterford den Jahrestag der Schlacht feiern wollte, so würde die Feier wahrscheinlich gewaltsam gestört werden. Der berühmteste irische Dichter unsrer Zeit würde es als einen Verrath an seinem Vaterlande betrachtet haben, das Lob der Sieger zu singen. Einer der gelehrtesten und eifrigsten irischen Alterthumsforscher unsrer Zeit hat, allerdings nicht mit besonderem Glück, zu beweisen versucht, daß der Ausgang der Schlacht durch einen reinen Zufall entschieden worden sei, aus welchem kein Ruhm für die Engländer hervorgehen könne. Wir dürfen uns nicht wundern, daß der Sieg der Hochländer mehr gefeiert wird als der Sieg der Enniskillener, wenn wir bedenken, daß der Sieg der Hochländer ein Gegenstand des Ruhmes für ganz Schottland, der Sieg der Irländer aber ein Gegenstand der Schmach für drei Viertheile von Irland ist.

So weit die großen Interessen des Staats dabei in Betracht kamen, war es ganz gleichgültig, ob die Schlacht von Killiecrankie gewonnen oder verloren wurde. Es ist sehr unwahrscheinlich, daß selbst Dundee, wenn er den glorreichsten Tag seiner Laufbahn überlebt hätte, die Schwierigkeiten überwunden haben würde, welche aus dem eigenthümlichen Character seiner Armee entsprangen und die sich verzehnfacht haben würden, sobald der Krieg auf das Niederland übertragen worden wäre.

[Die hochländische Armee verstärkt.]

Gewiß ist jedoch, daß sein Nachfolger der Aufgabe durchaus nicht gewachsen war. Einige Tage lang konnte sich der neue General zwar mit der Hoffnung schmeicheln, daß Alles gut gehen werde, denn seine Armee hatte sich rasch um fast die doppelte Anzahl Claymores verstärkt, welche Dundee befehligt. Die Stewarts von Appin, welche, obgleich voll Eifers, nicht zur rechten Zeit hatten eintreffen können, um an der Schlacht Theil zu nehmen, waren unter den Ersten, die jetzt ankamen. Mehrere Clans, welche bisher gewartet hatten, um erst zu sehen, welcher Theil der stärkere sein würde, wünschten jetzt sehnlichst unter dem Banner König Jakob's VII. ins Niederland hinab zu ziehen. Die Grants hielten zwar treu zu Wilhelm und Marien und die Mackintosh's blieben wegen ihrer unüberwindlichen Abneigung gegen die Keppochs neutral. Aber Macphersons, Farquharsons und Frasers kamen massenhaft ins Lager bei Blair. Jetzt war die Unschlüssigkeit der Männer von Athol zu Ende. Viele von ihnen hatten während des Kampfes hinter den Felsen und Birken der Killiecrankieschlucht auf der Lauer gelegen und kamen, sobald der Ausgang der Schlacht entschieden war, aus ihren Schlupfwinkeln hervor, um die Flüchtlinge, welche durch den Engpaß zu entkommen versuchten, auszuplündern und niederzumachen. Die Robertsons, ein gälischer Stamm, obgleich er einen sächsischen Namen führte, erklärten damals ihren Beitritt zur Sache des verbannten Königs. Ihr

Häuptling Alexander, der sich nach seiner Herrschaft Struan nannte, war ein noch sehr junger Mann und Student auf der St. Andreas Universität. Dort hatte er sich eine oberflächliche wissenschaftliche Bildung angeeignet, war aber desto tiefer in die Torypolitik eingeweiht worden. Jetzt schloß er sich der hochländischen Armee an und blieb während seines langen Lebens der jakobitischen Sache unwandelbar treu. Er spielte jedoch eine so unbedeutende Rolle bei den öffentlichen Angelegenheiten, daß sein Name jetzt vergessen sein würde, hätte er nicht einen Band durchgehends abgeschmackter und oft höchst unsittlicher Gedichte hinterlassen. Wäre dieses Buch in Grub Street fabricirt worden, so würde es in der „Dunciade" kaum mit einer Viertelzeile beehrt worden sein. Wegen der Stellung seines Autors aber machte es einiges Aufsehen, denn vor hundertzwanzig Jahren war eine Ekloge oder ein Schmähgedicht aus der Feder eines hochländischen Häuptlings ein literarisches Wunder.[112]

Obgleich indessen die numerische Stärke von Cannon's Truppen zunahm, verminderte sich dennoch ihre Wirksamkeit. Jeder neue Stamm, der im Lager ankam, brachte eine neue Ursache zu Zwietracht mit. In der Stunde der Gefahr fügen sich oftmals die übermüthigsten und widerspenstigsten Köpfe der Leitung eines überlegenen Genies. Die celtischen Häuptlinge aber hatten selbst in der Stunde der Gefahr und selbst dem Genie Dundee's nur einen sehr prekären und unvollkommenen Gehorsam zugestanden. Sie zu zügeln, wenn sie vom Kriegsglück berauscht waren und sich auf ihre Stärke verlassen zu können glaubten, würde wahrscheinlich auch für Dundee eine eben so schwere Aufgabe gewesen sein, als sie es unter der vorhergehenden Generation für Montrose gewesen war. Der neue General war fortwährend unschlüssig und machte nichts als Fehler. Eine seiner ersten Maßregeln war, daß er ein starkes Truppencorps, hauptsächlich aus Robertsons bestehend, ins Niederland schickte, um Lebensmittel herbeizuschaffen. Er glaubte wahrscheinlich, daß dieses Detachement ohne Schwierigkeit Perth besetzen werde. Aber Mackay hatte die Ueberreste seiner Armee schon wieder geordnet, hatte außerdem einige Truppen an sich gezogen, welche die Schmach der kürzlichen Niederlage nicht getheilt, und war wieder kampfgerüstet. So schmerzlich er auch den erlittenen Schlag empfunden, hatte er doch mit weiser Großmuth beschlossen, das Vergangene nicht zu bestrafen. Es war nicht leicht, die verschiedenen Grade der Schuld zu unterscheiden, und die Schuldigen zu decimiren wäre eine grausame Schlächterei gewesen. In Folge seiner gewohnten Frömmigkeit erblickte er in dem beispiellosen Schrecken, der sich seiner Soldaten bemächtigt hatte, auch weniger einen Beweis von Feigheit ihrerseits, als vielmehr von göttlichem Unwillen. Mit heroischer Demuth erkannte er an, daß die außerordentliche Festigkeit, die er selbst inmitten der Verwirrung und des Gemetzels an den Tag gelegt, nicht sein Verdienst sei und daß er sich ohne den Beistand einer höheren Macht wohl eben so kleinmüthig benommen haben würde wie irgend einer der feigen Ausreißer, die ihre Waffen fortgeworfen und die barbarischen Marodeurs von Athol vergebens um Pardon angefleht hatten. Sein Gottvertrauen hielt ihn jedoch nicht ab, so weit es in menschlichen Kräften stand, sein Möglichstes zu thun, um der Wiederholung eines Unglücks, wie er es eben erfahren, vorzubeugen. Die unmittelbare Ursache seiner Niederlage war die Schwierigkeit des Bajonnetaufsteckens gewesen. Das Feuergewehr des Hochländers war streng gesondert von der Waffe, deren er sich im Handgemenge bediente. Er feuerte seinen Schuß ab, warf sein Gewehr weg und hieb mit seinem Schwerte ein. Dies war das Werk eines Augenblicks. Dem regulären Infanteristen kostete es zwei bis drei Minuten Zeit, ehe er sein Schießgewehr in eine Waffe verwandelte, mit der er einen Feind Mann gegen Mann bekämpfen konnte, und diese wenigen Minuten hatten den Ausgang der Schlacht von Killiecrankie entschieden. Mackay ließ daher alle seine Bajonnette so einrichten, daß sie auf den Lauf gesteckt werden konnten, ohne die Mündung zu verschließen, und daß seine Leute unmittelbar nachdem sie gefeuert, einem Angriff begegnen konnten.[113]

[Gefecht bei St. Johnston's.]

Sobald er erfuhr, daß ein Detachement gegen Perth anrückte, eilte er demselben an der Spitze einer Dragonerabtheilung entgegen, welche noch nicht im Feuer gewesen und deren Kraft daher noch ungeschwächt war. Mittwoch den 31. Juli, nur vier Tage nach seiner Niederlage, traf er unweit St. Johnston's mit den Robertsons zusammen, griff sie an, schlug sie, tödtete Hundertzwanzig von ihnen und nahm Dreißig gefangen, dies Alles mit Verlust eines einzigen Soldaten.[114] Dieses Scharmützel machte einen Eindruck, der in keinem Verhältniß zu der Zahl der Kämpfenden wie der Gefallenen stand. Das Ansehen der celtischen Waffen sank fast eben so rasch als es gestiegen war. Noch vor wenigen Tagen hatte man überall geglaubt, daß diese Waffen unüberwindlich seien. Jetzt trat eine Reaction ein. Man erkannte, daß der Vorfall bei Killiecrankie eine Ausnahme von den gewöhnlichen Regeln und daß die Hochländer, wenn nicht ganz besondere Umstände obwalteten, guten regulären Soldaten nicht gewachsen seien.

[Unordnung in der hochländischen Armee.]

Inzwischen nahm die Unordnung in Cameron's Lager mehr und mehr zu. Er berief einen Kriegsrath zusammen, um zu erwägen, was zu thun sei. Sobald aber der Kriegsrath versammelt war; wurde eine Vorfrage aufgeworfen. Wer war dazu berechtigt, consultirt zu werden? Die Armee war fast ausschließlich eine hochländische. Der neuerliche Sieg war ausschließlich durch hochländische Krieger erfochten worden. Mächtige Häuptlinge, welche sechs- bis siebenhundert kampffähige Männer ins Feld gestellt hatten, hielten es nicht für recht und billig, daß sie durch Gentlemen aus Irland und dem Niederlande überstimmt werden sollten, welche zwar in König Jakob's Diensten standen und Obersten und Hauptleute genannt wurden, aber Obersten ohne Regimenter und Hauptleute ohne Compagnien waren. Lochiel sprach energisch im Interesse der Klasse, der er angehörte; Cannon aber beschloß, daß die Stimmen der sächsischen Offiziere mitgezählt werden sollten.[115]

Es wurde nun zunächst in Erwägung gezogen, welcher Feldzugsplan zu befolgen sei. Lochiel war dafür, vorzurücken, Mackay entgegen zu marschiren, wo er auch sein möge, und abermals eine Schlacht zu liefern. Es ist kaum anzunehmen, daß das Glück dem klugen Häuptling der Camerons den Kopf dergestalt verrückt haben sollte, daß er die Gefährlichkeit des Verfahrens nicht erkannte, zu dem er gerathen. Aber er sah wahrscheinlich ein, daß ihm nur die Wahl zwischen verschiedenen Gefahren blieb. Er war der Meinung, daß energisches Handeln für das Bestehen einer Hochländerarmee überhaupt nothwendig sei und daß die Coalition der Clans nur so lange dauern werde, als sie hastig von Schlachtfeld zu Schlachtfeld eilten. Er wurde abermals überstimmt. Alle seine Siegeshoffnungen waren nun zertrümmert. Sein Stolz fühlte sich tief gekränkt. Er hatte sich dem Uebergewicht eines großen Feldherrn gefügt, aber an einem königlichen Patent lag ihm so wenig wie irgend einem Whig. Er hatte sich bereit finden lassen, die rechte Hand Dundee's zu sein, von einem Cannon aber wollte er sich nicht befehlen lassen. Er verließ das Lager und zog sich nach Lochaber zurück. Seinem Clan befahl er zwar zu bleiben, aber der Clan, des angebeteten Führers beraubt und wohl wissend, daß er sich in unmuthiger Stimmung entfernt hatte, war nicht mehr die furchtbare Colonne, welche das Gelübde, zu sterben oder zu siegen, vor einigen Tagen so gut gehalten hatte. Macdonald von Sleat, dessen Streitkräfte der Zahl nach die jedes andren der verbündeten Häuptlinge übertrafen, folgte Lochiel's Beispiel und kehrte nach Sky zurück.[116]

[Mackay's Rath wird von den schottischen Ministern nicht beachtet.]

Mackay hatte inzwischen seine Anordnungen vollendet und er hegte wenig Zweifel, daß, wenn die Rebellen ihn angreifen sollten, die reguläre Armee ihre bei Killiecrankie verlorne Ehre wiedergewinnen würde. Seine Hauptschwierigkeiten entsprangen aus der unklugen Einmischung der Minister der Krone zu Edinburg in Dinge, welche seiner alleinigen Leitung hätten überlassen bleiben sollen. Die Sache war die, daß sie nach der gewöhnlichen Art solcher Leute, welche ohne militärische Erfahrung über militärische Operationen urtheilen, den Erfolg als einzigen Prüfstein für die Tüchtigkeit eines Oberbefehlshabers betrachteten. Wer eine Schlacht gewinnt, ist in den Augen dieser Leute ein großer General, wer geschlagen wird, ist ein schlechter General, und nie war ein General vollständiger geschlagen worden als Mackay. Wilhelm dagegen schenkte seinem unglücklichen Leutnant nach wie vor das vollkommenste Vertrauen. Auf die Verunglimpfungen der Kritiker, welche nie ein Gefecht gesehen hatten, erwiederte Portland auf Befehl seines Gebieters, daß Mackay volles Vertrauen verdiene, daß er tapfer sei, daß er den Krieg besser verstehe als irgend ein andrer Offizier in Schottland und daß es sehr zu bedauern sei, wenn man gegen einen so guten Menschen und einen so guten Soldaten ein Vorurtheil hege.[117]

[Die Camerons werden nach Dunkeld

verlegt.]

Die ungerechte Geringschätzung, mit der die schottischen Staatsräthe Mackay betrachteten, verleitete sie zu einem großen Fehler, der leicht ein großes Unglück hätte nach sich ziehen können. Das Cameron'sche Regiment wurde nach Dunkeld in Garnison gelegt. Diese Maßregel mißbilligte Mackay entschieden. Er wußte, daß diese Truppen in Dunkeld dem Feinde nahe, daß sie von jedem Beistande entfernt, daß sie in einer offenen Stadt und von einer feindlichen Bevölkerung umgeben sein würden, daß sie, obgleich unzweifelhaft tapfer und voll Eifers, doch sehr unvollkommen disciplinirt waren, daß sie von der ganzen jakobitischen Partei in Schottland mit besonderem Mißfallen betrachtet wurden und daß aller Wahrscheinlichkeit nach große Anstrengungen gemacht werden würden, sie zu beschimpfen und zu vernichten.[118]

Die Ansicht des Generals wurde nicht beachtet und die Camerons besetzten den ihnen angewiesenen Posten. Es zeigte sich bald, daß seine Ahnungen gegründet waren. Die Bewohner der Umgegend von Dunkeld versahen Cannon mit Kundschaft und drangen in ihn einen kühnen Schlag zu versuchen. Das beutelustige Landvolk von Athol schloß sich in großer Anzahl seiner Armee an. Das Regiment erwartete stündlich angegriffen zu werden, und wurde mißmuthig und unruhig. Die Mannschaften, welche von Natur sowohl wie aus Enthusiasmus unerschrocken, aber noch nicht an militärische Subordination gewöhnt waren, beschwerten sich über Cleland, der sie befehligte. Sie glaubten rücksichtslos, wenn nicht arglistigerweise einem sicheren Untergange entgegengeschickt worden zu sein. Sie seien, meinten sie, durch keine Wälle geschützt, hätten nur geringen Munitionsvorrath und seien von Feinden umgeben. Ein Offizier könne aufsitzen und in einer Stunde außer dem Bereiche der Gefahr sein; der gemeine Soldat aber müsse bleiben und sich niedermachen lassen. „Weder ich," sagte Cleland, „noch irgend ein andrer meiner Offiziere wird Euch verlassen, was auch geschehen möge. Führt mein Pferd vor, führt alle unsere Pferde vor, sie sollen todtgeschossen werden." Diese Worte bewirkten eine vollständige Sinnesänderung. Die Mannschaften erwiederten darauf, daß die Pferde nicht todtgeschossen werden sollten, daß das Wort ihres tapferen Obersten die beste Bürgschaft für sie sei und daß sie mit ihm das Aeußerste wagen würden. Sie hielten ihr Versprechen treulich. Das puritanische Blut war jetzt gründlich aufgeregt, und was dieses Blut vermochte, wenn es aufgeregt war, hatte es auf vielen Schlachtfeldern bewiesen.

[Die Hochländer greifen das Regiment Cameron an.]

Das Regiment blieb diese Nacht unter den Waffen, und am Morgen des folgenden Tages, des 21. August, wimmelte es auf allen Anhöhen um Dunkeld von schottischen Mützen und Plaids. Cannon's Armee war viel stärker als die, welche Dundee befehligt hatte. Mehr als tausend Bagagepferde begleiteten ihn auf dem Marsche. Die Pferde sowohl, wie das Gepäck, welches sie trugen, waren wahrscheinlich ein Theil der Kriegsbeute von Killiecrankie. Die Gesammtmacht der Hochländer wurde von Augenzeugen auf vier bis fünftausend Mann geschätzt. Sie kamen wüthend herangestürmt, warfen die Vorposten des Cameron'schen Regiments zurück und drangen von allen Seiten in die Straßen. Die Kirche hielt sich jedoch hartnäckig. Der größere Theil des Regiments aber stand hinter einer Mauer, welche ein dem Marquis von Athol gehörendes Haus umgab. Diese Mauer, welche einige Tage zuvor mit Holz und losen Steinen eiligst ausgebessert worden war, vertheidigten die Soldaten tapfer mit Muskete, Pike und Hellebarde. Ihr Kugelvorrath war bald erschöpft, aber einige von der Mannschaft mußten das Blei vom Dache des Hauses des Marquis losschneiden und es zu Geschossen formen. Mittlerweile wurden alle benachbarten Häuser von oben bis unten mit Hochländern besetzt, welche aus den Fenstern ein wirksames Feuer unterhielten. Cleland wurde getödtet, während er seine Leute anfeuerte, und Major Henderson übernahm das Commando. In der nächsten Minute fiel auch Henderson, von drei Kugeln getroffen. Hauptmann Munro trat an seine Stelle und der Kampf ward mit unverminderter Wuth fortgesetzt. Eine Abtheilung des Cameron'schen Regiments machte einen Ausfall, steckte die Häuser, aus denen die verderblichen Schüsse kamen, in Brand und verschloß die Thüren. In einem einzigen Hause verbrannten sechzehn Mann lebendig. Theilnehmer an dem Gefecht schilderten es als eine furchtbare Feuertaufe für Rekruten. Die halbe Stadt stand in Flammen und mit dem unaufhörlichen Knattern der Schüsse vermischte sich das durchdringende Geschrei der Unglücklichen, welche im Feuer umkamen. Der Kampf dauerte vier Stunden. Das Cameron'sche Regiment war jetzt fast bis auf das letzte Pulverhorn reducirt, aber der Muth der Leute wankte nicht. „Der Feind wird bald die Mauer erstürmen. Es sei. Wir werden uns dann in das Haus zurückziehen, es bis aufs Aeußerste vertheidigen und, wenn sie hereindringen sollten, es über ihren und unseren Köpfen anzünden." Während sie jedoch mit diesen verzweifelten Plänen umgingen, bemerkten sie, daß die Heftigkeit des Angriffs nachließ. Die Hochländer begannen bald zurückzuweichen, es verbreitete sich sichtbare Unordnung unter ihnen und ganze Schaaren marschirten dem Gebirge zu. Umsonst befahl ihnen ihr General zum Angriff zurückzukehren; Beharrlichkeit gehörte nicht zu ihren militärischen Tugenden. Die Camerons luden inzwischen Amalek und Moab mit herausforderndem Geschrei ein zurückzukommen und noch einmal gegen das auserwählte Volk ihr Heil zu versuchen. Aber diese Aufforderungen hatten ebenso wenig Erfolg wie

die Cannon's. In kurzer Zeit war die ganze gälische Armee in vollem Rückzuge gegen Blair. Jetzt wirbelten die Trommeln, die siegreichen Puritaner warfen ihre Mützen in die Luft, stimmten aus einem Munde einen Psalm des Triumphes und des Dankes an und schwenkten ihre Fahnen, welche an diesem Tage zum ersten Male angesichts eines Feindes entrollt wurden, die aber seitdem stolz nach allen Welttheilen getragen worden und die jetzt mit einer Sphinx und einem Drachen, den Emblemen der in Egypten und China vollbrachten Heldenthaten, geschmückt sind.
[119]

[Auflösung der hochländischen Armee.]

Das Cameron'sche Regiment hatte guten Grund, erfreut und dankbar zu sein, denn es hatte dem Kriege ein Ende gemacht. Im Lager der Rebellen herrschte nichts als Uneinigkeit und Entmuthigung. Die Hochländer tadelten Cannon, Cannon tadelte die Hochländer, und das Heer, welches der Schrecken Schottland's gewesen war, ging rasch seiner Auflösung entgegen. Die verbündeten Häuptlinge unterzeichneten einen gemeinschaftlichen Vertrag, durch den sie sich für treue Unterthanen König Jakob's erklärten und sich verpflichteten, später wieder zusammenzutreten. Nachdem sie diese Formalität — denn weiter war es nichts — beobachtet hatten, begab sich jeder in seine Heimath. Cannon kehrte mit seinen Irländern auf die Insel Mull zurück, und die Niederländer,[120] welche Dundee ins Gebirge begleitet hatten, sorgten für sich so gut sie konnten. Am 24. August, gerade vier Wochen nachdem die gälische Armee die Schlacht von Killiecrankie gewonnen, hatte diese Armee aufgehört zu existiren. Sie hatte aufgehört zu existiren wie die Armee Montrose's über vierzig Jahre früher aufhörte zu existiren, nicht in Folge eines vernichtenden Schlages von Außen, sondern durch eine natürliche Auflösung, das Resultat innerer Mißbildung. Die Besiegten ernteten alle Früchte des Sieges. Das Schloß Blair, welches das unmittelbare Streitobject gewesen war, öffnete Mackay seine Thore, und eine Kette von Militärposten, die sich nördlich bis Inverneß erstreckte, schützte die Landleute in der Ebene gegen die räuberischen Einfälle der Gebirgsbewohner.

[**Intriguen des Clubs, Zustand des Niederlandes.**]

Während des Herbstes machten die Whigs des Niederlandes der Regierung viel mehr zu schaffen, als die Jakobiten des Hochlandes. Der Club, der zur Zeit der letzten Parlamentssession das Land in eine oligarchische Republik zu verwandeln versucht und die Stände dazu vermocht hatte, Geldzuschüsse zu verweigern und die Justizverwaltung zu sistiren, hielt auch während der Suspension des Parlaments nach wie vor seine Sitzungen und peinigte die Minister der Krone durch systematische Agitation. So verächtlich die Organisation dieses Vereins der Generation erscheinen mag, welche die römischkatholische Association und die Ligue gegen die Korngesetze gesehen hat, damals galt sie für ausgezeichnet und furchtbar. Die Häupter der Verbindung rühmten sich laut, daß sie den König zwingen würden, ihnen gerecht zu werden. Sie brachten Petitionen und Adressen zu Stande, suchten mit Hülfe der Presse und der Kanzel die Waffen aufzuregen, bearbeiteten die Soldaten durch Emissäre und sprachen davon, ein starkes Heer Covenanters aus dem Westen herbeizuziehen, um den Geheimen Rath einzuschüchtern. Trotz aller Kunstgriffe aber legte sich die Gährung des Volks allmälig. Nach kurzem Zaudern wagte es die Regierung, die von den Ständen geschlossenen Gerichtshöfe wieder zu öffnen, die vom König ernannten Sessionslords nahmen ihre Plätze ein, und Sir Jakob Dalrymple präsidirte. Der Club bemühte sich nun, die Advokaten von der Barre zurückzuhalten und hegte einige Hoffnung, daß der Pöbel die Richter von der Bank verjagen werde. Allein es zeigte sich sehr bald deutlich, daß eher Mangel an Gebühren als an Anwälten, um dieselben einzustreichen, zu erwarten stand; das Volk sah sehr gern wieder ein Tribunal fungiren, das in seinen Augen ein nothwendiges Attribut des Ansehens und Gedeihens seiner Stadt war, und aus vielen Anzeichen ließ sich erkennen, daß die falsche und habgierige Partei, welche die Majorität der Legislatur beherrscht hatte, nicht auch die Majorität der Nation beherrschte.[121]

---

[1] Act. Parl. Scot., Aug. 31. 1689.

[2] Balcarras's Memoirs; Short History of the Revolution in Scotland in a letter from a Scotch gentleman in Amsterdam to his friend in London, 1712.

[3] Balcarras's Memoirs; Life of James, II. 341.

[4] A Memorial for His Highness the Prince of Orange in relation to the Affairs of Scotland, by two Persons of Quality, 1689.

[5] Rabbled sagte man in der Landessprache, ein aus rabble, Pöbel, gebildetes Zeitwort, daß sich im Deutschen nicht erschöpfend wiedergeben läßt. — D. Uebers.

[6] Siehe Calvin's Brief an Haller, IV. Non. Jan. 1551. „Priusquam urbem unquam ingrederer, nullae prorsus erant feriae."

[7] In The Act, Declamation and Testimony of the Seceders, dated in December 1736, heißt es, daß „unter Autorität des Parlaments der Beobachtung der Feiertage in Schottland durch Suspension der Thätigkeit unserer angesehensten Gerichtshöfe Vorschub geleistet wird." Dies wird für eine Nationalsünde und für einen Grund des Unwillens Gottes erklärt. Im März 1758 richtete die Vereinigte Synode eine „Feierliche Warnung" an die Nation, worin die nämliche Klage wiederholt wird. Ein einfältiger Mensch, dessen Unsinn sogar in unseren Tagen für werth gehalten worden ist, neu gedruckt zu werden, sagt: „Ich hinterlasse mein Zeugniß gegen die abscheuliche Acte der Königin Anna und ihres angeblichen britischen, in Wirklichkeit aber viehischen (brutish) Parlaments, welche

die Beobachtung der sogenannten Yul-Ferien (Yule Vacancy) vorschreibt." The Dying Testimony of William Wilson, sometime Schoolmaster in Park in the Parish of Douglas, aged 68, who died in 1757.

[8] An Account of the Present Persecution of the Church in Scotland, in several Letters, 1690; The Case of the afflicted Clergy in Scotland truly represented, 1690; Faithful Contendings Displayed; Burnet I. 805.

[9] Die Formel dieser Benachrichtigung findet man in dem Buche: Faithful Contendings Displayed.

[10] Account of the Present Persecution, 1690; Case of the afflicted Clergy, 1690; A true Account of that Interruption that was made of the Service of God on Sunday last, being the 17th of February 1689, signed by James Gibson, acting for the Lord Provost of Glasgow.

[11] Balcarras's Memoirs; Mackay's Memoirs.

[12] Burnet II. 21.

[13] Scobell 1654, Kap. 9 und Olivers Verordnung vom 12. April des nämlichen Jahres.

[14] Burnet und Fletcher von Saltoun sprechen von dem Aufschwunge Schottland's unter dem Protector, schreiben es aber einer Ursache zu, welche eine solche Wirkung keineswegs hervorzubringen vermochte. „Es wurde," sagte Burnet, „eine ansehnliche Truppenmacht von etwa sieben- bis achttausend Mann in Schottland unterhalten. Der Sold dieser Armee brachte soviel Geld ins Land, daß es während dieser ganzen Zeit in einem, sehr blühenden Zustande blieb ... Wir werden diese acht Jahre der Usurpation stets als eine Zeit großen Friedens und Gedeihens betrachten." „Zur Zeit des Usurpators Cromwell," sagt Fletcher, „glaubten wir uns bezüglich des letzteren Punktes (Handel und Geld) in einer erträglichen Lage zu befinden in Folge des Aufwandes, den die Truppen machten, welche uns in Unterwürfigkeit erhielten." Die richtige Erklärung der Erscheinung, über welche Burnet und Fletcher in so großem Irrthum waren, findet man in einer Flugschrift betitelt: „Some reasonable and modest Thoughts partly occasioned by and partly concerning the Scotch East India Company, Edinburgh, 1696." Siehe auch die Verhandlungen des Mittwochsclubs in Friday Street über eine Union mit Schottland vom December 1705. Siehe ferner das 7. Kapitel von Burton's vortrefflicher Geschichte Schottland's.

[15] Siehe die Schrift, in welcher die Forderungen der schottischen

Commissare aufgestellt sind. Man findet sie im Anhange zu De Foe's History of de Union, Nr. 13.

[16] Act. Parl. Scot., 30. Juli 1670.

[17] Burnet II. 23.

[18] Man sehe zum Beispiel eine Flugschrift betitelt: „Some questions resolved concerning episcopal and presbyterian Government in Scotland, 1690." Eine der „Fragen" ist die, ob das schottische Presbyterium den allgemeinen Neigungen dieses Volks entspreche. Der Verfasser verneint diese Frage, weil die höheren und mittleren Stände sich schon vor der Revolution größtentheils der bischöflichen Kirche conformirt hätten.

[19] Die Instructionen befinden sich in den Leven and Melville Papers und sind vom 7. März 1688/89 datirt. Bei der ersten Gelegenheit, wo ich diese werthvolle Sammlung aufführe, kann ich nicht umhin es anzuerkennen, zu wie großem Danke ich und Alle, die sich für die Geschichte unsrer Insel interessiren, dem Herrn verpflichtet sind, der daß Amt eines Herausgebers so vortrefflich erfüllt hat.

[20] Ueber die Dalrymple sehe man des Lord Präsidenten eigene Schriften und darunter seine Vindication of the Divine Perfections; ferner Wodrow's Analecta; Douglas's Peerage; Lockhardt's Memoirs; Satyre on the Family of Stairs; Satyric Lines upon the long wished for and timely Death of the Right Honorable Lady Stairs; Law's Memorials und die Hyndford Papers, geschrieben 1704/5 und zugleich mit den Briefen von Carstairs gedruckt. Lockhardt, obgleich ein Todfeind Johann Dalrymple's, sagt: „Es war Keiner im Parlament, der es mit ihm aufnehmen konnte."

[21] Ueber Melville sehe man die Leven and Melville Papers an verschiedenen Stellen, und die Vorrede; die Act. Parl. Scot. vom 16. Juni 1685 und den Anhang unterm 13. Juni; Burnet II. 24, und das Burnet M. S. Harl. 6584.

[22] Creichton's Memoirs.

[23] Mackay's Memoirs.

[24] Memoirs of the Lindsays.

[25] Ueber das frühere Verhältniß zwischen Wilhelm und Dundee haben einige Jakobiten viele Jahre nach dem Tode Beider eine Geschichte erfunden, welche durch successive Ausschmückungen zu einem Roman

wurde, bei dessen Lesung man sich wundern muß, wie nur ein Kind ihn für wahr halten konnte. Die letzte Ausgabe lautet wie folgt. Bei Seneff wurde Wilhelm das Pferd unter dem Leibe getödtet und sein Leben war in der größten Gefahr. Dundee, damals Kapitain Graham, gab Seiner Hoheit ein andres Pferd. Wilhelm versprach, diesen Dienst durch Beförderung zu belohnen, brach aber sein Wort und gab einem andren das Patent, auf welches er Graham Hoffnung gemacht hatte. Der beleidigte Held ging nach Loo. Dort traf er seinen glücklichen Rivalen und gab ihm eine Ohrfeige. Die auf Thätlichkeiten innerhalb des Palastes gesetzte Strafe war der Verlust der schuldigen rechten Hand; aber der Prinz von Oranien erließ diese Strafe in ungroßmüthiger Weise. „Sie haben mir," sagte er, „das Leben gerettet, ich lasse Ihnen Ihre rechte Hand, so sind wir quitt."

Diejenigen, welche bis auf unsre Zeit diesen Unsinn wiederholt haben, müssen erstens in dem Wahne gewesen sein, daß die Acte Heinrich's VIII. „zur Bestrafung von Mord und böswilligem Blutvergießen innerhalb des königlichen Hoflagers" (Stat. 33 Hen. VIII. c. 2.) in Geldern Gesetz war, und zweitens daß Wilhelm 1674 König und sein Haus ein königliches Hoflager war. Ebenso müssen sie nicht gewußt haben, daß er Loo erst lange nachdem Dundee die Niederlande verlassen hatte, kaufte. Siehe Harris' Description of Loo, 1699.

Diese Fabel, von der ich in der umfangreichen jakobitischen Literatur aus Wilhelm's Regierungszeit nicht die geringste Spur habe entdecken können, scheint etwa ein Vierteljahrhundert nach Dundee's Tode entstanden zu sein und im Laufe eines weiteren Vierteljahrhunderts sich zu ihrer vollen Absurdität ausgebildet zu haben.

[26] Memoirs of the Lindsays.

[27] Memoirs of the Lindsays.

[28] Balcarras's Memoirs.

[29] Burnet II. 22; Memoirs of the Lindsays.

[30] Act. Parl. Scot. March 14. 1689; History of the late Revolution in Scotland, 1690; An Account of the Proceedings of die Estates of Scotland, fol. London 1689.

[31] Balcarras' Erzählung stellt sowohl Hamilton als Athol in einem sehr ungünstigen Lichte dar. Siehe auch Life of James, II. 338, 339.

[32] Act. Parl. Scot. March 14. 1688/89; Balcarras's Memoirs; History of the late Revolution in Scotland; Life of James, II. 342.

[33] Balcarras's Memoirs; History of the late Revolution in Scotland, 1690.

[34] Act. Parl. Scot. March 14, 15. 1689; Balcarras's Memoirs; London Gazette, March 25; History of the late Revolution in Scotland 1690; Account of the Proceedings of the Estates of Scotland, 1689.

[35] Siehe Cleland's Gedichte und die in demselben Bande enthaltenen Loblieder, Edinburg 1697. Es ist wiederholt behauptet worden, dieser Wilhelm Cleland sei der Vater des Steuercommissars gleichen Namens gewesen, der zwanzig Jahre später in den literarischen Kreisen London's wohl bekannt war, welcher Pope einige eben nicht sehr lobenswerthe Dienste leistete und dessen Sohn Johann der Verfasser eines nur zu weit berühmten Schandbuches war. Dies ist ein vollständiger Irrthum. Der Wilhelm Cleland, welcher bei der Bothwellbrücke focht, war noch nicht achtundzwanzig Jahr alt, als er im August 1689 fiel, und der Steuercommissar Wilhelm Cleland starb in seinem siebenundsechzigsten Lebensjahre im September 1741. Ersterer kann daher nicht der Vater des letzteren gewesen sein. Siehe die Exact Narrative of the Battle of Dunkeld, das Gentleman's Magazine von 1740 und Warburton's Anmerkung zu dem Briefe an den Verleger der „Dunciade", ein Brief, der mit W. Cleland unterzeichnet, in Wirklichkeit aber von Pope verfaßt ist. In einem Aufsatze von Sir Robert Hamilton, dem Orakel der extremen Covenanters und einem blutdürstigen Wüthrich, wird Cleland's als eines ehemaligen Bundesgenossen dieser Fanatiker, aber nachmaligen heftigen Widersachers derselben erwähnt. Cleland stimmte wahrscheinlich nicht mit Hamilton darin überein, die Abschlachtung von Kriegsgefangenen, die sich auf Pardon ergeben hatten, als eine heilige Pflicht anzusehen. Siehe Hamilton's Letter to the Societies vom 7. December 1685.

[36] Balcarras's Memoirs.

[37] Balcarras's Memoirs. Den vollständigsten Bericht über diese Verhandlungen geben jedoch einige handschriftliche Notizen, welche sich in der Bibliothek der Advokatenfacultät befinden. Balcarras' Angaben sind nicht ganz genau. Er verließ sich wahrscheinlich zu sehr auf sein Gedächtniß. Ich habe dieselben nach den Parlamentsacten berichtigt.

[38] Act. Parl. Scot. March 16. 1688/89; Balcarras's Memoirs; History of the late Revolution in Scotland, 1690; Account of the Proceedings of the Estates of Scotland, 1689; London Gazette, March 25. 1689; Life of James II. 342. Burnet irrt sonderbar in Bezug auf diese Vorgänge.

[39] Balcarras's Memoirs; Manuscript in der Bibliothek der

Advokatenfacultät.

[40] Act. Parl. Scot. March 19. 1688/89; History of the late Revolution in Scotland.

[41] Balcarras.

[42] Balcarras.

[43] Act. Parl. Scot; History of the late Revolution, 1690; Memoirs of North Britain 1715.

[44] Balcarras.

[45] Jeder Leser wird sich der Verwünschung erinnern, welche Sir Walter Scott im fünften Gesange des „Marmion" über die Dummköpfe aussprach, welche dieses interessante Denkmal entfernten.

[46] „Es wird weder sicher noch gut für den König sein, es nach der Thronbesteigung von einer Parlamentsacte zu erwarten, die es vor seine Thür legen wird." Dalrymple an Melville, 5. April 1689; Leven and Melville Papers.

[47] Eine interessante Stelle über diesen Gegenstand findet sich bei Fortescue.

[48] Act. Parl. Scot. April 1. 1689; Orders of Committee of Estates, Mai 16. 1689; London Gazette, April 11.

[49] Da es kürzlich in Abrede gestellt worden ist, daß die extremen Presbyterianer eine ungünstige Meinung von den Lutheranern hegten, so will ich zwei entscheidende Beweise für meine oben aufgestellte Behauptung beibringen. In dem Buche: Faithful Contendings Displayed befindet sich ein Bericht über die Vorgänge bei der Generalversammlung der Vereinigten Covenantergesellschaften vom 24. October 1688. Es wurde die Frage aufgeworfen, ob eine Verbindung mit den Holländern stattfinden solle. „Es ward einstimmig beschlossen," sagt der Sekretär der Gesellschaften, „daß wir uns mit den Holländern nicht zu einem Körper vereinigen, noch förmlich unter ihre Leitung kommen könnten, da sie ein Gemisch von reformirten lutherischen Uebelgesinnten und Sectirern seien, mit denen gemeinschaftliche Sache zu machen dem Zeugniß der Kirche von Schottland widerstreiten würde." In dem am 2. October 1707 aufgesetzten „Protest und Testimonium" beschweren sich die Vereinigten Gesellschaften darüber, daß die Krone „dem Prinzen von Hannover verliehen worden sei, der in der lutherischen Religion erzogen und

aufgewachsen ist, welche, wie allgemein bekannt, nicht allein abweicht von der Reinheit in Lehre, Reformation und Glauben, die wir in diesen Nationen erreicht hatten, sondern derselben in vielen Dingen sogar zuwiderläuft." Sie setzen hinzu: „Die Annahme einer solchen Person zum Herrscher über uns widerstreitet nicht nur unserm feierlichen Bund und Covenant, sondern dem Worte Gottes selbst: 5. Buch Mosis XVII."

[50] History of the late Revolution in Scotland; London Gazette, Mai 16. 1689. Der officielle Bericht über die Vorgänge war offenbar mit großer Sorgfalt abgefaßt. Siehe auch das Royal Diary, 1702. Der Verfasser dieses Werks versichert, daß er seine Angaben den Mittheilungen eines Geistlichen verdanke, welcher anwesend war.

[51] Siehe Crawford's Briefe und Reden an verschiedenen Stellen. Seine Art und Weise, um eine Stelle anzusuchen, war eigenthümlich. Nachdem er, nicht ohne Grund, zugegeben hatte, daß sein Herz voller Arglist und verzweifelt sündig sei, fuhr er fort: „Das nämliche allmächtige Wesen, welches gesagt hat: Wenn die Armen und Bedürftigen Wasser suchen und es ist keins da und ihre Zunge verschmachtet vor Durst, wird Er sie nicht verlassen, — kann mir trotz meiner jetzigen dürftigen Umstände ein Haus bauen, wenn es dies für gut findet." — Brief an Melville vom 28. Mai 1689. Ueber Crawford's Armuth und sein Verlangen nach bischöflichen Ländereien sehe man seinen Brief an Melville vom 4. December 1690. Ueber seine Humanität siehe seine Briefe an Melville vom 11. December 1690. Alle diese Briefe findet man in den Leven and Melville Papers. Der Verfasser von: An Account of the Late Establishment of Presbyterian Government sagt von Jemandem, der sich mit zehn oder zwölf Pfund Sterling hatte bestechen lassen: „Wäre er so arm gewesen wie Mylord Crawford, so würde er vielleicht eher zu entschuldigen gewesen sein." Siehe auch die Dedication der berühmten Schrift: Scotch Presbyterian Eloquence Displayed.

[52] Burnet II. 23. 24; Fountainhall Papers, 13. Aug. 1684, 14., 15. Oct. 1684, 3. Mai 1685; Montgomery an Melville, 23. Juni 1689 in den Leven and Melville Papers; Pretences of the French Invasion Examined, licensed May 25. 1692.

[53] Siehe The Life and Correspondence of Carstairs und die interessanten Abhandlungen über ihn in den 1854 gedruckten Caldwell Papers. Ferner seine Characteristik von Mackay und Swift's Note. Swift's Wort kann gegen einen Schotten und Presbyterianer kein Gewicht haben. Ich glaube jedoch, daß Carstairs, obgleich im Wesentlichen ein rechtschaffener und frommer Mann, sein gutes Theil von der Klugheit der

Schlange besaß.

[54] Sir Johann Dalrymple an Lord Melville, 18., 20., 25. Juni 1689; Leven and Melville Papers.

[55] In dem 1704 geschriebenen und in den Carstairs Papers abgedruckten Hyndford-Manuscripte kommt eine ergötzliche Beschreibung Sir Patrick's vor: „Er liebt wohleinstudirte Reden und kann selbst Privatfreunden ohne solche kaum Audienz geben."

[56] „Niemand ist thätiger als Saltoun, obgleich nicht Mitglied." Lockhart an Melville, 11. Juli 1689; Leven and Melville Papers. Siehe Fletcher's eigene Werke und die Beschreibungen von ihm in Lockhart's und Mackay's Memoiren.

[57] Dalrymple sagt in einem Briefe vom 5. Juni: „Alle Uebelgesinnten sind aus Furcht in den Club gekommen, und sie stimmen Alle gleich."

[58] Balcarras.

[59] „Soll ich Sie mit einer Schilderung dieses unfruchtbaren Landes langweilen, wo ich Sie über Berge, ganz braun von Haidekraut, oder durch Thäler führen muß, welche kaum Futter genug für ein Kaninchen enthalten? ... Jeder Punkt des Landes bietet die nämliche reizlose Landschaft dar. Kein Gehölz oder Bach erfreut den Fremden durch seine trauliche Musik." — Goldsmith an Bryanton, Edinburg, 26. September 1753. In einem bald nachher aus Leyden an den ehrwürdigen Thomas Contarine geschriebenen Briefe sagt Goldsmith: „Ich war ganz versunken in das Anschauen der Gegend. Nichts kann der Schönheit derselben gleichkommen. Wohin ich den Blick wendete, überall zeigten sich schöne Häuser, anmuthige Gärten, Statuen, Grotten und Fernsichten. Schottland bildet mit diesem Lande den grellsten Contrast: dort versperren Hügel und Felsen jede Aussicht; hier ist Alles eine ununterbrochene Ebene." Siehe den Anhang C. zum ersten Bande von Mr. Forster's Life of Goldsmith.

[60] Northern Memoirs, by R. Franck Philanthropus, 1694. Der Verfasser hatte etwas von der Scenerie der Hochlande gesehen, und er spricht davon fast ganz so wie Burt unter der folgenden Generation: „Es ist ein verwahrloster Theil der Schöpfung, Schutt, der beim Prachtbau der Welt bei Seite geworfen wurde, und eben so arm an Form und Gestalt wie die Eingebornen an Moral und guten Sitten."

[61] Journey through Scotland, by the author of the Journey through

England, 1723.

[62] Fast alle diese Umstände sind Burt's Briefen entlehnt. Bezüglich des Theers ist meine Quelle Cleland's Poesie. In seinen Versen über den „Highland Host" sagt er:

> „Dieweil sie sind beschmiert mit Theer,
> Der ihren Kopf und Hals beschützt,
> Ganz wie bei ihren Schafen."

[63] Ein schlagender Beleg für die Meinung, welche der Bewohner des Niederlandes von dem Hochländer hegte und die sich von jenem auch den Engländern mittheilte, findet man in einem Bande Miscellanies, von Afra Behn im Jahre 1685 herausgegeben. Eines der interessantesten Stücke dieser Sammlung ist ein rohes und profanes schottisches Gedicht betitelt: „Wie der erste Hochländer gemacht wurde." Wie und aus welchen Stoffen er gemacht wurde, wage ich nicht zu erzählen. Das unmittelbar auf seine Schöpfung folgende Gespräch aber wird, wie ich hoffe, hier ohne großen Anstoß einen Platz finden dürfen.

> Spricht Gott zum Hochlandsmann: „Wohin willst Du?"
> „Ich will ins Niederland hinab, o Herr, zu stehlen eine Kuh."
> „Pfui!" sagt St. Peter, „wirst ein arger Sünder werden,
> Wenn Du schon stehlen willst, kaum angelangt auf Erden."
> „Hm!" drauf der Hochlandsmann mit einem Schwure spricht,
> „So lang ich stehlen kann, arbeit' ich nicht."

Ein andrer schottischer Niederländer, der tapfre Oberst Cleland, beschreibt den Hochländer um die nämliche Zeit in gleicher Weise

> Ein einz'ges ihr mißfäll'ges Wort
> Kann treiben sie zu einem Mord.
> Und wollt Ihr wissen was sie thut?
> Sie lebt nur von gestohlnem Gut.

Ganz in ähnlichem Sinne sind die wenigen Worte, welche Franck Philanthropus (1694) den Hochländern widmet: „Sie leben wie große Herren und sterben wie Taugenichtse, hassen die Arbeit und haben keinen Kredit, um zu borgen; sie unternehmen Raubzüge und bestehlen ihre Nachbarn." In der 1690 in Edinburg gedruckten History of the Revolution in Scotland kommt folgende Stelle vor: „Die schottischen Hochländer sind Elende, die sich nur in so weit um Ehre, Freundschaft, Gehorsam und Regierung kümmern, als sie sich durch eine Aenderung in den Angelegenheiten oder durch eine Revolution in der Regierung Gelegenheit verschaffen können, ihre Grenznachbarn zu bestehlen oder auszuplündern."

[64] Nachdem diese Stelle geschrieben war, fand ich mit großem Vergnügen, daß Lord Fountainhall im Juli 1676 ganz den nämlichen

Vergleich anwendete, der mir aufgestoßen ist. Er sagt, daß Argyle's ehrgeiziges Streben nach der Oberherrschaft über die Hochlande und über die westlichen Inseln Mull, Ila &c. andere Clans zu einem Bündnisse aufreizte, um ihn zu demüthigen, wie die Mächte Deutschland, Spanien, Holland &c. sich gegen die Vergrößerung der französischen Macht verbündeten.

[65] In der Einleitung zu den Memoiren Sir Ewan Cameron's findet sich eine sehr verständige Bemerkung: „Es mag paradox klingen, aber der Herausgeber kann nicht umhin, die Vermuthung auszusprechen, daß die Beweggründe, welche die Hochländer veranlaßten, den König Jakob zu unterstützen, im Wesentlichen dieselben waren die diejenigen, unter deren Einflusse die Anstifter der Revolution handelten." Die ganze Einleitung verdient überhaupt gelesen zu werden.

[66] Skene's Highlanders of Scotland; Douglas's Baronage of Scotland.

[67] Siehe The Memoirs of the Life of Sir Ewan Cameron, und The Historical and Genealogical Account of the Clan Maclean, by a Senachie. Obgleich das letztgenannte Werk erst 1838 erschien, so scheint doch der Verfasser desselben von einem eben so heftigen Hasse beseelt gewesen zu sein als der, mit welchem die Macleans des 17. Jahrhunderts die Campbells betrachteten. Auf dem kleinen Raume einer einzigen Seite wird der Marquis von Argyle „der diabolische schottische Cromwell", „der gemeine, rachsüchtige Verfolger", „der nichtswürdige Verräther", und „der Betrüger Argyle" genannt. Auf einer andren Seite ist er „der heimtückische, an Schurkereien furchtbare Campbell", „der habgierige Sklave", „der feige Argyle" und „der schottische Verräther." Auf der nächsten Seite heißt er „der niedrige und rachsüchtige Feind des Hauses Maclean", „der heuchlerische Covenanter", „der unverbesserliche Verräther", „der feige und boshafte Feind." Es ist ein Glück, daß so heftige Leidenschaften sich heutzutage nur noch in Schmähungen Luft machen können.

[68] Brief von Avaux an Ludwig vom 6. (16.) April 1689, dem eine Abhandlung beigeschlossen ist, betitelt: Mémoire du Chevalier Macklean.

[69] Siehe die höchst interessanten Memoiren Sir Ewan Cameron's von Lochiel, 1842 in Edinburg für den Abbotsfordclub gedruckt. Das Manuscript muß mindestens hundert Jahre älter gewesen sein. Man vergleiche auch in dem nämlichen Werke die Erzählung des Todes Sir Ewan's, den Balhadie Papers entlehnt. Ich muß bemerken, daß der

Herausgeber der Memoiren Sir Ewan's zwar über die Angelegenheiten der Hochlande und über den Character der vornehmsten Häuptlinge gut unterrichtet, in Bezug auf englische Politik und Geschichte aber sehr unwissend war. Ich will anführen, was Van Citters unterm 26. Nov. (6. Dec.) 1689 über Lochiel an die Generalstaaten schrieb: „Sir Evan Cameron, Lord Locheale, een man — soo ick hoor van die hem lange gekent en dagelyk hebben mede omgegaan, — van so groot verstant, courage, en beleyt, als weyniges syns gelycke syn."

[70] Act. Parl. July 5. 1661.

[71] Siehe Burt's dritten und vierten Brief. In den ersten Ausgaben befindet sich eine Abbildung von dem Marktkeuze von Inverneß und von dem Straßentheile, wo die Kaufleute ihre Zusammenkünfte hielten.

Ich muß hier bemerken, wie sehr ich Mr. Robert Carruthers verpflichtet bin, der so freundlich war, mir manche interessante Auskunft über Inverneß zu geben und mir einige Auszüge aus den städtischen Acten zu liefern.

[72] Ich verdanke Mr. Carruthers eine Abschrift von den Forderungen der Macdonalds und von der Antwort des Stadtraths.

[73] Colt's Aussage im Anhange zu den Parlamentsacten vom 14. Juli 1690.

[74] Siehe die Biographie Sir Ewan Cameron's.

[75] Balcarras's Memoirs; History of the late Revolution in Scotland.

[76] Unter den Nairne Papers in der Bodlejanischen Bibliothek befindet sich ein interessantes Manuscript, betitelt: „Journal de ce qui c'est passé en Irlande depuis l'arrivée de sa Majesté." Es finden sich in diesem Tagebuche englische und französische Anmerkungen und Correcturen, die englischen von Jakob's Hand, die französischen von Melfort's Hand. Die von Hamilton aufgefangenen Briefe sind darin erwähnt, und zwar in einer Weise, welche deutlich zeigt, daß sie ächt waren; auch findet man nirgends die geringste Andeutung, daß Jakob sie gemißbilligt hätte.

[77] „Der Viscount von Dundee", schreibt Balcarras an Jakob, „dachte auch nicht daran, ohne weitere Befehle von Ihnen nach den Hochlanden zu gehen, bis eine Truppenabtheilung zu seiner Verhaftung ausgesandt wurde."

[78] Siehe den an Jakob nach Irland gesandten Bericht, den er am 7. Juli

1689 empfing. Er befindet sich unter den Nairne Papers. Ferner sehe man die Memoiren Dundee's, 1714, Sir Ewan Cameron's, Balcarras' und Mackay's. Diese Erzählungen stimmen jedoch weder mit einander noch mit den Mittheilungen, die ich aus Inverneß erhielt, völlig überein.

[79] Memoiren Dundee's; Tarbet an Melville von 1. Juni 1689 in den Leven and Melville Papers.

[80] Erzählung in den Nairne Papers, Aussagen Colt's, Osburne's, Malcolm's und Stewart's von Ballachan im Anhange zu den Parlamentsacten vom 14. Juli 1690; Memoirs of Sir Ewan Cameron. Einige wenige Züge habe ich einer englischen Uebersetzung einiger Stellen aus einem verloren gegangenen epischen Gedicht in lateinischer Sprache, die Grameis genannt, entnommen. Der Verfasser desselben war ein eifriger Jakobit, Namens Philipps. Die im Jahre 1714 erschienenen Memoiren Dundee's habe ich nur selten und nie ohne Mißtrauen benutzt. Der Herausgeber derselben war gewiß nicht, wie er vorgiebt, einer von Dundee's Offizieren, sondern ein einfältiger und unwissender Scribent aus Grub Street. Seine Angaben in Betreff des Schauplatzes wie des Datums der Schlacht von Killiecrankie sind ganz falsch. Er sagt, sie sei an den Ufern des Tummell und am 13. Juni geschlagen worden. Aber sie wurde an den Ufern des Garry und am 27. Juli geschlagen. Nachdem ich ein solches Beispiel von Ungenauigkeit angeführt, würde es unnütz sein, kleinere Fehler nachzuweisen.

[81] Aus einem Briefe von Archibald, Earl von Argyle, an Lauderdale, datirt vom 25. Juni 1664, ist ersichtlich, daß hunderttausend schottische Mark, das heißt wenig mehr als fünftausend Pfund Sterling, damals alle Ansprüche Mac Callum More's an seine Nachbarn so ziemlich befriedigt haben würden.

[82] Mackay's Memoirs; Tarbet an Melville vom 1. Juni 1689 in den Leven and Melville Papers; Dundee an Melfort vom 27. Juni in den Nairne Papers.

[83] Siehe Mackay's Memoiren und seinen Brief an Hamilton vom 14. Juni 1689.

[84] Memoirs of Sir Ewan Cameron.

[85] Memoirs of Sir Ewan Cameron.

[86] Memoirs of Sir Ewan Cameron.

[87] Dundee an Melfort, 27. Juni 1689.

[88] Siehe Faithful Contendings Displayed, namentlich die Verhandlungen vom 29. und 30. April und vom 13. und 14. Mai 1689; die Petition des Regiments an das Parlament vom 18. Juli 1689; den Protest Sir Robert Hamilton's vom 6. November 1689, und die ermahnende Epistel an das Regiment vom 27. März 1690. Die „Societätsleute", wie sie sich nannten, scheinen besonders über die Art und Weise entrüstet gewesen zu sein, wie der Geburtstag des Königs begangen worden war. „Wir hoffen", schrieben sie, „daß Ihr ebenso gegen die Feier von Geburtstagen seid wie wir, und daß Ihr bereuen werdet, was Ihr gethan habt." Ueber die Meinungen und den Character Alexander Shield's sehe man sein Hind Let Loose.

[89] Siege of the Castle of Edinburgh, printed for the Bannatyne Club London Gazette, June 10. (20.) 1689.

[90] Act. Parl. Scot. June 5., 17. 1689.

[91] Die Instructionen findet man in den Somers'schen Schriften.

[92] Ueber Sir Patrick's Ansichten siehe seinen Brief vom 7. Juni und Lockhart's Brief vom 11. Juli, in den Leven and Melville Papers.

[93] Meine Hauptmaterialien für die Geschichte dieser Session waren die Acten, die Protokolle und die Leven and Melville Papers.

[94] „Athol," sagt Dundee verächtlich, „ist nach England gegangen, da er nicht wußte, was er thun sollte." Dundee an Melfort, 27. Juni 1689. Siehe Athol's Briefe an Melville vom 21. Mai und 8. Juni, in den Leven and Melville Papers.

[95] Memoirs of Sir Ewan Cameron.

[96] Mackay's Memoirs.

[97] Mackay's Memoirs.

[98] Van Odyck an den Greffier der Generalstaaten, 2. (12.) August, 1689.

[99] Memoirs of Sir Ewan Cameron.

[100] Balcarras's Memoirs.

[101] Mackay's Short Relation, Aug. 17, 1689.

[102] Memoirs of Sir Ewan Cameron.

[103] Memoirs of Sir Ewan Cameron, Mackay's Memoirs.

[104] Douglas's Baronage of Scotland.

[105] Memoirs of Sir Ewan Cameron.

[106] Memoirs of Sir Ewan Cameron.

[107] Ueber die Schlacht siehe Mackay's Memoiren und Briefe und seine Short Relation; ferner die Memoiren Dundee's und Sir Ewan Cameron's, Nisbet's und Osburne's Aussagen im Anhange zu den Parlamentsacten vom 14. Juli 1690. Auch sehe man den Bericht über die Schlacht in einem von Burt's Briefen. Macpherson druckte einen vom Tage nach der Schlacht datirten Brief von Dundee an Jakob. Ich brauche nicht zu sagen, daß dies eine eben so schamlose Fälschung ist wie Fingal. Der Herausgeber der Memoiren Dundee's sagt, Lord Leven sei durch den Anblick der hochländischen Waffen erschreckt worden und habe das Beispiel der Flucht gegeben. Dies ist eine abscheuliche Lüge. Daß Leven sich ganz vorzüglich gut benahm, beweisen Mackay's Memoiren, Briefe und Short Relation.

[108] Mackay's Memoirs; Life of General Hugh Mackay by Mackay of Bockfield.

[109] Brief der außerordentlichen Gesandten an den Greffier der Generalstaaten vom 2. (12.) August 1689 und ein Brief von Van Odyck, der sich in Hampton Court befand, von dem nämlichen Datum.

[110] Memoirs of Sir Ewan Cameron; Memoirs of Dundee.

[111] Die Tradition ist bestimmt über hundertzwanzig Jahr alt. Der Stein wurde Burt gezeigt.

[112] Siehe die Geschichte, welche den Gedichten Alexander Robertson's vorausgeschickt ist. In dieser Geschichte heißt es von ihm, er habe sich vor der Schlacht von Killiecrankie angeschlossen. Aus einer Zeugenaussage im Anhange zu den Act. Parl. Scot. vom 14. Juli 1690 aber ergiebt sich, daß er erst am folgenden Tage eintraf.

[113] Mackay's Memoirs.

[114] Memoirs of Sir Ewan Cameron.

[115] Memoirs of Sir Ewan Cameron.

[116] Memoirs of Sir Ewan Cameron.

[117] Siehe Portland's Briefe an Melville vom 22. April und 15. Mai 1690

in den Leven and Melville Papers.

[118] Mackay's Memoirs; Memoirs of Sir Ewan Cameron.

[119] Exact Narrative of the Conflict at Dunkeld between the Earl of Angus's Regiment and the Rebels, collected from several Officiers of that Regiment who were Actors in or Eyewitnesses of all that's here narrated. In Reference to those Actions; Brief von Leutnant Blackader an seinen Bruder, datirt Dunkeld, 21. August 1689; Faithful Contendings Displayed; Protokoll des schottischen Geheimraths vom 28. August, citirt von Mr. Burton.

[120] Die schottischen natürlich. — Der Uebers.

[121] Die Geschichte Schottland's während dieses Herbstes läßt sich am besten in den Leven and Melville Papers studiren.

Vierzehntes Kapitel.
Wilhelm und Marie.

Inhalt.

	Seite
Zwistigkeiten im englischen Parlament	5
Russell's Todesurtheil umgestoßen	5
Umstoßung anderer Verurtheilungen	7
Das Erkenntniß gegen Samuel Johnson	7
Das Erkenntniß gegen Devonshire	8
Das Erkenntniß gegen Oates	8
Rechtsbill	14
Streitigkeiten wegen einer Indemnitätsbill	16
Die letzten Tage Jeffreys'	18
Die Whigs unzufrieden mit dem Könige	21
Maßlose Heftigkeit Howe's	22
Angriff gegen Caermarthen	22
Angriff auf Halifax	23
Vorbereitungen zu einem Feldzuge in Irland	26
Schomberg	27
Unterbrechung der Parlamentssitzungen	28
Zustand Irland's — Rath Avaux'	28
Entlassung Melfort's	32
Schomberg landet in Ulster	32
Carrickfergus genommen	32
Schomberg rückt weiter nach Leinster	33
Die englische und die irische Armee campiren nahe bei einander	33
Schomberg lehnt eine Schlacht ab	34
Betrügereien des englischen Kriegscommissariats	34

Verschwörung unter den in englischen Diensten stehenden französischen Truppen	36
Pestilenz in der englischen Armee	36
Die englische und die irische Armee beziehen ihre Winterquartiere	38
Verschiedene Meinungen über Schomberg's Verfahren	39
Marineangelegenheiten	40
Torrington's schlechte Verwaltung	41
Die festländischen Angelegenheiten	42
Gefecht bei Walcourt	43
Anschuldigungen gegen Marlborough	44
Alexander VIII. folgt Innocenz XI. auf dem päpstlichen Stuhle	45
Der Klerus der Hochkirche über die Angelegenheit der Eide gespalten	45
Argumente für Leistung der Eide	46
Argumente gegen die Eidesleistung	48
Die große Mehrheit des Klerus leistet die Eide	52
Die Eidverweigerer	53
Ken	54
Leslie	55
Sherlock	56
Hickes	57
Collier	58
Dodwell	59
Kettlewell. Fitzwilliam	60
Allgemeiner Character des eidverweigernden Klerus	61
Der Comprehensionsplan. Tillotson	64
Eine kirchliche Commission ernannt	65
Maßregeln der Commission	66

Die Convocation der Provinz Canterbury einberufen. Stimmung des Klerus	70
Die Geistlichkeit unzufrieden mit dem König	70
Der Klerus durch das Verhalten der schottischen Presbyterianer gegen die Dissenters erbittert	72
Einrichtung der Convocation	74
Wahl der Convocationsmitglieder	75
Verleihung geistlicher Aemter	75
Compton ist unzufrieden	76
Zusammentritt der Convocation	77
Die Hochkirchlichen im Unterhause der Convocation überwiegend	78
Meinungsverschiedenheit zwischen den beiden Häusern der Convocation	79
Das Unterhaus der Convocation erweist sich als unlenksam	80
Die Convocation prorogirt	81

[Zwistigkeiten im englischen Parlament.]

Vierundzwanzig Stunden vor dem Augenblicke, wo der Krieg in Schottland durch die Niederlage der celtischen Armee bei Dunkeld beendigt wurde, ging das Parlament zu Westminster auseinander. Die beiden Häuser waren seit dem Monat Januar ununterbrochen versammelt gewesen. Die in einen engen Raum eingepferchten Gemeinen hatten viel von der Hitze und Unbehaglichkeit zu leiden gehabt und die Gesundheit manches Mitgliedes war erschüttert worden. Das Ergebniß stand jedoch in keinem Verhältniß zu der gehabten Arbeit. Die letzten drei Monate der Session waren fast ganz mit Streitereien vergeudet worden, welche im Gesetzbuche keine Spur zurückgelassen haben. Das Fortschreiten heilsamer Gesetze war durch Häkeleien bald zwischen den Whigs und Tories, bald zwischen den Lords und den Gemeinen gehemmt worden.

Die Revolution war kaum vollbracht, so zeigte es sich auch schon, daß die Freunde der Ausschließungsbill ihre Leiden während des Uebergewichts ihrer Feinde nicht vergessen hatten und daß sie sowohl Genugthuung erlangen als Rache üben wollten. Schon vor der Wiederbesetzung des Thrones ernannten die Lords einen Ausschuß, um zu untersuchen, was an den grauenvollen Geschichten, welche über den Tod Essex' circulirten, Wahres sei. Der aus eifrigen Whigs bestehende Ausschuß setzte seine Untersuchungen so lange fort, bis alle vernünftigen Männer die Ueberzeugung gewonnen hatten, daß er durch seine eigne Hand gefallen war, und bis seine Gattin, seine Brüder und seine intimsten Freunde die Nachforschungen nicht weitergeführt zu sehen wünschten.[1]

[Russell's Todesurtheil umgestoßen.]

Das Gedächtniß und die Familien, einiger anderer Opfer, welche dem Bereiche menschlicher Macht entrückt waren, wurden ebenfalls, ohne Opposition von Seiten der Tories, rehabilitirt. Bald nachdem die Convention in ein Parlament verwandelt worden war, wurde den Peers eine Bill zur Umstoßung des Todesurtheils Lord Russell's vorgelegt, rasch von ihnen angenommen, in's Unterhaus geschickt und hier mit ungewöhnlichen Zeichen von Bewegung begrüßt. Viele von den Mitgliedern hatten mit Russel in dieser Kammer gesessen. Er hatte darin lange einen Einfluß ausgeübt, ähnlich dem, welchen der wackere und menschenfreundliche Althorpe, dessen sich Leute dieser Generation noch erinnerten, einst ausübte, einen Einfluß, der seinen Grund nicht in überlegener Gewandtheit in der Debatte oder im Vortrage, sondern in einer makellosen Rechtschaffenheit, in einem schlichten gesunden Verstande und in jener Freimüthigkeit, Einfachheit und Gutherzigkeit hatte, welche bei einem durch Geburt und Vermögen hoch über seinen Nebenmenschen stehenden Manne ganz besonders einnehmend und gewinnend sind. Die Whigs hatten in Russell ein Oberhaupt verehrt und seine politischen Gegner hatten zugegeben, daß er, wenn er nicht durch minder achtungswerthe und schlauere Genossen als er irregeleitet würde, ein so braver und gutherziger Gentleman sei wie irgend einer in England. Die männliche Festlichkeit und christliche Ergebung, womit er in den Tod gegangen war, die Trauer seines edlen Hauses, der Schmerz seines der Stütze beraubten Vaters, die vernichtete Zukunft seiner verwaisten Kinder,[2] und vor Allem der Verein von weiblicher Zärtlichkeit und engelgleicher Geduld in der Frau, die dem wackeren Dulder das Theuerste gewesen war, die vor den Schranken des Gerichts mit der Feder in der Hand an seiner Seite gesessen, die düstre Einsamkeit seines Kerkers erheitert und an seinem letzten Tage die

Denkwürdigkeit des großen Opfers mit ihm getheilt, hatten die Herzen vieler gerührt, welche sonst nicht gewohnt waren, einen Gegner zu bemitleiden. Daß Russell viele gute Eigenschaften besessen, daß er den besten Willen gehabt hatte und daß man hart gegen ihn verfahren war, wurde jetzt selbst von höfischen Juristen, welche sein Blut hatten vergießen helfen, und von höfischen Theologen zugegeben, welche ihr Möglichstes gethan hatten, um seinen Ruf zu verunglimpfen. Als daher das Pergament, welches sein Todesurtheil annullirte, auf den Tisch der Versammlung gelegt wurde, in der noch vor acht Jahren seine Züge und seine Stimme so wohl bekannt gewesen, war die Aufregung groß. Ein bejahrtes whiggistisches Mitglied versuchte zu sprechen, wurde aber von seinen Gefühlen überwältigt. „Ich kann," sagte er, „den Namen Mylord Russell's nicht aussprechen, ohne tief ergriffen zu werden. Es genügt ihn zu nennen. Mehr vermag ich nicht zu sagen." Viele Blicke richteten sich nach der Gegend des Saales, wo Finch saß. Die höchst ehrenwerthe Art und Weise, wie er ein einträgliches Amt niedergelegt, sobald er sich überzeugt hatte, daß er es nicht behalten konnte, ohne das Dispensationsrecht zu unterstützen, und die bedeutende Rolle, die er bei der Vertheidigung der Bischöfe gespielt, hatten viel dazu beigetragen, seine Fehler wieder gut zu machen. Doch an diesem Tage konnte man sich der Erinnerung nicht erwehren, daß er eifrig bemüht gewesen war als Kronanwalt das Urtheil auszuwirken, das jetzt feierlich widerrufen werden sollte. Er erhob sich und versuchte sein Verfahren zu rechtfertigen, aber weder sein juristischer Scharfsinn, noch der fließende und wohlklingende Vortrag, der eine erbliche Gabe in seiner Familie war und dessen sich kein Mitglied seiner Familie in reicherem Maße erfreute als er, halfen ihm bei dieser Gelegenheit etwas. Das Haus war nicht in der Stimmung ihn anzuhören und unterbrach ihn mehrmals mit dem Rufe „zur Ordnung." Er sei, sagte man ihm, mit großer Nachsicht behandelt und nicht in Anklagestand versetzt worden. Warum versuche er jetzt, unter dem Vorwande, sich zu rechtfertigen, entehrende Beschuldigungen auf einen berühmten Namen zu werfen und einen Justizmord zu entschuldigen? Er mußte sich wieder setzen, nachdem er erklärt hatte, daß er sich nur von der Anschuldigung habe reinigen wollen, die Grenzen seiner Amtspflicht überschritten zu haben, daß er jede Absicht, das Gedächtniß Lord Russell's zu verunglimpfen, zurückweise, und daß ihn die Umstoßung des Urtels aufrichtig freuen werde. Ehe das Haus auseinanderging, wurde die Bill noch einmal verlesen, und sie würde auf der Stelle zum dritten Male verlesen und angenommen worden sein, wären nicht einige Zusätze und Auslassungen vorgeschlagen worden, von denen man glaubte, daß sie die Genugthuung vollständiger machen würden. Die Amendements wurden mit großer Eil entworfen, die Lords stimmten denselben bei, und der König gab mit Freuden seine Genehmigung.[3]

[Umstoßung anderer Verurtheilungen.]

Dieser Bill folgten bald drei andere, welche drei abscheuliche und empörende Todesurtheile annullirten: das Todesurtheil Sidney's, das Todesurtheil Cornish's und das Todesurtheil der Alice Lisle.[4]

[Das Erkenntniß gegen Samuel Johnson.]

Einige noch lebende Whigs erlangten ohne Mühe Genugthuung für Unbilden, die sie unter der vorigen Regierung erlitten hatten. So wurde das Erkenntniß gegen Samuel Johnson von den Gemeinen in Erwägung gezogen. Die Resolution lautete dahin, daß die ihm zuerkannte körperliche Züchtigung grausam sei und daß seine Degradation keine Rechtskraft habe. Der letztere Punkt konnte nicht bestritten werden, denn Johnson war durch die Prälaten degradirt worden, welche die Diöcese London während Compton's Suspension verwaltet hatten. Compton aber war durch ein Decret der Hohen Commission suspendirt worden, und die Decrete der Hohen Commission wurden allgemein als ungültig anerkannt. Johnson war daher seines Priesterrocks durch Personen beraubt worden, welche keine Jurisdiction über ihn hatten. Die Gemeinen ersuchten den König, daß er den Dulder durch ein geistliches Amt entschädigen möchte.[5] Wilhelm überzeugte sich jedoch, daß er diesem Gesuche ohne große Inconvenienz nicht willfahren könne. Denn Johnson war, obgleich muthig, rechtschaffen und religiös, doch stets heftig, widersetzlich und streitsüchtig gewesen, und seitdem er um seiner Meinungen willen Qualen erduldet hatte, welche schrecklicher waren als der Tod, hatten sich die Schwächen seines Characters und seines Verstandes dergestalt verschlimmert, daß er den Niederkirchlichen eben so unangenehm war als den Hochkirchlichen. Gleich vielen anderen Menschen, welche durch Vergnügen, Gewinn oder Gefahr nicht vorn Pfade des Rechts abgebracht werden können, hielt er die Regungen seines Stolzes und seines Hasses irrig für die Mahnungen des Gewissens und betrog sich in den Glauben hinein, daß er, indem er Freunden wie Feinden ohne Unterschied mit Anmaßung und Bitterkeit begegnete, nur seinen christlichen Glauben und Muth beweise. Burnet machte ihn sich zum Todfeinde, weil er ihn zur Geduld und zum Vergeben von Ungerechtigkeiten ermahnte. „Sagt Sr. Lordschaft," antwortete der unbeugsame Priester, „er möge sich um seine Angelegenheiten kümmern und mich für die meinigen selbst sorgen lassen.[6]" Man begann bald zu munkeln, daß Johnson den Verstand verloren habe. Er beschuldigte Burnet der Urheberschaft dieses Gerüchts und rächte sich durch Schmähschriften, deren maßlose Heftigkeit die Behauptung, die sie widerlegen sollten, nur bestätigten. Der

König hielt es daher für besser, aus seiner Privatchatulle eine freigebige Entschädigung für das Unrecht zu bewilligen, von dem die Gemeinen ihn in Kenntniß gesetzt hatten, als einem überspannten und reizbaren Manne eine angesehene des öffentlichen Vertrauens bedürfende Stellung zu übertragen. Johnson erhielt ein Geschenk von tausend Pfund und eine jährliche Pension von dreihundert Pfund für sich und seinen nächsten Leibeserben. Sein Sohn wurde überdies im Dienste angestellt.[7]

[Das Erkenntniß gegen Devonshire.]

Während die Gemeinen das Urtheil Johnson's in Erwägung zogen, untersuchten die Lords mit Strenge das Prozeßverfahren, welches unter der vorigen Regierung gegen ein Mitglied ihres eignen Standes, den Earl von Devonshire, eingeleitet worden war. Die Richter, welche über ihn abgeurtheilt hatten, wurden umständlich ausgefragt und eine Resolution angenommen, welche erklärte, daß in seinem Falle die Vorrechte der Pairie verletzt und daß der Gerichtshof der Kings Bench, indem er einen übereilten Schlag mit einer Geldbuße von dreißigtausend Pfund bestraft, der gemeinen Justiz und der großen Charte Gewalt angethan habe.[8]

[Das Erkenntniß gegen Oates.]

In den vorerwähnten Fällen scheinen alle Parteien in der Ansicht übereingestimmt zu haben, daß eine öffentliche Genugthuung angemessen sei. Bald aber wurden die heftigsten Leidenschaften der Whigs wie der Tories durch die geräuschvollen Ansprüche eines Schurken erregt, dessen Leiden, so hart sie auch scheinen mochten, im Vergleich mit seinen Verbrechen unbedeutend gewesen waren. Oates war zurückgekommen, wie ein Geist von der Richtstätte, um die Orte heimzusuchen, die er durch seine Verbrechen befleckt hatte. Die ersten vierthalb Jahre nach seiner Züchtigung hatte er in einer Zelle von Newgate zugebracht, die er nur verlassen, wenn er an den Jahrestagen seiner Meineide an den Pranger gestellt wurde. Viele Fanatiker sahen jedoch immer noch einen Märtyrer in ihm, und man sagte sie hätten seine Kerkermeister in so weit zu bestechen vermocht, daß seine Leiden, trotz der bestimmtesten Befehle von Seiten der Regierung, durch manche Begünstigungen gemildert worden seien. Während andere Gefangene, welche im Vergleich zu ihm unschuldig waren, bei der Gefängnißkost abmagerten, wurde sein Tisch mit Truthühnern und Lendenbraten, mit Kapaunen und Spanferkeln, mit Wildpasteten und Körben Claret, den Spenden eifriger Protestanten besetzt.[9] Als Jakob von Whitehall geflüchtet und London in Bestürzung war, wurde in dem Rathe der Lords, welche die Leitung der Geschäfte provisorisch übernommen hatten, die Freilassung des Oates beantragt. Der Antrag wurde verworfen,[10] aber die Kerkermeister, welche nicht wußten, wem sie in dieser Zeit der Anarchie gehorchen sollten und die es mit einem Manne nicht verderben wollten, der einst ein furchtbarer Feind gewesen war und es vielleicht wieder werden konnte, erlaubten ihrem Gefangenen, frei in der Stadt umherzugehen.[11] Seine mißgestalteten Beine und sein häßliches Gesicht, das durch den Verlust der abgeschnittenen Ohren noch mehr entstellt worden, waren jetzt wieder täglich in Westminsterhall und im Court of Requests zu sehen.[12] Er hing sich an seine alten Gönner und gab ihnen in der schleppenden Sprache, die er als ein Zeichen von Vornehmheit affectirte, die Geschichte seiner Leiden und seiner Hoffnungen. Es sei unmöglich, sagte er, daß jetzt, wo die gute Sache gesiegt habe, der Entdecker des Complots übergangen werden könne. „Karl gab mir neunhundert Pfund jährlich. Gewiß, Wilhelm wird mir mehr geben."[13]

In wenigen Wochen brachte er sein Erkenntniß durch

eine Nichtigkeitsbeschwerde in das Haus der Lords. Dies ist ein Appellationsact, welcher keine Thatbestandsfrage zur Erörterung bringt. Während die Lords über die Nichtigkeitsbeschwerde zu Gericht saßen, waren sie nicht berechtigt zu untersuchen, ob das Verdict, welches Oates für schuldig erklärte, den Beweisen entsprach oder nicht. Sie hatten nur zu erwägen, ob das Erkenntniß, angenommen auch, daß das Verdict den Beweisen entsprach, gesetzmäßig war. Aber es würde selbst einem aus altgedienten Magistratsbeamten bestehenden Tribunal schwer geworden sein, und war einer Versammlung von Edelleuten, die sich alle stark zu dieser oder jener Seite hinneigten und unter denen sich damals nicht ein einziger befand, dessen Geist durch das Studium der Jurisprudenz gebildet gewesen wäre, fast unmöglich, unverwandt auf den bloßen Rechtspunkt zu blicken und von den speciellen Umständen des Falles gänzlich zu abstrahiren. In den Augen einer Partei, die allerdings selbst unter den whiggistischen Peers wahrscheinlich eine Minorität bildete, war der Appellant ein Mann, der der Sache der Freiheit und der Religion unschätzbare Dienste geleistet und der dafür mit einer langjährigen Haft, mit entehrender Ausstellung und mit einer Tortur belohnt worden war, an die man nicht ohne Schaudern zurückdenken konnte. Die Majorität des Hauses betrachtete ihn jedoch richtiger als das falscheste, böswilligste und schamloseste Geschöpf, das je den Namen Mensch geschändet hatte. Bei dem Anblicke dieser frechen Stirn, bei dem Tone dieser lügnerischen Zunge verloren sie alle Selbstbeherrschung. Viele von ihnen erinnerten sich ohne Zweifel mit Beschämung und Reue, daß sie sich von ihm hatten täuschen lassen und daß er sie noch das letzte Mal wo er vor ihnen stand, durch einen Meineid bewogen hatte, das Blut eines Mitglieds ihres eigenen hohen Standes zu vergießen. Es ließ sich nicht erwarten, daß eine von solchen Gefühlen beseelte Versammlung von Gentlemen mit der kalten Unparteilichkeit eines Gerichtshofes verfahren werde. Ehe sie zu einer Entscheidung der Rechtsfrage kamen, welche Titus ihnen vorgelegt hatte, hingen sie ihm eine Reihe von Prozessen an. Er hatte eine Schrift drucken lassen, die seine Verdienste und seine Leiden verherrlichte. Die Lords fanden einen Vorwand, um diese Publikation eine Privilegiumsverletzung zu nennen und schickten ihn in das Marschallgefängniß. Er petitionirte um seine Freilassung, aber es wurde gegen sein Gesuch ein Einwurf geltend gemacht. Er hatte sich als Doctor der Theologie gerirt, und ihre Lordschaften wollten ihn als solchen nicht anerkennen. Er wurde vor ihre Schranken geführt und gefragt, wo er graduirt worden sei. Seine Antwort lautete: „Auf der Universität Salamanca." Dies war ein neues Beispiel von seiner Lügenhaftigkeit und Frechheit. Sein Salamanca-Doctortitel war viele Jahre lang ein Lieblingsthema für alle toryistischen Satyriker von Dryden abwärts, und selbst auf dem Festlande wurde der „Salamancadoctor" ein allgemein gebräuchlicher Spottname.[14] Die Lords vergaßen in ihrem Hasse gegen Oates die Würde ihres Standes so weit, daß sie diese lächerliche Geschichte ernsthaft behandelten. Sie befahlen ihm, die Worte „Doctor der Theologie" in seiner Petition zu streichen, er entgegnete darauf, daß er dies mit gutem Gewissen nicht thun könne, und in Folge dessen wurde er ins Gefängniß zurückgeschickt.[15]

Diese Präliminarien ließen unschwer errathen, welches Schicksal die Nichtigkeitsbeschwerde haben würde. Oates' Vertheidiger war gehört worden, und es trat kein Advokat gegen ihn auf. Die Richter wurden aufgefordert, ihre Meinung abzugeben. Es waren neun von ihnen anwesend und unter diesen neun befanden sich die Präsidenten der drei Gerichtshöfe des gemeinen Rechts. Der einstimmige Ausspruch dieser erfahrenen, gelehrten und rechtschaffenen Magistratspersonen lautete dahin, daß der Gerichtshof der Kings Bench nicht befugt sei, einen Priester seines heiligen

Amtes zu entsetzen oder auf lebenslängliche Haft zu erkennen und daß daher das Urtheil gegen Oates gesetzwidrig sei und umgestoßen werden müsse. Die Lords hätten sich unzweifelhaft durch diesen Ausspruch für gebunden erachten sollen. Daß sie Oates als den schlechtesten Menschen von der Welt kannten, that nichts zur Sache. Für sie, in ihrer Eigenschaft als Gerichtshof, mußte er ein Apellant sein wie jeder andre. Aber ihr Unwille war heftig erregt und ihre Gewohnheiten waren nicht von der Art, um sie zur Erfüllung richterlicher Pflichten tauglich zu machen. Die Debatte drehte sich fast ausschließlich um Dinge, welche gar nicht hatten erwähnt werden sollen. Nicht ein einziger Peer hatte den Muth zu behaupten, daß das Urtheil rechtskräftig sei; dagegen wurde viel von dem abscheulichen Character des Apellanten, von der frechen Beschuldigung, die er gegen Katharine von Braganza erhoben, und von den schlimmen Consequenzen gesprochen, welche daraus hervorgehen müßten, wenn ein so schlechter Mensch als Zeuge auftreten dürfe. „Es giebt nur eine Bedingung," sagte der Lordpräsident, „unter der ich mich dazu verstehen kann, das Urtel dieses Menschen umzustoßen. Er ist von Aldgate nach Tyburn gepeitscht worden: er muß von Tyburn nach Aldgate zurück gepeitscht werden." Die Fragen wurden gestellt. Zwanzig Peers stimmten für Umstoßung des Urtels, fünfunddreißig für Bestätigung desselben.[16]

Diese Entscheidung machte großes Aufsehen, und nicht ohne Grund. Jetzt wurde eine Frage erhoben, welche mit Recht die Besorgniß Jedermann's im ganzen Königreiche erwecken mußte. Die Frage war die, ob es dem höchsten Tribunale, dem Tribunale, von welchem in letzter Instanz die werthvollsten Interessen jedes englischen Unterthanen abhingen, freistehe, Rechtsfragen nach anderen als Rechtsgründen zu entscheiden und einem Rechtsuchenden wegen der Verderbtheit seines moralischen Characters sein anerkanntes gesetzliches Recht vorzuenthalten. Daß dem höchsten Appellhofe nicht gestattet sein dürfe, unter den Formen einer ordentlichen Justiz eine willkürliche Gewalt auszuüben, das fühlten die talentvollsten Männer im Hause der Gemeinen tief, und Niemand tiefer als Somers. Ihm und Denen, welche wie er argumentirten, stimmten in diesem Falle eine Menge schwacher und hitzköpfiger Zeloten bei, welche Oates noch immer als einen Volkswohlthäter betrachteten und glaubten, die Existenz des papistischen Complots in Zweifel ziehen heiße eben so viel als die Wahrheit der protestantischen Religion in Zweifel ziehen. Noch denselben Morgen, nachdem die Peers ihre Entscheidung abgegeben hatten, hörte man im Hause der Gemeinen sehr nachdrückliche Aeußerungen über die Gerechtigkeit Ihrer Lordschaften. Drei Tage darauf wurde der Gegenstand durch ein whiggistisches Mitglied des Geheimrath, Sir Robert Howard, Abgeordneter für Castle Rising, zur Sprache gebracht. Er gehörte der Berkshirelinie seiner vornehmen Familie an, einer Linie, die sich damals der nicht beneidenswerthen Auszeichnung erfreute, ungemein fruchtbar an schlechten Versmachern zu sein. Die Poesie der Howards von Berkshire war der Spott dreier Generationen von Satyrikern. Der Spaß begann mit der ersten Aufführung der „Rehearsal" und dauerte bis zur letzten Ausgabe der „Dunciade".[17] Aber trotz seiner schlechten Verse und einiger Schwächen und Eitelkeiten, wegen denen er unter dem Namen Sir Positive Atall auf die Bühne gebracht wurde, besaß Sir Robert im Parlamente das Gewicht, das ein standhafter Parteimann von großem Vermögen, angesehenem Namen, gewandtem Vortrage und entschlossenem Geiste fast immer besitzt.[18] Als er sich erhob, um die Aufmerksamkeit der Gemeinen für den Rechtsfall Oates' in Anspruch zu nehmen, begrüßten ihn einige Tories, die von den nämlichen Leidenschaften beseelt waren, welche in dem andren Hause vorherrschend gewesen, mit lautem Zischen. Trotz dieser höchst unparlamentarischen Beleidigung beharrte er in seinem Vorhaben, und es zeigte sich bald, daß er die Majorität für sich hatte. Einige Redner priesen Oates' Patriotismus und Muth, andere sprachen ausführlich über ein umlaufendes Gerücht, daß die Anwälte, deren sich die Krone gegen ihn bedient, bedeutende Summen Geldes unter die Geschwornen vertheilt hätten. Dies waren jedoch Dinge, in Bezug auf welche große Meinungsverschiedenheit herrschte. Daß aber das Erkenntniß ungesetzlich war, ließ sich nicht bestreiten. Die ausgezeichnetsten Juristen im Hause der Gemeinen erklärten, daß sie in diesem Punkte mit dem Ausspruche, den die Richter im Hause der Lords abgegeben, vollkommen übereinstimmten. Die, welche gezischt hatten, als der Gegenstand zur Sprache gebracht wurde, waren so wirksam eingeschüchtert, daß sie nicht auf Abstimmung anzufragen wagten, und eine das Urtel annullirende Bill wurde ohne Opposition eingebracht.[19]

Die Lords befanden sich in einer kritischen Lage. Den Ausspruch zu widerrufen, wäre unangenehm gewesen, und sich in einen Streit mit dem Unterhause über einen Gegenstand einzulassen, bezüglich dessen dieses Haus klar im Rechte war und zu gleicher Zeit durch die Ansichten der Rechtskundigen wie durch die Leidenschaften des Pöbels unterstützt wurde, konnte gefährlich werden. Man hielt es daher für passend, einen Mittelweg einzuschlagen. Es wurde eine Adresse an den König gerichtet, die ihn ersuchte, Oates zu begnadigen.[20] Diese Concession aber machte das Uebel nur schlimmer. Titus hatte, wie jeder andre Mensch, Anspruch auf Gerechtigkeit, aber er war kein geeigneter Gegenstand für Gnade. War das gegen ihn gefällte Urtel gesetzwidrig, so mußte es umgestoßen werden; war es gesetzmäßig, so war kein Grund vorhanden, es irgendwie zu mildern. Die Gemeinen blieben geziemenderweise fest, nahmen ihre Bill an und schickten sie den Lords zu. Der einzige Theil dieser Bill, der einen Einwurf zuließ, war der Eingang, worin nicht allein behauptet war, daß das Urtel gesetzwidrig sei, eine Behauptung, die sich bei Einsicht der Acten als richtig ergab, sondern auch daß das Verdict durch Bestechung corrumpirt sei, eine Behauptung, die, mochte sie nun wahr oder falsch sein, durch gar nichts bewiesen war.

Die Lords waren in großer Verlegenheit. Sie wußten, daß sie Unrecht hatten, waren aber gleichwohl entschlossen, es in ihrer legislativen Eigenschaft nicht auszusprechen, daß sie sich in ihrer richterlichen Eigenschaft einer Ungerechtigkeit schuldig gemacht hätten. Sie versuchten abermals einen Mittelweg. Der Eingang wurde gemildert, eine Klausel hinzugesetzt, welche bestimmte, daß Oates auch fernerhin zur Zeugenschrift unfähig bleiben solle, und die so abgeänderte Bill den Gemeinen wieder zugesandt.

Die Gemeinen waren nicht befriedigt. Sie verwarfen die Amendements und verlangten eine freie Conferenz. Zwei ausgezeichnete Tories, Rochester und Nottingham, nahmen als Wortführer der Lords im „gemalten Zimmer" ihre Sitze ein. Ihnen zur Seite stand Burnet, dessen wohlbekannter Haß gegen den Papismus dem was er bei einer solchen Gelegenheit sagen mochte, großes Gewicht zu geben verhieß. Somers war der Hauptsprecher auf der andren Seite, und seiner Feder verdanken wir einen ungemein klaren und interessanten Auszug aus der Debatte.

Die Lords gestanden offen zu, daß das Erkenntniß des Gerichtshofes der Kings Bench sich nicht vertheidigen lasse. Sie wüßten, daß es gesetzwidrig sei und hätten dies auch gewußt, als sie es bestätigten. Aber sie hätten die beste Absicht dabei gehabt. Sie beschuldigten Oates, eine schamlos falsche Anklage gegen die Königin Katharine erhoben zu haben, erwähnten noch andere Beispiele von seiner Schlechtigkeit und fragten ob ein solcher Mensch noch befugt sein dürfe, vor einem Gerichtshofe Zeugniß abzulegen. Die einzige Entschuldigung, welche ihrer

Ansicht nach zu seinen Gunsten angeführt werden könne, sei die, daß er den Verstand verloren habe, und die unerhörte Frechheit und Albernheit seines Benehmens, als er das letzte Mal vor ihnen gestanden, scheine in der That die Annahme zu rechtfertigen, daß er geisteskrank sei und daß man ihm das Leben Anderer nicht anvertrauen könne. Die Lords könnten sich daher nicht durch ausdrückliche Zurücknahme dessen was sie gethan erniedrigen und eben so wenig sich entschließen, das Verdict auf keinen andren Beweis hin als ein allgemeines Gerücht, für corrumpirt zu erklären.

Die Replik war vollkommen siegreich. „Oates bildet jetzt den kleinsten Theil der Frage. Eure Lordschaften sagen, er habe die Königin Wittwe und andere unschuldige Personen fälschlich angeklagt. Zugegeben. Diese Bill gewährt ihm keine Amnestie. Wir sind ganz dafür, daß er, wenn er schuldig ist, bestraft werden muß. Aber wir verlangen in seinem wie im Interesse aller Engländer, daß die Strafe durch das Gesetz und nicht durch die Willkür eines Tribunals bestimmt werde. Wir verlangen, daß, wenn Eure Lordschaften eine Appellation vorliegt, Sie den bekannten Gebräuchen und Gesetzen des Reichs gemäß Ihr Urtheil darüber abgeben. Wir leugnen, daß Sie in einem solchen Falle das mindeste Recht haben, auf den moralischen Character eines Klägers oder auf die politischen Folgen einer Entscheidung Rücksicht zu nehmen. Sie gestehen selbst zu, daß Sie lediglich deshalb, weil Sie eine nachtheilige Meinung von diesem Manne hatten, ein Erkenntniß bestätigten, von dem Sie wußten, daß es gesetzwidrig war. Gegen diese Anmaßung willkürlicher Gewalt protestiren die Gemeinen, und sie hoffen, daß Sie jetzt widerrufen werden, was Sie als einen Irrthum erkennen müssen. Eure Lordschaften sprechen die Vermuthung aus, daß Oates wahnsinnig sei. Wahnsinn kann jedoch ein sehr triftiger Grund sein, um einen Menschen gar nicht zu bestrafen. Wie aber der

Wahnsinn ein Grund sein kann, um eine Strafe über ihn zu verhängen, die selbst wenn er gesund wäre, ungesetzlich sein würde, das begreifen die Gemeinen nicht. Eure Lordschaften meinen ferner, daß Sie es nicht verantworten könnten, ein Verdict corrumpirt zu nennen, von dem dies nicht juristisch bewiesen sei. Erlauben Sie uns, Sie daran zu erinnern, daß Sie zwei verschiedene Funktionen haben. Sie sind Richter und Sie sind Gesetzgeber. Wenn Sie richten, so ist es Ihre Pflicht, Sich streng an das Gesetz zu halten. Wenn Sie Gesetze geben, kann es zweckmäßig sein, auf allgemeine Gerüchte Rücksicht zu nehmen. Sie kehren diese Regel um. Sie sind am unrechten Orte lax und am unrechten Orte scrupulös. Als Richter verletzen Sie um einer vermeintlichen Convenienz willen das Gesetz. Als Gesetzgeber wollen Sie kein Factum ohne solche technische Beweise gelten lassen, wie sie Gesetzgeber nur selten erlangen können.[21]"

Auf dieses Raisonnement wurde nichts erwiedert und konnte nichts erwiedert werden. Die Gemeinen waren sichtlich stolz auf die Kraft ihrer Beweisführung und auf das Auftreten Somers' im gemalten Zimmer. Sie beauftragten ihn insbesondere, dafür zu sorgen, daß der Bericht, den er von der Conferenz erstattet hatte, genau in die Protokolle aufgenommen werde. Die Lords dagegen unterließen wohlweislich, einen Bericht über eine Debatte, in der sie eine so vollständige Niederlage erlitten hatten, in ihre Protokolle einzuzeichnen. Aber obgleich sie ihren Fehler einsahen und sich desselben schämten, waren sie doch nicht dahin zu bringen, es öffentlich zu bekennen, indem sie im Eingange zu der Acte eingestanden, daß sie sich einer Ungerechtigkeit schuldig gemacht hätten. Die Minorität war indessen stark. Der Beschluß, beizutreten, wurde mit nur zwölf Stimmen durchgebracht, wovon zehn auf abwesende Mitglieder kamen, die ihre Stimmen Anderen übertragen hatten.[22] Einundzwanzig Peers protestirten und die Bill fiel. Zwei Beisitzer wurden abgeschickt, um die Gemeinen von dem definitiven Beschlusse der Peers in Kenntniß zu setzen. Die Gemeinen hielten dieses Verfahren in substantieller Hinsicht für unverantwortlich und in formeller Hinsicht für unhöflich. Sie beschlossen, dagegen zu demonstriren, und Somers entwarf ein vortreffliches Manifest, in welchem der verachtungswerthe Name des Oates kaum erwähnt war und worin das Oberhaus sehr ernst und eindringlich ermahnt wurde, richterliche Fragen richterlich zu behandeln und nicht eigenmächtig ein neues Recht zu machen unter dem Vorwande, das bestehende Recht anzuwenden.[23] Der Schurke, der jetzt zum zweiten Male die politische Welt in Aufregung gebracht hatte, wurde begnadigt und in Freiheit gesetzt. Seine Freunde im Unterhause beantragten nun eine Adresse an den Thron, welche darum ansuchte, daß ihm eine für seinen Unterhalt genügende Pension ausgesetzt werden möchte,[24] Es wurden ihm in Folge dessen etwa dreihundert Pfund Sterling jährlich bewilligt, eine Summe, die er unter seiner Würde hielt und die er nur mit der verbissenen Wuth getäuschter Habsucht annahm.

[Rechtsbill.]

Aus dem Streite über Oates entsprang ein andrer Streit, der sehr ernste Folgen hätte haben können. Die Urkunde welche Wilhelm und Marien zum König und zur Königin erklärten, war eine revolutionäre Urkunde. Sie war das Werk einer Versammlung, von der das ordentliche Gesetz nichts wußte, und hatte nie die königliche Sanction erhalten. Es war offenbar wünschenswerth, daß dieser hochwichtige Vertrag zwischen den Regierenden und den Regierten, dieses Dokument, kraft dessen der König seinen Thron und das Volk seine Freiheiten besaß, in eine streng regelrechte Form gebracht wurde. Die Rechtserklärung wurde deshalb in eine Rechtsbill verwandelt und die Rechtsbill von den Gemeinen ohne weiteres angenommen. Bei den Lords aber stieß sie auf Schwierigkeiten.

Die Rechtserklärung hatte die Krone zuerst Wilhelm und Marien gemeinschaftlich, dann dem Ueberlebenden von Beiden, dann Mariens Nachkommenschaft, und endlich auch der Nachkommenschaft Wilhelm's von irgend einer andren Gemahlin als Marien zuerkannt. Die Bill war mit der Erklärung genau übereinstimmend abgefaßt. Wem aber der Thron zufallen sollte, wenn Marie, Anna und Wilhelm alle drei ohne Nachkommen starben, war in Ungewißheit gelassen. Dieser nicht vorgesehene Fall war indessen keineswegs unwahrscheinlich. Er lag sogar wirklich vor. Wilhelm hatte nie ein Kind gehabt. Anna war zwar mehrere Male Mutter gewesen, aber keines ihrer Kinder war mehr am Leben. Es wäre kein großes Wunder gewesen, wenn Krankheit, Krieg oder Verrath binnen wenigen Monaten sämmtliche Personen, welche zur Thronfolge befähigt waren, aus der Welt geschafft hätte. In welche Lage wäre das

Land in diesem Falle gekommen? Wem sollte dann gehuldigt werden? Die Bill enthielt zwar eine Klausel, welche Papisten vom Throne ausschloß. Aber ersetzte eine solche Klausel eine den Nachfolger mit Namen bezeichnende Bestimmung? wie dann, wenn der nächste Thronerbe ein noch nicht drei Monat alter Prinz des Hauses Savoyen war? Es wäre absurd gewesen, ein solches Kind einen Papisten zu nennen. Sollte es also zum König proklamirt werden? Oder sollte die Krone so lange herrenlos bleiben, bis es ein Alter erreicht hatte, in welchem es befähigt war, sich eine Religion zu wählen? Konnten nicht auch die rechtschaffensten und verständigsten Männer in Zweifel sein, ob sie es als ihren Souverain betrachten dürften? Und wer sollte ihnen diesen Zweifel lösen? Ein Parlament würde es nicht geben, denn das Parlament würde mit dem Fürsten, der es zusammenberufen hatte, aufhören zu existiren. Es mußte eine vollständige Anarchie eintreten, eine Anarchie, welche mit der Vernichtung der Monarchie oder mit der Vernichtung der öffentlichen Freiheit enden konnte. Aus diesen gewichtigen Gründen schlug Burnet auf Wilhelm's Veranlassung im Hause der Lords vor, daß die Krone in Ermangelung von Leibeserben Sr. Majestät, auf eine unbezweifelte Protestantin, Sophie, Herzogin von Braunschweig-Lüneburg, einer Enkelin Jakob's I. und Tochter Elisabeth's, Königin von Böhmen, übergehen solle.

Die Lords genehmigten dieses Amendement einstimmig, die Gemeinen aber verwarfen es einstimmig. Die Ursache der Verwerfung hat kein Schriftsteller der damaligen Zeit genügend erklärt. Ein whiggistischer Schriftsteller spricht von Machinationen der Republikaner, ein andrer von Machinationen der Jakobiten. Es steht jedoch fest, daß vier Fünftel der Vertreter des Volks weder Jakobiten noch Republikaner waren. Gleichwohl erhob sich im Unterhause nicht eine einzige Stimme zu Gunsten der Klausel, welche im Oberhause mit Acclamation angenommen worden war.

[25] Die wahrscheinlichste Erklärung dürfte die sein, daß die grobe Ungerechtigkeit, welche in der Angelegenheit Oates' begangen worden, die Gemeinen dergestalt gereizt hatte, daß sie mit Freuden eine Gelegenheit ergriffen, den Peers zu opponiren. Es wurde eine Conferenz gehalten, aber keine der beiden Versammlungen wollte nachgeben. Während der Streit am heftigsten war, trat ein Ereigniß ein, von dem man hätte denken sollen, daß es die Eintracht wiederherstellen werde. Anna gebar einen Sohn. Das Kind wurde mit großem Pomp und unter vielfachen öffentlichen Freudenbezeigungen in Hampton Court getauft. Wilhelm, war der eine Taufzeuge, der andre war der feingebildete Dorset, dessen Dach der Prinzessin in ihrem Unglück eine Zuflucht gewährt hatte. Der König gab dem Kinde seinen eignen Namen und kündigte dem um den Taufstein versammelten glänzenden Cirkel an, daß der kleine Wilhelm von diesem Augenblicke Herzog von Gloucester genannt werden solle.[26] Die Geburt dieses Prinzen hatte die Gefahr, gegen welche die Lords auf ihrer Hut zu sein für nöthig erachtet, sehr vermindert. Sie hätten daher jetzt mit Anstand widerrufen können. Aber ihr Stolz war durch die Strenge, mit der man ihre Entscheidung über Oates' Nichtigkeitsbeschwerde im gemalten Zimmer getadelt hatte, verletzt worden. Man hatte ihnen geradezu ins Gesicht gesagt, daß sie ungerechte Richter seien, und diese Beschuldigung war nur um so kränkender, weil sie sich bewußt waren sie verdient zu haben. Sie verweigerten jede Concession und die Rechtsbill wurde fallen gelassen.[27]

[Streitigkeiten wegen einer Indemnitätsbill.]

Die aufregendste Frage dieser langen und stürmischen Session war jedoch die, welche Strafe den Männern zuerkannt werden solle, die in der Zeit zwischen der Auflösung des Oxforder Parlaments und der Revolution die

Rathgeber oder Werkzeuge Karl's und Jakob's gewesen waren. Es war ein Glück für England, daß in dieser Krisis ein Fürst, der keiner der beiden Parteien angehörte, der keine von beiden weder liebte noch haßte und der zur Durchführung eines großen Planes beide zu benutzen wünschte, der Vermittler zwischen ihnen war.

Die beiden Parteien waren jetzt in einer ganz ähnlichen Lage wie vor achtundzwanzig Jahren. Zwar war die Partei, welche damals im Nachtheil gewesen, gegenwärtig im Vortheil, aber die Analogie zwischen den beiden Situationen ist eine der vollkommensten, die man in der Geschichte finden kann. Die Restauration wie die Revolution waren beide durch Coalitionen herbeigeführt worden. Bei der Restauration halfen diejenigen Politiker, welche der Freiheit besonders zugethan waren, die Monarchie wieder einsetzen; bei der Revolution halfen diejenigen Politiker, welche der Monarchie mit besonderem Eifer anhingen, die Freiheit vertheidigen. Der Cavalier hätte, bei der ersteren Gelegenheit, ohne den Beistand der Puritaner, welche für den Covenant gefochten, nichts ausrichten können; ebensowenig hätte der Whig bei der letzteren Gelegenheit der Willkürgewalt einen erfolgreichen Widerstand leisten können, wäre er nicht durch Männer unterstützt worden, die noch vor ganz kurzer Zeit den Widerstand gegen Willkürgewalt als eine Todsünde verdammt hatten. Die Bedeutendsten unter Denen, durch welche im Jahre 1660 die königliche Familie zurückgebracht wurde, waren Hollis, der in den Tagen der Tyrannei Karl's I. den Sprecher mit offener Gewalt auf seinem Stuhle festhielt, während der schwarze Stab vergebens anklopfte, um Einlaß zu erlangen; Ingoldsby, dessen Name unter dem denkwürdigen Todesurtheile stand, und Prynne, dem Laud die Ohren abgeschnitten und der dafür den Hauptantheil an Laud's Verurtheilung zum Tode gehabt hatte. Unter den Sieben, welche 1688 die Einladung an Wilhelm unterzeichneten, waren Campton, der lange die Pflicht eingeschärft hatte, einem Nero zu gehorchen, Danby, der angeklagt worden war, weil er den Militärdespotismus einzuführen versucht hatte, und Lumley, dessen Bluthunde Monmouth bis in seinen traurigen letzten Versteck im Walde verfolgt hatten. Sowohl 1660 als auch 1688 versprachen sich die beiden feindlichen Parteien, so lange das Geschick der Nation unentschieden war, gegenseitig Vergebung. Bei beiden Gelegenheiten erwies sich die Versöhnung, welche im Augenblicke der Gefahr aufrichtig geschienen hatte, im Augenblicke des Sieges als falsch und hohl. Sobald Karl II. wieder in Whitehall war, vergaß der Cavalier die Dienste, welche die Presbyterianer kürzlich geleistet, und erinnerte sich nur noch ihrer alten Beleidigungen. Sobald Wilhelm König war, begannen nur zu viele Whigs Rache zu fordern für Alles was sie in den Tagen des Ryehousecomplots von der Hand der Tories erduldet hatten. Bei beiden Gelegenheiten wurde es dem Souverain schwer, die besiegte Partei vor der Wuth seiner triumphirenden Anhänger zu schützen, und bei beiden Gelegenheiten murrten Die, deren Rache er vereitelt hatte, heftig gegen die Regierung, die so schwach und undankbar gewesen war, ihre Feinde gegen ihre Freunde in Schutz zu nehmen.

Schon am 25. März machte Wilhelm die Gemeinen auf die Zweckmäßigkeit der Maßregel aufmerksam, die öffentliche Meinung durch eine Amnestie zu beschwichtigen. Er sprach die Hoffnung aus, daß eine Bill für allgemeines Vergeben und Vergessen so bald als möglich ihm zur Genehmigung vorgelegt und daß keine anderen Ausnahmen gemacht werden würden, als die für die Aufrechthaltung der öffentlichen Gerechtigkeit und für die Sicherheit des Staats absolut nothwendig erschienen. Die Gemeinen waren einstimmig dafür, ihm für diesen Beweis seiner väterlichen Güte zu danken; allein sie ließen viele Wochen vergehen, ohne einen Schritt zur Erfüllung seines

Wunsches zu thun. Als der Gegenstand endlich wieder zur Sprache gebracht wurde, geschah dies auf eine Art, welche deutlich bewies, daß die Majorität nicht den ernsten Willen hatte, der Ungewißheit ein Ende zu machen, welche allen denjenigen Tories, die sich bewußt waren, in ihrem Eifer für die Prärogative zuweilen die vom Gesetz gezogene strenge Grenze überschritten zu haben, das Leben verbitterte. Es wurden zwölf Kategorien gebildet, von denen einige so umfassend waren, daß sie Zehntausende von Delinquenten in sich schlossen, und das Haus beschloß, daß in jeder dieser Kategorien einige Ausnahmen gemacht werden sollten. Dann kam die Prüfung der einzelnen Fälle. Zahlreiche Angeklagte und Zeugen wurden vor die Schranken citirt. Die Debatten waren lang und heftig, und es stellte sich bald heraus, daß die Arbeit kein Ende nehmen werde. Der Sommer verging und der Herbst rückte heran; die Session konnte nicht viel länger dauern, und von den zwölf einzelnen Untersuchungen, welche die Gemeinen vorzunehmen beschlossen hatten, waren erst drei beendigt. Es war demnach nöthig, die Bill für dieses Jahr fallen zu lassen.[28]

[Die letzten Tage Jeffreys'.]

Unter den vielen Verbrechern, deren Namen im Laufe dieser Untersuchung genannt wurden, befand sich einer, der an Schuld und Schande einzig und unerreicht dastand und den sowohl Whigs als Tories der äußersten Strenge des Gesetzes zu überlassen geneigt waren. An dem fürchterlichen Tage, auf den die Irische Nacht folgte, hatte das Wuthgebrüll einer um ihre Rache betrogenen großen Stadt Jeffreys bis an die Zugbrücke des Towers begleitet. Obwohl seine Einkerkerung nicht streng gesetzmäßig war, nahm er doch anfangs mit Dank und Segenswünschen den Schutz an, den diese düsteren, durch so viele Verbrechen und Leiden berüchtigten Mauern ihm vor der Wuth der Menge gewährten.[29] Bald kam er jedoch zu der Ueberzeugung, daß sein Leben noch immer sehr gefährdet sei. Eine Zeit lang schmeichelte er sich mit der Hoffnung, daß ein Habeascorpusbefehl ihn aus seiner Haft befreien und daß er im Stande sein werde, in ein fremdes Land zu entkommen und sich mit einem Theile seines übelerworbenen Reichthums vor dem Hasse der Menschheit zu verbergen. Aber bis zur Feststellung der Regierung gab es keinen Gerichtshof, der zur Ausstellung eines Habeascorpusbefehls befugt gewesen wäre, und sobald die Regierung festgestellt war, wurde die Habeascorpusacte suspendirt.[30] Ob Jeffreys des Mordes in legalem Sinne überführt werden konnte, steht zu bezweifeln. Moralisch aber war er so vieler Mordthaten schuldig, daß, wenn es kein andres Mittel gegeben hätte, seinem Leben beizukommen, die ganze Nation eine retrospective Verurtheilungsacte stürmisch gefordert haben würde. Die Neigung, über einen Gefallenen zu triumphiren, gehörte nie zu den vorwiegenden Untugenden der Engländer; aber der Haß gegen Jeffreys war ohne Beispiel in unsrer Geschichte und entsprach nur zu sehr dem Blutdurste seines eignen Characters. Das Volk war in Bezug auf ihn eben so grausam als er selbst und frohlockte über seinen Schmerz, wie er gewohnt gewesen war, über den Schmerz Verurtheilter, die ihr Todesurtheil anhörten, und trauernder Familien zu frohlocken. Der Pöbel versammelte sich vor seinem verödeten Hause in Duke Street und las unter schallendem Gelächter an seiner Thür die Anschläge, welche den Verkauf seines Eigenthums verkündeten. Selbst zarte Frauen, die für Straßenräuber und Diebe Thränen hatten, athmeten nichts als Rache gegen ihn. Die Spottlieder auf ihn, welche in der Stadt verkauft wurden, zeichneten sich durch eine selbst damals seltene Heftigkeit aus. Der Henkertod sei viel zu mild, ein Grab unter dem Galgen eine viel zu ehrenvolle Ruhestätte für ihn, er müsse an einen Karren angebunden und zu Tode gepeitscht, er müsse wie ein Indianer gemartert, er müsse lebendig verschlungen werden. Die Straßendichter zertheilten alle seine Glieder mit cannibalischer Grausamkeit und berechneten wie viel Pfund Fleisch von seinem wohlgenährten Corpus losgeschnitten werden könnten. Die Wuth seiner Feinde ging sogar soweit, daß sie in einer in England selten gehörten Sprache den Wunsch ausdrückten, er möge dahin gehen, wo Heulen und Zähnklappern sei, zu dem Wurme, der niemals stirbt, zu dem Feuer, das nimmer verlöscht. Sie riethen ihm, sich mittelst seiner Kniebänder aufzuhängen und sich mit seinem Rasirmesser den Hals abzuscheiden. Sie richteten das gräßliche Gebet zum Himmel, daß er der Reue unzugänglich sein und als der nämliche herzlose, nichtswürdige Jeffreys sterben möge, der er im Leben gewesen war.[31] Eben so feigherzig im Unglück wie übermüthig und unmenschlich im Glück, sank ihm unter der Last der öffentlichen Verachtung gänzlich der Muth. Seine von Haus aus schlechte und durch Unmäßigkeit sehr geschwächte Constitution wurde durch Verzweiflung und Angst völlig zerrüttet. Er wurde von einer schmerzhaften inneren Krankheit gepeinigt, welche selbst die geschicktesten Aerzte der damaligen Zeit selten zu heben vermochten. Nur ein Trost blieb ihm: der Branntwein. Selbst wenn er Untersuchungen zu leiten und Berathungen beizuwohnen hatte, ging er selten nüchtern zu Bett. Jetzt, wo er seinen Geist mit nichts als entsetzlichen Rückerinnerungen und entsetzlichen Ahnungen beschäftigen konnte, gab er sich rückhaltlos seinem Lieblingslaster hin. Viele glaubten, er wolle durch Unmäßigkeit sein Leben verkürzen. Er hielte es für besser, meinten sie, im Zustande der Trunkenheit aus der Welt zu gehen, als sich von Ketch zerhacken, oder vom Pöbel zerreißen zu lassen.

Einmal wurde er aus seiner jammervollen Verzagtheit durch eine angenehme Empfindung aufgerüttelt, der jedoch alsbald eine kränkende Enttäuschung folgte. Es war ein

Packet für ihn im Tower abgegeben worden, das ein Fäßchen Colchesteraustern, sein Lieblingsgericht zu enthalten schien. Er war tief bewegt, denn es giebt Augenblicke, wo Diejenigen, welche am wenigsten Zuneigung verdienen, sich mit dem Gedanken schmeicheln, daß sie solche einflößen. „Gott sei Dank!" rief er aus; „ich habe doch noch Freunde." Er öffnete das Fäßchen, und aus einem Haufen Austernschalen fiel ein starker Strick.[32]

Es scheint nicht, daß einer der Schmeichler oder Narren, die er mit dem geraubten Gute seiner Schlachtopfer bereichert hatte, ihn in der Zeit der Trübsal tröstete. Doch war er nicht gänzlich verlassen. Johann Tutchin, den er dazu verurtheilt hatte, sieben Jahre lang alle vierzehn Tage ausgepeitscht zu werden, machte sich auf den Weg nach dem Tower und besuchte den gestürzten Tyrannen. Der arme Jeffreys, obwohl bis in den Staub gedemüthigt, benahm sich mit verworfener Höflichkeit und bestellte Wein. „Ich freue mich, Sir," sagte er, „Sie bei mir zu sehen." — „Und ich," entgegnete der schadenfrohe Whig, „freue mich, Eure Lordschaft hier zu sehen." — „Ich diente meinem Herrn," versetzte Jeffreys, „dies war meine Gewissenspflicht." — „Wo hatten Sie Ihr Gewissen, als sie in Dorchester jenes Urtheil über mich verhängten?" — „Meine Instructionen lauteten dahin," antwortete Jeffreys gleißnerisch, „daß ich gegen Männer wie Sie, Männer von Talent und Muth, keine Nachsicht üben sollte. Als ich an den Hof zurückkam, wurde ich wegen meiner Milde getadelt.[33]" Selbst Tutchin scheint trotz der Heftigkeit seines Grolls und trotz der Größe der ihm widerfahrenen Unbilden durch das jammervolle Schauspiel, das er anfangs mit rachsüchtiger Schadenfreude betrachtete, ein wenig gerührt worden zu sein. Er leugnete stets die Wahrheit des Gerüchts, daß er Derjenige gewesen sei, der das Colchesterfaß in den Tower geschickt habe.

Außer diesem gewann ein menschenfreundlicher Mann,

Johann Sharp, der vortreffliche Dechant von Norwich, es über sich, den Gefangenen zu besuchen. Es war eine peinliche Aufgabe, aber Sharp war in früheren Zeiten von Jeffreys so freundlich behandelt worden, wie Jeffreys überhaupt seinem Character nach Jemanden behandeln konnte, und es war ihm einige Male durch geduldiges Warten, bis der Sturm der Flüche und Verwünschungen ausgetobt hatte, und durch geschickte Benutzung eines Augenblicks guter Laune gelungen, für unglückliche Familien eine Linderung ihrer Leiden zu erwirken. Der Gefangene war erstaunt und erfreut. „Was wagen Sie mir jetzt noch zuzugestehen?" sagte er. Der menschenfreundliche Geistliche bemühte sich jedoch vergebens, in diesem verstockten Gewissen einen heilsamen Schmerz zu wecken. Anstatt seine Schuld zu bekennen, ergoß sich Jeffreys in heftige Schmähungen gegen die Ungerechtigkeit der Menschen. „Die Leute nennen mich einen Mörder, weil ich das gethan, was Mancher, der jetzt hoch in Gunst steht, damals vollkommen billigte. Sie nennen mich einen Trunkenbold, weil ich Punsch trinke, um mir die Last meines Kummers zu erleichtern." Er wollte nicht zugeben, daß er als Präsident der Hohen Commission etwas Tadelnswerthes gethan habe. Seine Collegen, sagte er, seien die eigentlichen Schuldigen, und jetzt wälzten sie alle Schuld auf ihn. Mit besonderer Bitterkeit sprach er von Sprat, der unbestreitbar das humanste und gemäßigtste Mitglied der Behörde gewesen war.

Es zeigte sich bald klar und deutlich, daß der abscheuliche Richter der Last seiner körperlichen und geistigen Leiden rasch erliegen würde. Doctor Johann Scott, Präbendar von St. Paul, ein Geistlicher von großer Frömmigkeit und Verfasser des „Christian Life," eines einst weit und breit berühmten Buches, wurde wahrscheinlich auf Anrathen seines intimen Freundes Sharp, an's Bett des Sterbenden gerufen. Doch umsonst sprach auch Scott, wie

Sharp es bereits gethan, von den entsetzlichen Schlächtereien von Dorchester und Taunton. Jeffreys blieb bis zum letzten Augenblicke dabei, daß Die, welche ihn für blutdürstig hielten, seine damaligen Befehle nicht kennten, daß er eher Lob als Tadel verdiene und daß seine Milde ihm das höchste Mißfallen seines Gebieters zugezogen habe.[34]

Krankheit unterstützt durch starkes Trinken und durch tiefen Gram, vollendete bald ihr Werk. Der Magen des Kranken nahm keine Speise mehr an. Binnen wenigen Wochen magerte der stattliche und sogar corpulente Mann zu einem Gerippe ab. Am 18. April starb er im einundvierzigsten Jahre seines Lebens. Mit fünfunddreißig Jahren war er Oberrichter der Kings Bench, mit siebenunddreißig Lordkanzler gewesen. In der ganzen Geschichte der englischen Justizpflege findet sich kein zweites Beispiel von einem so raschen Emporsteigen oder einem so heftigen Sturze. Der abgezehrte Leichnam wurde in aller Stille neben der Asche Monmouth's in der Kapelle des Tower beigesetzt.[35]

Der Sturz dieses einst so mächtigen und gefürchteten Mannes, der Abscheu, mit dem er von allen ehrenwerthen Mitgliedern seiner eignen Partei betrachtet wurde, die Art und Weise, wie die minder ehrenwerthen Mitglieder dieser Partei in seinem Unglück jede Gemeinschaft mit ihm von sich wiesen und die ganze Schuld der Verbrechen, zu denen sie ihn aufgemuntert hatten, auf ihn wälzte, hatten den maßlosen Freunden der Freiheit, welche nach einer neuen Proscription verlangten, zur Lehre dienen sollen. Allein es war eine Lehre, die nur zu viele von ihnen nicht beachteten.

[Die Whigs unzufrieden mit dem Könige.]

Der König hatte gleich beim Beginn seiner Regierung ihr Mißfallen erregt, indem er einige Tories und Trimmers zu hohen Aemtern berief und die durch diese Ernennungen erweckte Unzufriedenheit war durch sein Bemühen, eine allgemeine Amnestie für die Besiegten zu erlangen, noch verstärkt worden. Er war allerdings auch nicht der Mann, der sich bei den rachsüchtigen Zeloten irgend einer Partei hätte beliebt machen können. Denn zu den Eigenthümlichkeiten seines Characters gehörte eine gewisse schroffe Humanität, durch die er seine Feinde selten gewann und seine Freunde oftmals aufbrachte, in der er aber eigensinnig beharrte, ohne sich weder um die Undankbarkeit Derer, die er vom Untergange gerettet, noch um die Wuth Derer zu kümmern, deren Rachegelüste er vereitelt hatte. Einige Whigs sprachen jetzt ebenso hart über ihn, als sie je über einen seiner beiden Oheime gesprochen hatten. Er sei im Grunde auch ein Stuart und er sei dies nicht umsonst. Wie Alle dieses Stammes liebe auch er die Willkürherrschaft. In Holland sei es ihm gelungen, sich unter der Form einer republikanischen Staatseinrichtung zu einem kaum minder absoluten Herrscher zu machen, als es die erblichen Grafen gewesen seien. Durch eine sonderbare Verkettung von Umständen habe sein Interesse eine kurze Zeit lang dem Interesse des englischen Volks entsprochen, aber obgleich er zufällig ein Befreier geworden, sei er doch von Natur ein Despot. Er sympathisire nicht mit dem gerechten Zorne der Whigs. Er habe Zwecke im Auge, welche die Whigs keinen Souverain gutwillig erreichen lassen würden, und er wisse auch recht gut, daß er nur die Tories als Werkzeuge dazu benutzen könne. Daher habe er sie vom Augenblicke seiner Thronbesteigung an ungebührlich begünstigt. Jetzt wolle er den nämlichen Verbrechern, die er vor wenigen Monaten in seiner Erklärung als eine exemplarische Strafe verdienend bezeichnet habe, eine Amnestie erwirken. Im November habe er der Welt gesagt, daß die Verbrechen, an denen jene Männer Theil genommen, es Unterthanen zur Pflicht gemacht hätten, ihren Huldigungseid zu brechen, Soldaten, ihre Fahnen zu verlassen, Kinder, gegen ihre Eltern zu kämpfen. Mit welcher Consequenz könne er jetzt dazu rathen, diese Verbrechen mit dem Mantel allgemeiner Vergessenheit zu bedecken? und sei nicht nur zu triftiger Grund zu der Besorgniß vorhanden, daß er die Helfershelfer der Tyrannei vor dem verdienten Loose in der Hoffnung zu retten wünsche, daß sie ihm früher oder später einmal eben so gewissenlos dienen würden, wie sie seinem Schwiegervater gedient hätten?

[Maßlose Heftigkeit Howe's.]

Unter den von diesen Gefühlen beseelten Mitgliedern des Hauses der Gemeinen war Howe der Heftigste und Kühnste. Er ging einmal so weit, daß eine Untersuchung der Maßnahmen des Parlaments von 1685 eingeleitet und daß allen Denen, die in diesem Parlament mit dem Hofe gestimmt hatten, irgend ein Brandmal aufgedrückt werden solle. Dieser eben so absurde als hämische Antrag wurde von allen ehrenwertheren Whigs gemißbilligt und von Birch und Maynard nachdrücklich bekämpft.[36] Howe mußte nachgeben, aber er war ein Mann, den kein Schlag niederwerfen konnte, und er wurde durch den Beifall vieler hitzköpfiger Mitglieder seiner Partei ermuthigt, welche nicht die entfernteste Ahnung hatten, daß er, nachdem er der hämischeste und characterloseste Whig gewesen, in nicht ferner Zeit der hämischeste und characterloseste Tory werden würde.

[Angriff gegen Caermarthen.]

Dieser scharfsinnige, ruchlose und boshafte Politiker hielt sich, obgleich er selbst ein einträgliches Amt im königlichen Hofstaat bekleidete, tagtäglich über die Art der Besetzung der hohen Staatsämter auf und seine Declamationen wurden, wenn auch etwas weniger scharf und heftig, von anderen Rednern wiederholt. Keiner, sagten sie, der ein Minister Karl's oder Jakob's gewesen sei, dürfe ein Minister

Wilhelm's sein. Der erste Angriff wurde gegen den Lordpräsidenten Caermarthen gerichtet. Howe stellte den Antrag, daß dem Könige eine Adresse überreicht werden solle, die ihn ersuchte, alle Diejenigen, welche je einmal von den Gemeinen angeklagt worden seien, aus Sr. Majestät Staatsrath und Angesicht, zu entfernen. Die Debatte über diesen Antrag wurde zu wiederholten Malen vertagt. Während der Ausgang noch zweifelhaft war, schickte Wilhelm Dykvelt an Howe ab, um ihn zur Rede zu setzen. Howe war unbeugsam. Er war was man im gewöhnlichen Leben einen uneigennützigen Menschen nennt, das heißt, er legte auf das Geld weniger Werth als auf das Vergnügen, seiner üblen Laune Luft zu machen und Aufsehen zu erregen. „Ich erweise dem König einen Dienst," sagte er; „ich befreie ihn von falschen Freunden, und meine Stellung wird mich nie abhalten, meine Gedanken auszusprechen." Der Antrag wurde gestellt, scheiterte aber gänzlich. Der Satz, daß eine bloße Anklage, ohne Ueberführung, als ein entscheidender Beweis von Schuld betrachtet werden solle, widerstritt in der That der natürlichen Gerechtigkeit. Caermarthen hatte allerdings große Fehler begangen, aber sie waren durch Parteigeist übertrieben, durch harte Leiden gesühnt und durch neuerliche ausgezeichnete Dienste wiedergutgemacht worden. Zu der Zeit als er die große Grafschaft York gegen Papismus und Tyrannei zu den Waffen rief, hatten ihm einige der ausgezeichnetsten Whigs versichert, daß aller alte Zwist vergessen sei. Howe behauptete zwar, daß die Artigkeiten, welche im Augenblicke der Gefahr erzeigt worden seien, nichts bedeuteten. „Wenn ich eine Viper in der Hand habe," sagte er, „gehe ich sehr subtil mit ihr um; sobald ich sie aber am Boden habe, zertrete ich sie." Aber der Lordpräsident wurde so kräftig unterstützt, daß nach einer dreitägigen Discussion seine Feinde es nicht wagten, über den gegen ihn gerichteten Antrag die Meinung des Hauses zu sondiren. Im

Laufe der Debatte wurde beiläufig eine wichtige Verfassungsfrage in Anregung gebracht. Die Frage war, ob eine Begnadigung vor einer parlamentarischen Anklage schützen könne. Die Gemeinen resolvirten ohne Abstimmung, daß eine Begnadigung nicht davor schützen könne.[37]

[Angriff auf Halifax.]

Der nächste Angriff galt Halifax. Er nahm eine viel verhaßtere Stellung ein als Caermarthen, der sich unter dem Vorgeben, daß seine Gesundheit angegriffen sei, fast gänzlich von den Geschäften zurückgezogen hatte. Halifax wurde allgemein als der erste Rathgeber der Krone betrachtet und für alle in Bezug auf Irland begangenen Fehler speciell verantwortlich gemacht. Die Uebel, sagte man, welche dieses Königreich zu Grunde gerichtet, hätten durch rechtzeitige Vorsicht verhütet oder durch kräftige Anstrengung wiedergutgemacht werden können. Die Regierung aber habe nichts vorgesehen; sie habe wenig gethan, und dieses Wenige sei weder zur rechten Zeit noch in der rechten Weise geschehen. Zu einer Zeit, wo einige wenige Truppen genügt haben würden, habe man Unterhandlungen anstatt Truppen angewendet. Als viele Truppen nöthig gewesen seien, habe man wenige geschickt, und diese wenigen seien schlecht ausgerüstet und schlecht commandirt gewesen. Dies, riefen die heftigen Whigs, seien die natürlichen Früchte des großen Fehlers, den König Wilhelm am ersten Tage seiner Regierung begangen habe. Er habe zu Tories und Trimmers ein Vertrauen gehabt, das sie nicht verdienten. Insbesondere habe er die Leitung der irischen Angelegenheiten dem Trimmer der Trimmers anvertraut, einem Manne, dessen Talent Niemand bestreite, der aber der neuen Regierung nicht treu ergeben, der überhaupt gar nicht fähig sei, irgend einer Regierung treu ergeben zu sein, der stets zwischen zwei Meinungen geschwankt und bis zum Augenblicke der Flucht Jakob's die Hoffnung nicht aufgegeben habe, daß die Unzufriedenheit der Nation ohne einen Dynastiewechsel beschwichtigt werden könnte. Howe bezeichnete bei zwanzig Gelegenheiten Halifax als die Ursache aller Calamitäten des Landes. Eine ähnliche Sprache führte Monmouth im Hause der Lords. Obgleich erster Lord des Schatzes, schenkte er doch den Finanzgeschäften, für die er übrigens ganz untauglich war und deren er bald überdrüssig geworden, seine Theilnahme. Seine ganze Thätigkeit widmete er der Verfolgung der Tories. Er sagte dem Könige rund heraus, daß Niemand, der nicht ein Whig sei, im Staatsdienste angestellt werden solle. Wilhelm's Antwort war kalt und entschieden. „Ich habe so viel für Ihre Freunde gethan, als ich ohne Gefahr für den Staat thun kann, mehr aber werde ich nicht thun.[38]" Die einzige Wirkung dieses Verweises war, daß Monmouth factiöser wurde als je. Besonders gegen Halifax intriguirte und haranguirte er mit unermüdlicher Animosität. Die anderen whiggistischen Lords des Schatzes, Delamere und Capel, waren kaum weniger eifrig bestrebt, den Lordsiegelbewahrer aus dem Amte zu vertreiben, und persönliche Eifersucht und Antipathie bewogen den Lordpräsidenten, mit seinen eignen Anklägern gegen seinen Nebenbuhler zu conspiriren.

In wie weit die Beschuldigungen, welche damals gegen Halifax, erhoben wurden, begründet gewesen sein mögen, läßt sich jetzt nicht mehr mit Gewißheit ermitteln. Obwohl seine Feinde zahlreiche Zeugen befragten und obgleich sie von Wilhelm die ungern gegebene Erlaubniß erlangten, die Protokolle des Geheimen Raths einzusehen, konnten sie doch keinen Beweis entdecken, auf den sie eine bestimmte Anklage hätten stützen können.[39] Es war indessen unleugbar, daß der Lordsiegelbewahrer als Minister für Irland fungirt hatte und daß Irland fast verloren war. Unnöthig und sogar widersinnig ist die Annahme vieler

Whigs, daß seine Verwaltung deshalb unersprießlich gewesen sei, weil er nicht gewollt habe, daß sie ersprießlich sein solle. Das Wahre ist, daß die Schwierigkeiten seiner Stellung groß waren und daß er bei all' seiner Genialität und Beredtsamkeit diesen Schwierigkeiten nicht gewachsen war. Die ganze Regierungsmaschine war aus den Fugen, und er war nicht der Mann, der sie wieder in Gang bringen konnte. Dazu gehörte nicht das was er in so reichem Maße besaß: Geist, Geschmack, glänzende Fassungskraft und scharfe Unterscheidungsgabe, sondern das was ihm fehlte: rasches Entscheiden, unermüdliche Energie und unerschütterliche Entschlossenheit. Sein Gemüth war im Grunde zu weich für eine Arbeit, wie sie jetzt auf ihm lastete und es war neuerdings durch harte Schicksalsschläge noch weicher gestimmt worden. Er hatte in Zeit von nicht ganz einem Jahre zwei Söhne verloren. Es existirt noch ein Brief, in welchem er damals gegen seine hochverehrte Freundin, Lady Russell, über die Verödung seines Herdes und über die herzlose Undankbarkeit der Whigs klagt. Ebenso besitzen wir noch die Antwort darauf, worin sie ihn freundlich ermahnt, da Trost zu suchen, wo sie denselben unter nicht minder harten Prüfungen gefunden habe.[40]

Der erste Angriff auf ihn erfolgte im Oberhause. Einige whiggistische Lords, unter denen sich der launenhafte und ruchlose erste Lord des Schatzes besonders hervorthat, schlugen vor, den König zu ersuchen, daß er einen neuen Sprecher ernenne. Halifax Freunde beantragten die vorläufige Frage und brachten sie durch.[41] Ungefähr drei Wochen später beantragten seine Feinde in einem Comité des ganzen Hauses der Gemeinen eine Resolution, die ihm keine specielle Unterlassungs- oder Begehungssünde zur Last legte, sondern es einfach für rathsam erklärte, daß er aus dem Dienste der Krone entlassen werde. Die Debatte war heiß. Die gemäßigten Politiker beider Parteien waren nicht geneigt, einem zwar nicht fehlerfreien, aber durch Talent und Liebenswürdigkeit gleich ausgezeichneten Mann ein Brandmal aufzudrücken. Als seine Ankläger sahen, daß sie ihren Zweck nicht erreichen konnten, suchten sie sich einer Entscheidung, welche gewiß ungünstig für sie gelautet haben würde, dadurch zu entziehen, daß sie beantragten, der Vorsitzende solle die Sache vertagen. Aber ihre Taktik wurde durch das umsichtige und muthige Benehmen Lord Eland's, des Marquis' einzigem noch lebenden Sohne, vereitelt. „Mein Vater hat es nicht verdient," sprach der junge Edelmann, „daß man solches Spiel mit ihm treibt. Wenn Sie ihn für strafbar halten, so sagen Sie es, und er wird sich ohne weiteres Ihrem Urtheile unterwerfen. Entlassung vom Hofe hat nichts Schreckliches für ihn. Gottes Güte hat ihn der Nothwendigkeit überhoben, die Mittel zur Aufrechthaltung seines Ranges in einem Amte zu suchen." Das Comité stimmte ab und Halifax wurde mit einer Majorität von vierzehn Stimmen freigesprochen.[42]

[Vorbereitungen zu einem Feldzuge in Irland.]

Wäre die Abstimmung um einige Stunden verschoben worden, so würde die Majorität wahrscheinlich viel bedeutender gewesen sein. Die Gemeinen stimmten unter dem Einflusse der Meinung, daß Londonderry gefallen und ganz Irland verloren sei. Kaum war das Haus auseinandergegangen, so traf ein Courier mit der Nachricht ein, daß der Sperrbaum im Foyle durchbrochen sei. Ihm folgte bald ein zweiter, der die Aufhebung der Belagerung meldete, und ein dritter, der die Nachricht von der Schlacht bei Newton Butler brachte. Hoffnung und Jubel folgten auf Mißmuth und Besorgniß.[43] Ulster war gerettet, und man erwartete zuversichtlich, daß Schomberg sehr bald auch Leinster, Connaught und Munster wiedererobern werde. Er war jetzt bereit zum Aufbruch. Der Hafen von Chester war der Punkt, von wo er abgehen sollte. Die seinem

Commando unterstellte Armee hatte sich dort versammelt, und der Dee wimmelte von Kriegs- und Transportschiffen. Leider waren fast alle kriegserfahrene englische Soldaten nach Flandern geschickt worden, und die große Mehrzahl der nach Irland bestimmten Truppen bestand daher aus Leuten, welche eben vom Pfluge und von der Dreschtenne kamen. Es war indessen eine vortreffliche holländische Brigade unter dem Commando eines erfahrnen Offiziers, des Grafen von Solms darunter. Außerdem waren vier Regimenter, ein Cavallerieregiment und drei Infanterieregimenter, aus den französischen Flüchtlingen gebildet worden, von denen viele mit Auszeichnung gedient hatten. Niemand that mehr für die Aushebung dieser Regimenter als der Marquis von Ruvigny. Er war viele Jahre ein außerordentlich treuer und nützlicher Diener der französischen Regierung gewesen, und man schätzte in Versailles seine Verdienste so hoch, daß man ihn gebeten hatte, Begünstigungen anzunehmen, welche kaum ein andrer Ketzer durch noch so dringende Bitten erlangt haben würde. Hätte er sich entschlossen in seinem Vaterlande zu bleiben, so würde man ihm und seinen Angehörigen gestattet haben, privatim Gott auf ihre eigne Art zu verehren. Aber Ruvigny wies alle Anerbietungen zurück, theilte das Loos seiner Glaubensbrüder und vertauschte in einem Alter von mehr als achtzig Jahren Versailles, wo er noch immer ein Günstling hätte bleiben können, mit einer bescheidenen Wohnung in Greenwich. Diese Wohnung war während der letzten Monate seines Lebens der Sammelplatz aller ausgezeichneten Persönlichkeiten unter seinen Mitverbannten. Seine Talente, seine Erfahrung und seine freigebige Herzensgüte machten ihn zum unbestrittenen Oberhaupte der Refugiés. Zu gleicher Zeit war er ein halber Engländer, denn seine Schwester war eine Gräfin von Southampton gewesen und er war der Oheim von Lady Russell. Die Zeit des selbstthätigen Handelns war für ihn längst vorüber; aber seine beiden Söhne, beides Männer von ausgezeichnetem Muthe, widmeten ihre Degen dem Dienste Wilhelm's. Der jüngere Sohn, der den Namen Caillemote führte, wurde zum Obersten eines der hugenottischen Infanterieregimenter ernannt. Die beiden anderen Infanterieregimenter wurden von La Melloniere und Cambon, Offizieren von glänzendem Rufe, befehligt. Das Cavallerieregiment war von Schomberg selbst errichtet und führte seinen Namen. Ruvigny lebte gerade noch lange genug, um diese Rüstungen vollendet zu sehen.[44]

[Schomberg.]

Dem General, dem man die Oberleitung des Feldzugs gegen Irland übertragen hatte, war es in seltenem Grade gelungen, sich die Zuneigung und Achtung der englischen Nation zu erwerben. Er war zum Herzoge, zum Ritter des Hosenbandordens und zum Feldzeugmeister ernannt worden, er stand jetzt an der Spitze einer Armee, und doch erweckte seine Erhebung nichts von dem Neide, der sich jedesmal kundgab, so oft Bentinck, Zulestein oder Auverquerque ein Zeichen königlicher Gunst zu Theil ward. Schomberg's militärische Tüchtigkeit war allgemein anerkannt. Er wurde von allen Protestanten als ein Bekenner betrachtet, der für die Wahrheit Alles erduldet hatte, den Märtyrertod ausgenommen. Um seines Glaubens willen hatte er einem glänzenden Einkommen entsagt, hatte den französischen Marschallsstab niedergelegt und hatte, in einem Alter von beinahe achtzig Jahren, als ein armer Soldat des Zufalls seine Laufbahn noch einmal von vorn angefangen. Da er in keiner Connection mit den Vereinigten Provinzen stand und niemals dem kleinen Hofe im Haag angehört hatte, so wurde der ihm vor englischen Anführern gegebene Vorzug mit Recht nicht nationaler oder persönlicher Parteilichkeit, sondern lediglich seinen Tugenden und Fähigkeiten zugeschrieben. Sein Benehmen war weit verschieden von dem der anderen Ausländer, welche so eben zu englischen Peers creirt worden waren. Diese waren bei vielen ehrenwerthen Eigenschaften in Geschmack, Sitten und Neigungen Holländer und konnten den Ton der Gesellschaft, in die sie versetzt worden, nicht treffen. Er war ein Weltbürger, hatte ganz Europa durchwandert, hatte an der Maas, am Ebro und am Tajo Armeen commandirt, hatte sich in dem glänzenden Cirkel von Versailles bewegt und hatte am Berliner Hofe in hoher Gunst gestanden. Französische Edelleute hatten ihn oft für einen französischen Edelmann gehalten. Er hatte einige Zeit in England zugebracht, sprach sehr gut englisch, fand sich leicht in die englischen Sitten und wurde oft in Begleitung von Engländern im Parke gesehen. In seiner Jugend hatte er mäßig gelebt, und seine Mäßigkeit genoß jetzt den ihr gebührenden Lohn: ein ungemein rüstiges und kräftiges Alter. Als achtzigjähriger Greis, hatte er noch Sinn für unschuldige Vergnügungen, seine Conversation war außerordentlich elegant und lebhaft, man konnte nichts Geschmackvolleres sehen als seine Equipagen und seine Tafel, und jeder Cavalleriecornet beneidete die Anmuth und den würdevollen Anstand, womit der Veteran an der Spitze seines Regiments auf seinem Schlachtrosse in Hydepark erschien.[45] Das Haus der Gemeinen hatte ihn mit allgemeiner Zustimmung durch ein Geschenk von hunderttausend Pfund Sterling für seine Verluste entschädigt und für seine geleisteten Dienste belohnt. Vor seinem Abgange nach Irland bat er um die Erlaubniß, für dieses großmüthige Geschenk seinen Dank aussprechen zu dürfen. Es ward ein Stuhl für ihn innerhalb der Schranke bereitgestellt. Er nahm, mit dem Scepter zu seiner Rechten, auf demselben Platz, erhob sich dann, sprach in kurzen freundlichen Worten seinen Dank aus und nahm Abschied von der Versammlung. Der Sprecher erwiederte darauf, daß die Gemeinen die Verpflichtungen, welche sie schon gegen

Se. Gnaden hätten, nie vergessen würden, daß sie ihn mit Vergnügen an der Spitze der englischen Armee sähen, daß sie volles Vertrauen in seinen Eifer und seine Geschicklichkeit setzten und daß sie sich seiner stets mit besonderer Fürsorge annehmen würden. Das bei dieser interessanten Gelegenheit gegebene Beispiel wurde hundertundfünfundzwanzig Jahre später bei einer noch interessanteren Gelegenheit mit strengster Genauigkeit nachgeahmt. Genau auf derselben Stelle, wo Schomberg im Juli 1689 die Freigebigkeit der Nation dankend anerkannt, stand im Juli 1814 ein Stuhl für einen noch berühmteren Krieger, der gekommen war, um sich für ein noch glänzenderes Zeichen der öffentlichen Anerkennung zu bedanken. Wenige Dinge bezeichnen treffender den eigenthümlichen Character der englischen Verfassung und Nation als der Umstand, daß das Haus der Gemeinen, eine aus dem Volke hervorgegangene Versammlung, selbst in einem Augenblicke freudiger Begeisterung mit der ängstlichen Gewissenhaftigkeit eines Wappencollegiums an althergebrachten Formen festhielt; daß das Niedersetzen und Aufstehen, das Bedecktbleiben und das Entblößen des Hauptes im 19. Jahrhundert noch genau nach der nämlichen Etikette regulirt war wie im 17., und daß das nämliche Scepter, welches zur Rechten Schomberg's gehalten worden war, in gleicher Stellung zur Rechten Wellington's gehalten wurde.[46]

[Unterbrechung der Parlamentssitzungen.]

Am 20. August ging das Parlament, nachdem es sieben Monate lang in ununterbrochener Thätigkeit gewesen war, auf königlichen Befehl für kurze Zeit auseinander. Dieselbe Nummer der Gazette, welche die Ankündigung enthielt, daß die beiden Häuser ihre Sitzungen eingestellt, brachte auch die Mittheilung, daß Schomberg in Irland gelandet sei.[47]

[Zustand Irland's — Rath Avaux'.]

Während der drei Wochen vor seiner Landung hatte im Schlosse von Dublin die größte Angst und Bestürzung geherrscht. Schlag auf Schlag waren einander so rasch gefolgt, daß Jakob's nie sehr starker Muth völlig gebrochen worden war. Zuerst hatte er erfahren, daß Londonderry erlöst war; dann, daß eine seiner Armeen von den Enniskillenern geschlagen worden; hierauf, daß eine andere von seinen Armeen stark zusammengeschmolzen und entmuthigt sich aus Ulster zurückzog oder vielmehr floh; und endlich, daß Sligo, der Schlüssel von Connaught, den Engländern preisgegeben worden war. Er hatte sich von der Unmöglichkeit überzeugt, die Colonisten zu unterwerfen, selbst als sie fast ganz ohne fremde Hülfe waren. Daher konnte er wohl zweifeln, ob es ihm möglich sein würde, gegen sie zu kämpfen, wenn sie durch eine englische Armee unter den Befehlen des größten lebenden Feldherrn unterstützt wurden. Der unglückliche Fürst schien seit einigen Tagen der Verzweiflung gänzlich anheimgefallen. Auf Avaux machte die Gefahr einen ganz andren Eindruck. Jetzt, dachte er, sei es Zeit, den Krieg zwischen den Engländern und Irländern in einen Vertilgungskrieg zu verwandeln und jede Vereinigung der beiden Nationen unter eine Regierung für immer unmöglich zu machen. In diesem Sinne unterbreitete er kaltblütig dem Könige einen Vorschlag von fast unglaublicher Abscheulichkeit. Er sagte, es müsse eine zweite Bartholomäusnacht veranstaltet werden. Ein Vorwand dazu werde sich leicht finden lassen. Schomberg's Ankunft in Irland werde ohne Zweifel in denjenigen südlichen Städten, deren Bevölkerung überwiegend englisch sei, einige Aufregung hervorrufen, und jede Ruhestörung, wo immer sie stattfinden möge, werde einen Entschuldigungsgrund für eine allgemeine Niedermetzelung der Protestanten von Leinster, Munster und Connaught darbieten.[48] Da der König im ersten

Augenblicke keinen Abscheu vor diesem Rathe an den Tag legte,[49] so kam der Gesandte einige Tage später auf den Gegenstand zurück und drang in Se. Majestät, die nöthigen Befehle zu erlassen. Jetzt aber erklärte Jakob mit einer Entschiedenheit, die ihm zur Ehre gereichte, daß nichts ihn vermögen werde, ein solches Verbrechen zu begehen. „Diese Leute sind meine Unterthanen, und ich kann nicht so grausam sein, sie zu ermorden, während sie friedlich unter meiner Regierung leben." — „Es liegt nichts Grausames in meinem Vorschlage," entgegnete der gefühllose Diplomat. „Eure Majestät sollte bedenken, daß Milde gegen die Protestanten Grausamkeit gegen die Katholiken ist." Doch Jakob war nicht zu bewegen, und Avaux entfernte sich in sehr übler Laune. Er war der Meinung, daß die Humanitätsäußerungen des Königs erheuchelt seien und daß Se. Majestät den Befehl zum allgemeinen Gemetzel nur deshalb nicht gebe, weil er überzeugt sei, die Katholiken im ganzen Lande würden auch ohne einen solchen Befehl über die Protestanten herfallen.[50] Avaux irrte sich indeß vollständig. Daß er Jakob für eben so unmoralisch hielt als er selbst war, kann nicht Wunder nehmen. Unbegreiflich aber ist es, wie ein so kluger Mann vergessen konnte, daß Jakob und er ganz verschiedene Zwecke verfolgten. Das Ziel der Politik des Gesandten war, England und Irland für alle Zeiten zu trennen. Das Ziel der Politik des Königs war die Vereinigung England's und Irland's unter seinem Scepter, und er mußte nothwendig einsehen, daß wenn in drei Provinzen ein allgemeines Niedermetzeln der Protestanten stattfände und er in den Verdacht käme, es autorisirt, oder nur stillschweigend geduldet zu haben, binnen vierzehn Tagen selbst in Oxford kein Jakobit mehr am Leben sein würde.[51]

Gerade in diesem Augenblicke begann der Horizont Jakob's, welcher hoffnungslos trübe geschienen hatte, sich aufzuhellen. Die Gefahr, die ihn zu Boden drückte, hatte das irische Volk aufgerüttelt. Es hatte sich sechs Monate früher wie ein Mann gegen die Sachsen erhoben. Die Armee, welche Tyrconnel ins Leben gerufen, war im Verhältniß zu der Bevölkerung, der sie entnommen war, die größte, welche Europa je gesehen. Aber diese Armee hatte eine lange Reihe von Niederlagen und Unfällen erlitten, die durch keine einzige glänzende Waffenthat aufgewogen wurden. In England wie auf dem Continent war man gewohnt, diese Niederlagen und Unfälle der Zaghaftigkeit des irischen Volksstammes zuzuschreiben.[52] Daß dies aber ein großer Irrthum war, wird durch die Geschichte jedes Krieges, der seit fünf Generationen in irgend einem Theile der Christenheit geführt worden ist, genugsam bewiesen. Das rohe Material, aus dem eine gute Armee gebildet werden kann, war unter den Irländern in reichem Maße vorhanden. Avaux schrieb seiner Regierung, daß sie ein auffallend schöner, großer und wohlgebauter Menschenschlag seien, daß sie persönlich tapfer, der Sache, für die sie kämpften, aufrichtig zugethan und gegen die Colonisten heftig erbittert seien. Nachdem er ihre Kraft und ihren Muth gepriesen, erklärte er, wie es zugehe, daß sie bei all ihrer Kraft und ihrem Muthe doch beständig geschlagen wurden. Es sei ganz falsch, sagte er, wenn man glaube, daß persönliche Tapferkeit, physischer Muth oder patriotische Begeisterung am Tage der Schlacht die Disciplin ersetzen könne. Die Infanterie sei schlecht bewaffnet und schlecht eingeübt, man ließe sie allenthalben wohin sie komme plündern, und so habe sie alle Gewohnheiten von Banditen angenommen. Es befinde sich kaum ein einziger Offizier darunter, der fähig wäre, sie ihre Pflicht zu lehren. Ihre Obersten seien zwar im allgemeinen Leute aus guter Familie, aber ohne militärische Erfahrung. Die Hauptleute seien Metzger, Schneider oder Schuhmacher, und nicht einer unter ihnen kümmere sich um den Comfort, die Ausrüstung und Einübung der Leute, denen er vorgesetzt sei. Die Dragoner seien nicht viel besser als die Infanterie. Nur die Reiter seien, mit wenigen Ausnahmen, vortrefflich. Fast alle irischen Gentlemen, die einige militärische Erfahrung besäßen, bekleideten Offiziersstellen in der Cavallerie, und durch die Bemühungen dieser Offiziere seien einige Regimenter gebildet und einexercirt worden, welche Avaux allen, die er je gesehen, gleichstellte. Es liege daher auf der Hand, daß die Untüchtigkeit der Fußsoldaten und der Dragoner nicht den Fehlern des irischen Characters, sondern den Mängeln der irischen Verwaltung zugeschrieben werden müsse.[53]

Die Ereignisse, welche im Herbst des Jahres 1689 eintraten, bewiesen zur Genüge, daß der vom Unglück verfolgte Volksstamm, den seine Feinde wie seine Bundesgenossen allgemein mit ungerechter Geringschätzung betrachteten, mit den von Armuth, Unwissenheit und Aberglauben unzertrennlichen Fehlern einige vortreffliche Eigenschaften verband, die man auch bei blühenderen und civilisirteren Nationen nicht immer findet. Die schlimmen Nachrichten, welche Jakob in Angst und Verzweiflung stürzten, rüttelten die ganze Bevölkerung der südlichen Provinzen auf wie der Ton der Schlachttrompete. Von allen Altären von dreiundzwanzig Grafschaften wurde dem Volke verkündet, daß Ulster verloren sei, daß die Engländer kämen und daß der Kampf auf Leben und Tod zwischen den beiden feindlichen Nationen bevorstehe. Es sei nur noch eine Hoffnung, und wenn diese fehlschlüge, bleibe nichts mehr übrig als die despotische, erbarmungslose Herrschaft der sächsischen Colonie und der ketzerischen Kirche. Der katholische Priester, der eben erst Pfarrhaus und Kanzel in Besitz genommen, der katholische Squire, der so eben auf den Schultern seiner jubelnden Pächter in die Halle seiner Väter getragen worden sei, würden vertrieben werden, um von dem Almosen zu leben, das die selbst unterdrückten und verarmten Landleute ihnen gewähren könnten. Eine neue Vermögensconfiscation würde das Werk der Ansiedlungsacte vollenden und die Anhänger Wilhelm's würden Alles wegnehmen, was die Anhänger Cromwell's verschont hätten. Diese Befürchtungen riefen einen Ausbruch patriotischer und religiöser Begeisterung hervor, welcher den unvermeidlichen Augenblick der Unterjochung auf einige Zeit hinausschob. Avaux war erstaunt über die Energie, welche die Irländer unter so niederdrückenden Verhältnissen an den Tag legten. Es war allerdings die wilde und unbeständige Energie eines halbbarbarischen Volks; sie war vorübergehend und oft irregeleitet; aber wenn auch vorübergehend und irregeleitet, that sie doch Wunder. Der französische Gesandte mußte bekennen, daß die Offiziere, über deren Unbrauchbarkeit und Unthätigkeit er so oft geklagt, ihre Lethargie plötzlich abgeschüttelt hätten. Die Rekruten strömten zu Tausenden herbei, und die unter den Mauern von Londonderry gelichteten Reihen waren bald wieder übervoll. Es wurden große Anstrengungen gemacht, um die Truppen zu bewaffnen und einzukleiden, und nach dem kurzen Zeitraum von vierzehn Tagen bot Alles einen neuen und erfreulichen Anblick dar.[54]

[Entlassung Melfort's.]

Die Irländer verlangten vom Könige zum Lohn für die energischen Anstrengungen in seinem Interesse ein Zugeständniß, das ihm durchaus nicht angenehm war. Melfort's Unpopularität hatte in einem solchen Grade zugenommen, daß er kaum noch seines Lebens sicher war, und er besaß keinen Freund, der ein Wort zu seinen Gunsten hätte sprechen können. Die Franzosen haßten ihn. In jedem Briefe, der aus England oder Schottland in Dublin ankam, wurde er als der böse Genius des Hauses Stuart bezeichnet. Es war um seiner selbst willen nothwendig ihn zu entlassen. Man fand einen ehrenvollen Ausweg. Er erhielt Befehl, sich nach Versailles zu begeben, den Stand der

Dinge in Irland dort darzulegen und die französische Regierung um schleunige Zusendung eines Hülfscorps von sechs- bis siebentausend Mann gedienter Infanterie zu bitten. Er legte die Siegel nieder und sie wurden zur großen Freude der Irländer den Händen eines Irländers Sir Richard Nagle anvertraut, der sich als Generalfiskal und als Sprecher des Hauses der Gemeinen hervorgethan hatte. Melfort reiste unter dem Schutze der Dunkelheit ab, denn die Wuth des Volks gegen ihn war so groß, daß er sich am Tage nicht ohne Gefahr in den Straßen von Dublin zeigen konnte. Am andren Morgen verließ Jakob seine Hauptstadt in entgegengesetzter Richtung, um Schomberg entgegenzurücken.[55]

[Schomberg landet in Ulster.]

Schomberg war in Antrim gelandet. Die Streitmacht, die er mitbrachte, überstieg nicht zehntausend Mann. Aber er erwartete, daß die bewaffneten Colonisten und die von Kirke commandirten Regimenter zu ihm stoßen würden. Die Kaffeehauspolitiker von London waren fest überzeugt, daß ein solcher General mit einer solchen Armee die Insel rasch wiedererobern werde. Leider aber zeigte es sich bald, daß die ihm gewährten Mittel für das Werk, das er durchzuführen hatte, bei weitem nicht hinreichten; den größeren Theil dieser Mittel verlor er bald durch eine Reihe unvorhergesehener Unfälle, und der ganze Feldzug war nichts als ein langer Kampf seiner Klugheit und Entschlossenheit gegen die äußerste Tücke des Schicksals.

[Carrickfergus genommen.]

Er marschirte zuerst nach Carrickfergus. Diese Stadt wurde durch zwei Regimenter Infanterie für König Jakob vertheidigt. Schomberg beschoß die Mauern, und nachdem die Irländer sich eine Woche gehalten hatten, capitulirten sie. Er versprach sie ungehindert abziehen zu lassen; aber es wurde ihm nicht leicht, sein Wort zu halten. Die Bewohner der Stadt und Umgegend waren größtentheils Protestanten schottischer Abkunft. Sie hatten während des kurzen Uebergewichts des eingebornen Stammes viel zu leiden gehabt und brannten vor Begierde, für die erduldeten Leiden Rache zu üben. Sie rotteten sich zu zahlreichen Haufen zusammen und riefen, daß sie sich an die Capitulation nicht kehrten, sondern gerächt sein wollten. Von Worten gingen sie bald zu Schlägen über. Die entwaffneten, ausgezogenen und hin und her gestoßenen Irländer suchten Schutz bei den englischen Offizieren und Soldaten. Mit Mühe gelang es Schomberg, dem Blutvergießen vorzubeugen, indem er mit dem Pistol in der Hand durch die Haufen der wüthenden Colonisten sprengte.[56]

Von Carrickfergus marschirte Schomberg weiter nach Lisburn und von da durch gänzlich verlassene Städte und über Ebenen, auf denen weder eine Kuh, noch ein Schaf, noch ein Getreidefehm zu sehen war, nach Loughbrickland. Hier stießen drei Regimenter Enniskillener zu ihm, deren Kleidung, Pferde und Waffen einem an den Glanz von Revuen gewohnten Auge wunderlich vorkamen, die aber an natürlichem Muthe keinen Truppen der Welt nachstanden und die sich während mehrerer Monate beständigen Wachtdienstes und Scharmützelns viele wesentliche Eigenschaften regulärer Soldaten erworben hatten.[57]

[Schomberg rückt weiter nach Leinster.]

Schomberg setzte seinen Marsch durch eine Wüste gegen Dublin fort. Die wenigen noch im Süden von Ulster befindlichen irischen Truppen zogen sich vor ihm zurück, indem sie Alles auf ihrem Wege zerstörten. Newry, einst ein hübsch gebauter und wohlhabender protestantischer Flecken, fand er als einen Haufen rauchender Trümmer. Carlingford war ebenfalls zerstört. Die Stelle, wo die Stadt einst gestanden, war nur noch durch die massiven Ruinen des alten normännischen Schlosses bezeichnet. Diejenigen, welche es wagten, Ausflüge aus dem Lager zu machen, berichteten, daß die Gegend, soweit sie dieselbe durchstreift hätten, eine Wildniß sei. Es gäbe wohl Hütten, aber sie seien unbewohnt; es gebe üppige Weiden, aber weder Rinder- noch Schafherden; es gebe Getreidefelder, aber die Ernte liege, vom Regen durchnäßt, auf dem Boden.[58]

[Die englische und die irische Armee campiren nahe bei einander.]

Während Schomberg durch eine unabsehbare Einöde vorrückte, sammelten sich die irischen Truppen rasch von allen Seiten. Am 10. September wurde das königliche Banner Jakob's auf dem Thurme von Drogheda entfaltet, und unter demselben waren bald zwanzigtausend kampffähige Männer versammelt, die Infanterie im allgemeinen schlecht, die Cavallerie im allgemeinen gut, beide aber voll Eifers für ihr Vaterland und ihre Religion.[59] Die Armee war wie gewöhnlich von einem zahlreichen Troß Landvolk begleitet, das mit Sensen, Halbpiken und Skeans bewaffnet war. Inzwischen hatte Schomberg Dundalk erreicht. Die Entfernung zwischen beiden Heeren betrug jetzt nicht mehr als einen starken Tagemarsch, und man erwartete daher allgemein, daß das Schicksal der Insel unverzüglich durch eine offene Schlacht entschieden werden würde.

In beiden Lagern wünschten Alle, die vom Kriege nichts verstanden, sehnlichst loszuschlagen, und die Wenigen, die sich eines hohen Rufes militärischer Tüchtigkeit erfreuten, waren in beiden Lagern gegen eine Schlacht. Weder Rosen noch Schomberg wollten Alles auf einen Wurf setzen. Beide kannten die Mängel ihrer Armee genau und keiner von ihnen war über die Mängel der Armee des Andren vollständig unterrichtet. Rosen wußte sehr gut, daß die irische Infanterie schlechter ausgerüstet, mit schlechteren Offizieren versehen und schlechter eingeübt war, als irgend eine Infanterie, die er vom bothnischen Meerbusen bis zum atlantischen Ocean je gesehen, und er vermuthete, daß die englischen Truppen gut einexercirt und, was sie allerdings hätten sein sollen, mit allem zu einer erfolgreichen Thätigkeit Nöthigem wohl versehen seien. Eine numerische Uebermacht, urtheilte er sehr richtig, würde gegen eine große Ueberlegenheit in der Waffenführung und Disciplin wenig nützen. Er rieth daher Jakob sich zurückzuziehen und lieber Dublin selbst dem Feinde preiszugeben als eine Schlacht zu wagen, mit deren Verlust Alles verloren sein würde. Athlone sei der beste Platz im Königreiche zu einem entschlossenen Widerstande. Der Uebergang über den Shannon könne so lange vertheidigt werden, bis der Succurs, um den Melfort bitten solle, aus Frankreich anlange, und dieser Succurs werde den ganzen Character des Kriegs ändern. Aber die Irländer, mit Tyrconnel an der Spitze, waren einmüthig gegen den Rückzug. Das Blut der ganzen Nation war in Gährung. Jakob freute sich über die Begeisterung seiner Unterthanen und erklärte auf das Bestimmteste, daß er nicht die Schmach auf sich laden werde, seine Hauptstadt dem Feinde ohne Schwertstreich zu überlassen.[60]

[Schomberg lehnt eine Schlacht ab.]

Binnen wenigen Tagen zeigte es sich klar, daß Schomberg beschlossen hatte, nicht loszuschlagen, und seine Gründe waren gewichtig. Er hatte zwar einige gute holländische und französische Truppen, und auch die Enniskillener, die sich ihm angeschlossen, hatten eine militärische Lehrzeit bestanden, wenn auch nicht in der regelrechtesten Weise. Die große Masse seiner Armee aber bestand aus englischen Landleuten, welche eben erst aus ihren Hütten kamen. Seine Musketiere hatten noch zu lernen, wie sie ihre Gewehre laden mußten, seine Dragoner hatten noch zu lernen, wie sie mit ihren Pferden umgehen mußten, und diese unerfahrenen Soldaten waren zum größten Theil von Offizieren befehligt, welche eben so unerfahren waren als sie selbst. Seine Truppen waren daher im allgemeinen den irischen in der Disciplin nicht überlegen, und standen ihnen an Zahl weit nach. Ja er überzeugte sich sogar, daß seine Soldaten eben so schlecht bewaffnet, eben so schlecht logirt und eben so schlecht gekleidet waren, als die ihnen gegenüberstehenden Celten.

[Betrügereien des englischen Kriegscommissariats.]

Der Reichthum der englischen Nation und die freigebigen Beschlüsse des englischen Parlaments hatten ihn zu der Erwartung berechtigt, daß er mit allem Kriegsbedarf reichlich versehen werden würde. Aber er sah sich bitter getäuscht. Die Verwaltung war seit Oliver's Tode fortwährend unvernünftiger und verderbter geworden, und jetzt erntete die Revolution was die Restauration gesäet hatte. Ein Heer nachlässiger oder habsüchtiger Beamter, unter Karl und Jakob gebildet, plünderte die Armeen und die Flotten Wilhelm's aus, ließ sie darben und vergiftete sie. Der Erste unter diesen Leuten war Heinrich Shales, der unter der vorigen Regierung Generalcommissar des Lagers bei Hounslow gewesen war. Man kann die neue Regierung kaum tadeln, daß sie ihn auf seinem Posten ließ, denn seine Erfahrung in dem ihm anvertrauten Verwaltungszweige übertraf bei weitem die jedes andren Engländers. Leider aber hatte er, in der nämlichen Schule, in der er seine Erfahrungen gesammelt, auch die ganze Kunst des Veruntreuens erlernt. Das Rindfleisch und der Branntwein, welche er lieferte, waren so schlecht, daß die Soldaten sich davor ekelten; die Zelte waren verfault, die Bekleidung unzureichend, die Musketen zerbrachen beim Gebrauch. Große Massen Schuhe waren der Regierung in Rechnung gestellt, aber zwei Monate nachdem der Schatz sie bezahlt, waren sie noch nicht in Irland angekommen. Mittel zum Transport des Gepäcks und der Artillerie fehlten fast ganz. Eine große Menge Pferde waren mit öffentlichem Gelde in England angekauft und an die Ufer des Dee geschickt worden. Aber Shales hatte sie zur Erntearbeit an die Landwirthe von Cheshire vermiethet, hatte den Miethertrag in seine Tasche gesteckt, und hatte es den Truppen in Ulster überlassen sich fortzuhelfen so gut sie konnten.[61] Schomberg war der Meinung, daß, wenn er mit einer schlecht disciplinirten und schlecht ausgerüsteten Armee eine Schlacht wagte, er nicht unwahrscheinlich geschlagen werden würde, und er wußte, daß eine Niederlage den Verlust eines Königreichs, vielleicht den Verlust dreier Königreiche nach sich ziehen konnte. Er beschloß daher, in der Defensive zu verharren, bis seine Leute eingeübt und Verstärkungen und Zufuhren angelangt sein würden.

Er verschanzte sich bei Dundalk dergestalt, daß er nicht gezwungen werden konnte, gegen seinen Willen zu kämpfen. Jakob, ermuthigt durch die Zurückhaltung seines Gegners, rückte, die Rathschläge Rosen's nicht beachtend, gegen Ardee vor, erschien an der Spitze der ganzen irischen Armee vor den englischen Linien, stellte Reiterei, Fußvolk und Artillerie in Schlachtordnung auf, und entfaltete sein Banner. Die Engländer hätten gar zu gern losgeschlagen. Aber der Entschluß ihres Generals stand fest und konnte weder durch das prahlerische Gebahren des Feindes, noch durch das Murren seiner eignen Soldaten erschüttert werden. So blieb er einige Wochen sicher hinter seinen Schutzwällen, während die Irländer wenige Meilen davon lagen. Er sorgte nun eifrig für Einübung der Rekruten, aus denen seine Armee zum größten Theil bestand. Seine Musketiere mußten sich beständig im Schießen üben, bald nach der Scheibe, bald in Pelotons, und die Art und Weise, wie sie sich anfangs dabei benahmen, bewies deutlich, daß er sehr wohl daran gethan, sie nicht zum Kampfe zu führen. Es stellte sich heraus, daß von vier englischen Soldaten noch nicht einer sein Gewehr ordentlich zu behandeln verstand, und wenn es gelang, dasselbe aufs Gerathewohl abzufeuern, glaubte Wunder was er Großes vollbracht habe.

[Verschwörung unter den in englischen Diensten stehenden französischen Truppen.]

Während der Herzog so seine Zeit anwendete, gafften die Irländer sein Lager an, ohne einen Angriff auf dasselbe zu wagen. Bald aber tauchten in diesem Lager zwei Uebel auf, welche gefährlicher waren als der Feind: Verrath und Krankheit. Zu den besten Truppen, die er commandirte, gehörten die französischen Verbannten. Jetzt entstanden sehr ernste Zweifel an ihrer Treue. Den wirklichen hugenottischen Refugiés konnte allerdings unbedingtes Vertrauen geschenkt werden. Der Widerwille, mit dem der eifrigste englische Protestant das Haus Bourbon und die römische Kirche betrachtete, war ein laues Gefühl im Vergleich zu dem unauslöschlichen Hasse, der in der Brust des verfolgten, mit Einquartierung gequälten, aus seinem Vaterlande vertriebenen Calvinisten des Languedoc glühte. Die Irländer hatten schon bemerkt, daß die französischen

Ketzer niemals Pardon weder gaben noch annahmen.[62] Jetzt aber zeigte es sich, daß mit diesen Emigranten, die dem reformirten Glauben Alles aufgeopfert hatten, Emigranten ganz andrer Art vermischt waren, Deserteurs, welche in den Niederlanden ihrer Fahne entlaufen waren und ihr Verbrechen dadurch bemäntelt hatten, daß sie vorgaben, sie seien Protestanten und ihr Gewissen gestatte ihnen nicht, für den Verfolger ihrer Kirche zu kämpfen. Einige von diesen Leuten setzten sich in der Hoffnung, durch einen zweiten Verrath Verzeihung und zugleich Belohnung zu erlangen, mit Avaux in Correspondenz. Die Briefe wurden jedoch aufgefangen und ein furchtbares Complot ans Licht gebracht. Es stellte sich heraus, daß, wenn Schomberg schwach genug gewesen wäre, dem Andringen Derer, welche eine offene Schlacht wünschten, nachzugeben, mehrere französische Compagnien in der Hitze des Gefechts auf die Engländer gefeuert haben und zum Feinde übergegangen sein würden. Ein solcher Abfall würde auch in einer besseren Armee als die bei Dundalk lagernde, einen allgemeinen Schrecken hervorgerufen haben. Hier mußte mit Strenge verfahren werden. Sechs von den Verschwörern wurden aufgehängt, und zweihundert ihrer Mitschuldigen in Eisen nach England zurückgeschickt. Selbst nach dieser Ausmerzung wurden die Refugiés von der übrigen Armee noch lange mit zwar ungerechtem, aber nicht unnatürlichem Argwohn betrachtet. Einige Tage lang hatte man sogar allen Grund zu fürchten, der Feind werde mit dem Schauspiele eines blutigen Kampfes zwischen den englischen Soldaten und ihren französischen Verbündeten unterhalten werden.[63]

[Pestilenz in der englischen Armee.]

Einige Stunden vor der Hinrichtung der Hauptradelsführer wurde eine allgemeine Musterung der Armee vorgenommen, und man sah, daß die Reihen der englischen Bataillone stark gelichtet waren. Viel Kranke hatte es vom ersten Tage des Feldzugs an unter den Rekruten gegeben, aber erst zur Zeit des Aequinoctiums nahm die Sterblichkeit in beunruhigendem Maße zu. Die Herbstregen sind in Irland gewöhnlich stark, dieses Jahr aber waren sie stärker als sonst, das ganze Land war überschwemmt, und das Lager des Herzogs wurde ein förmlicher Sumpf. Die Enniskillener waren an das Klima gewöhnt, und die Holländer waren gewohnt in einem Lande zu leben, das, wie ein Witzling der damaligen Zeit sagte, funfzig Fuß Wasser zieht. Sie hielten ihre Lagerhütten trocken und reinlich und sie hatten erfahrene, aufmerksame Offiziere, welche die Unterlassung keiner Vorsicht duldeten. Die Landleute von Yorkshire und Derbyshire aber hatten weder Constitutionen, welche dem verderblichen Einflusse zu widerstehen vermochten, noch verstanden sie es, sich gegen denselben zu schützen. Die schlechten Lebensmittel, welche das Commissariat lieferte, verschlimmerte die durch die klimatischen Verhältnisse erzeugten Krankheiten. An Heilmitteln fehlte es fast ganz, Aerzte waren nur wenige vorhanden, und die Arzneikästen enthielten nicht viel mehr als Charpie und Wundpflaster. Die Engländer erkrankten und starben zu Hunderten. Selbst Diejenigen, welche nicht von der Seuche ergriffen wurden, waren entkräftet und muthlos und erwarteten, anstatt die Energie zu entfalten, welche das Erbtheil unsrer Nation ist, mit der hülflosen Apathie von Asiaten ihr Schicksal. Umsonst versuchte Schomberg sie zu lehren, wie sie ihre Quartiere verbessern und den feuchten Erdboden, auf dem sie lagen, mit einem dicken Teppich von Farrnkräutern bedecken konnten. Körperliche Anstrengung war ihnen noch schrecklicher geworden als selbst der Tod. Es stand nicht zu erwarten, daß Leute, die sich selbst nicht helfen konnten, einander gegenseitig helfen würden. Niemand beanspruchte und Niemand bezeigte Theilnahme. Die Vertrautheit mit grauenvollen Scenen erzeugte eine

Gefühllosigkeit und eine verzweifelte Gottlosigkeit, die selbst in der Geschichte ansteckender Krankheiten so leicht nicht ihres Gleichen haben dürften. Das Schmerzensgestöhn der Kranken wurde durch die Flüche und unzüchtigen Reden ihrer Kameraden übertäubt. Zuweilen konnte man auf dem Leichname eines am Morgen gestorbenen Unglücklichen einen andren Unglücklichen sitzen sehen, der die kommende Nacht nicht mehr erleben konnte und der fluchend und Schandlieder singend auf die Gesundheit des Teufels Branntwein trank. Wenn die Leichen weggetragen wurden, um begraben zu werden, murrten die Ueberlebenden. Ein Todter, sagten sie, sei eine gute Decke und ein guter Stuhl. Warum sollten die Leute, wenn ein so reichlicher Vorrath eines so nützlichen Möbels vorhanden sei, der kalten Luft ausgesetzt und genöthigt sein, sich auf die nasse Erde zu legen?[64]

Viele Kranke wurden von den englischen Schiffen, welche nahe der Küste lagen, nach Belfast gebracht, wo ein großes Hospital errichtet war. Aber kaum die Hälfte von ihnen erlebte das Ende der Reise. Mehr als ein Schiff lag lange in der Bai von Carrickfergus, angefüllt mit Leichen und den Geruch des Todes ausströmend, ohne ein lebendes, Wesen an Bord.[65]

Die irländische Armee hatte viel weniger zu leiden. Der Kerne von Munster oder Connaught befand sich im Lager ganz eben so wohl als wäre er in seiner eignen Lehmhütte gewesen und hätte die Dünste seines heimathlichen Sumpfes eingeathmet. Natürlich freute er sich über das Elend der sächsischen Ketzer und hoffte, daß sie ohne einen Schwertstreich zu Grunde gehen würden. Mit Entzücken hörte er den ganzen Tag die Salven, welche über den Gräbern der englischen Offiziere knatterten, bis endlich die Begräbnisse zu zahlreich wurden, als daß sie noch mit militärischem Pomp hätten begangen werden können, und auf die schauerlichen Töne ein noch schauerlicheres

Schweigen folgte.

Die Ueberlegenheit an Streitkräften war jetzt so entschieden auf Seiten Jakob's, daß er es unbedenklich wagen konnte, fünf Regimenter von seiner Armee zu detachiren und nach Connaught zu senden. Sarsfield befehligte dieselben. Er stand allerdings nicht so hoch in der Achtung des Königs, als er es verdiente. Der König erklärte ihn mit einer Miene geistiger Ueberlegenheit, welche Avaux und Rosen ein spöttisches Lächeln abgezwungen haben muß, für einen wackeren Burschen, der aber sehr stiefmütterlich mit Verstand bedacht sei. Nur mit großer Mühe bewog der Gesandte Se. Majestät dazu, den besten Offizier der irischen Armee zum Range eines Brigadiers zu befördern. Sarsfield rechtfertigte jetzt vollkommen die vortheilhafte Meinung, die sich seine französischen Gönner von ihm gebildet hatten. Er vertrieb die Engländer aus Sligo und sicherte mit gutem Erfolg Galway, das in ernster Gefahr gewesen war.[66]

Auf die englischen Verschanzungen vor Dundalk wurde jedoch kein Angriff gemacht. Inmitten der sich stündlich mehrenden Schwierigkeiten und Unfälle zeigten sich die glänzenden Eigenschaften Schomberg's immer deutlicher. Nicht im vollen Strome des Glücks, nicht auf dem Schlachtfelde von Montes Claros, nicht unter den Mauern von Mastricht hatte er die Bewunderung der Menschheit so wohl verdient. Seine Entschlossenheit wankte nie; seine Umsicht schlummerte nie; trotz vielfacher Verdrüßlichkeiten und Provocationen war er stets froher und heiterer Laune. Der Effectivbestand seiner Mannschaften, selbst wenn man alle die, welche nicht am Fieber darnieder lagen, als effectiv mitrechnete, überstieg jetzt nicht mehr fünftausend. Diese waren kaum noch dem gewöhnlichen Dienste gewachsen, und sie mußten jetzt zu doppelten Dienstleistungen angetrieben werden. Dessenungeachtet traf der alte Mann seine Dispositionen so meisterhaft, daß er mit diesen geringen Streitkräften mehrere Wochen lang einer von einer Menge bewaffneter Banditen begleiteten Truppenmacht von zwanzigtausend Mann die Spitze bot.

[Die englische und die irische Armee beziehen ihre Winterquartiere.]

Zu Anfang des November zerstreuten sich endlich die Irländer und begaben sich in ihre Winterquartiere. Der Herzog brach nun ebenfalls sein Lager ab und zog sich nach Ulster zurück. In dem Augenblicke als die letzten Reste seiner Armee sich in Bewegung setzen sollten, verbreitete sich das Gerücht, daß der Feind in bedeutender Stärke heranrücke. Hätte dieses Gerücht auf Wahrheit beruht, so wäre die Gefahr sehr groß gewesen. Obgleich aber die englischen Regimenter auf den dritten Theil ihrer Vollzähligkeit zusammengeschmolzen waren und obgleich die Leute, die sich noch am wohlsten befanden, kaum das Gewehr zu schultern vermochten, so legten sie doch bei der Aussicht auf eine Schlacht eine außerordentliche Freude und Munterkeit an den Tag und schwuren, daß die Papisten für alles Elend der letzten Monate bezahlen sollten. „Wir Engländer," sagte Schomberg, sich heiter mit der Nation des Landes, das ihn adoptirt hatte, identificirend, „wir Engländer sind immer kampflustig; schade daß wir nicht eben so viel Lust zu einigen anderen Zweigen des Soldatenhandwerks haben."

Der Alarm erwies sich als grundlos. Die Armee des Herzogs zog unbelästigt ab, aber die Straße, auf der sie dahin marschirte, bot einen eben so beklagenswerthen als abschreckenden Anblick dar. Ein langer Zug von mit Kranken beladener Wagen bewegte sich langsam über das holprige Pflaster. Bei jedem Stoße gab ein Unglücklicher den Geist auf und der Leichnam wurde hinausgeworfen und unbeerdigt den Füchsen und Krähen preisgegeben. Die

Gesammtzahl Derer, welche im Lager vor Dundalk, im Hospital von Belfast, auf der Straße und auf der See starben, belief sich auf mehr als sechstausend Mann. Die Ueberlebenden wurden für den Winter in den Städten und Dörfern von Ulster untergebracht. Der General nahm sein Hauptquartier in Lisburn.[67]

[Verschiedene Meinungen über Schomberg's Verfahren.]

Sein Verfahren wurde verschieden beurteilt. Einsichtsvolle und aufrichtige Männer sagten, er habe sich selbst übertroffen und es gebe keinen zweiten Feldherrn in Europa, der, mit ungeübten Truppen, unwissenden Offizieren und spärlichen Vorräthen, zu gleicher Zeit gegen ein feindliches Heer von großer Uebermacht, gegen ein betrügerisches Commissariat, gegen ein Nest von Verräthern im eignen Lager und gegen eine Krankheit, mörderischer als das Schwert, ankämpfend, den Feldzug ohne Verlust einer Fahne oder einer Kanone zu Ende geführt haben würde. Auf der andren Seite murrten viele von den neuernannten Majors und Hauptleuten, deren Unerfahrenheit seine Verlegenheiten vermehrt hatte und die keine andre Qualification für ihren Posten besaßen als persönliche Tapferkeit, über die Geschicklichkeit und Geduld, die sie vom Untergang gerettet. Ihre Beschwerden fanden jenseit des St. Georgskanals Wiederhall. Zum Theil war das Murren, wenn auch ungerecht, doch zu entschuldigen. Den Eltern, die einen tapfern Sohn in seiner ersten Uniform geschickt hatten, damit er sich den Weg zum Ruhm erkämpfe, konnte man es wohl verzeihen, wenn ihr Schmerz sie zur Heftigkeit und Unbilligkeit hinriß, als sie erfuhren, daß der unglückliche Jüngling auf einem Bund Stroh ohne ärztlichen Beistand gestorben und ohne religiöse oder militärische Ceremonie in einem Sumpfe begraben worden war. Aber in den Weheruf verwaister Familien mischte sich ein andres minder achtungswerthes Geschrei. Alle Die, welche gern Neuigkeiten hörten und wiedererzählten, schmähten den General, der ihnen so wenig Neuigkeiten zu hören und zu erzählen gab. Diese Art Leute haben eine solche Sucht nach Aufregung, daß sie viel eher einem Feldherrn verzeihen, der eine Schlacht verliert, als einem, der eine Schlacht ablehnt. Die Politiker, welche ihre Orakelsprüche im dicksten Tabaksrauche bei Garroway von sich gaben, fragten, ohne weder vom Kriege im allgemeinen noch von dem irischen Kriege im besondern das Geringste zu verstehen, sehr ernsthaft, warum Schomberg denn nicht losschlage. Daß er sein Handwerk nicht verstehe, wagten sie nicht zu sagen. Er sei ohne Zweifel ein vortrefflicher Offizier, aber er sei sehr alt. Er trage die Last seiner Jahre zwar mit Ehren, aber seine Geisteskräfte seien nicht mehr das was sie früher gewesen; sein Gedächtniß werde schwach und Jedermann wisse, daß er zuweilen am Nachmittag vergessen habe, was er am Vormittag gethan. Es dürfte wohl schwerlich je einen Menschen gegeben haben, dessen Geist im achtzigsten Lebensjahre noch eben so frisch und lebendig gewesen wäre als im vierzigsten; daß aber Schomberg's Geisteskräfte durch die Jahre wenig geschwächt waren, das beweisen zur Genüge seine Depeschen, welche noch existiren und Muster von officieller Schreibweise sind: abgerundet, klar, voll bedeutender Facta und gewichtiger Gründe und in die möglichst geringe Wortzahl zusammengedrängt. In diesen Depeschen spielt er zuweilen, nicht hämisch, sondern mit ruhiger Verachtung, auf den Tadel an, den sein Verhalten von Seiten hohler Schwätzer, die in ihrem Leben keine wichtigere militärische Operation als das Ablösen der Wache in Whitehall gesehen und die sich einbildeten, es sei nichts leichter als in jeder Lage und gegen jede Uebermacht große Siege zu erkämpfen, sowie von Seiten vierschrötiger Patrioten erfahren, welche überzeugt seien, daß ein einziger englischer Fuhrmann oder

Drescher, der noch nicht gelernt habe, ein Gewehr zu laden oder eine Pike zu tragen, es mit fünf Musketieren von König Ludwig's Haustruppen aufnehmen könne.[68]

[Marineangelegenheiten.]

So unbefriedigend die Resultate des Feldzugs in Irland gewesen waren, die Ergebnisse der Seeoperationen dieses Jahres waren noch weniger befriedigend. Man hatte zuversichtlich erwartet, daß zur See England im Bunde mit Holland der Macht Ludwig's mehr als ebenbürtig sein werde; allein es ging Alles unglücklich. Herbert war nach dem unbedeutenden Scharmützel in der Bantrybai mit seinem Geschwader nach Portsmouth zurückgekehrt. Hier sah er, daß er die gute Meinung weder des Publikums noch der Regierung verloren hatte. Das Haus der Gemeinen dankte ihm für seine Dienste und er erhielt sprechende Beweise von der Gunst der Krone. Er war nicht bei der Krönung gewesen und hatte daher keinen Theil an den Belohnungen gehabt, welche bei Gelegenheit dieser Feierlichkeit unter die Hauptactoren der Revolution vertheilt worden waren. Dies wurde jetzt nachgeholt und er zum Earl von Torrington erhoben. Der König begab sich nach Portsmouth, speiste an Bord des Admiralschiffes, sprach sein vollstes Vertrauen zu der Tapferkeit und Loyalität der Flotte aus, schlug zwei tüchtige Kapitains, Cloudesley Shovel und Johann Ashby, zu Rittern und ließ ein Geschenk unter die Mannschaften vertheilen.[69]

[Torrington's schlechte Verwaltung.]

Wir können Wilhelm keinen begründeten Vorwurf deshalb machen, daß er eine hohe Meinung von Torrington hatte, denn Torrington galt allgemein für einen der tapfersten und geschicktesten Offiziere der Flotte. Jakob, der die Marineangelegenheiten besser verstand als irgend etwas Andres, hatte ihn zum Contreadmiral von England befördert. Diesen Posten, wie noch andere einträgliche Stellen hatte Torrington aufgegeben, als er sah, daß er sie nur behalten konnte, wenn er sich zum Werkzeug der jesuitischen Cabale hergab. Niemand hatte eine thätigere, gewagtere und nützlichere Rolle in der Revolution gespielt als er. Daher schien Niemand gegründeteren Anspruch darauf zu haben, an die Spitze der Marineverwaltung gestellt zu werden. Und doch eignete sich Niemand weniger für einen solchen Posten. Seine Moralität war stets locker, ja so locker gewesen, daß die Festigkeit, mit der er unter der vorigen Regierung seinem Glauben treu blieb, großes Erstaunen erregt hatte. Seine ruhmvolle Ungnade schien zwar einen heilsamen Einfluß auf seinen Character ausgeübt zu haben, denn in seiner Armuth und Verbannung erhob sich der Wüstling zu einem Helden. Sobald aber das Glück wiederkehrte, sank der Held wieder zum Wüstling herab, und dieser Fall war tief und hoffnungslos. Die Fäden seines Geistes, welche auf kurze Zeit straffer angespannt gewesen, waren jetzt durch das Laster dermaßen erschlafft, daß er zur Selbstverleugnung oder zu einer angestrengten Thätigkeit vollkommen unfähig war. Den rohen Muth des Seemanns besaß er wohl noch, aber als Admiral wie als erster Lord der Admiralität war er durchaus ungenügend. Monat auf Monat lag die Flotte, welche der Schrecken der Meere hätte sein sollen, unthätig im Hafen, während er sich in London amüsirte. Die Matrosen gaben ihm in spöttelnder Anspielung auf seinen neuen Titel den Namen Tarry-in-town.[70] Als er endlich an Bord kam, war er von einem Schwarme von Courtisanen begleitet. Es gab kaum eine Stunde des Tages wie der Nacht, wo er frei von den Dünsten des Claret gewesen wäre. Sein unersättlicher Hang zum Vergnügen machte ihn naturgemäß auch unersättlich nach Reichthum. Doch liebte er die Schmeichelei fast eben so sehr als Reichthum und Vergnügen. Er war seit langer Zeit gewohnt, von seinen Untergebenen die kriechendsten

Huldigungen zu verlangen. Sein Admiralschiff war ein kleines Versailles. Er erwartete, daß seine Kapitains sich sowohl des Abends, wenn er zu Bett ging, als auch des Morgens beim Aufstehen in seiner Kajüte versammelten; ja er ließ sich sogar von ihnen ankleiden. Der Eine kämmte ihm seine wallende Perrücke, ein Andrer stand mit dem gestickten Rocke bereit. Unter einem solchen Befehlshaber konnte von Disciplin nicht die Rede sein. Seine Theerjacken verbrachten ihre Zeit in Saus und Braus unter dem Pöbel von Portsmouth, und diejenigen Offiziere, die sich durch Servilität und Speichelleckerei seine Gunst erworben hatten, erhielten leicht Urlaub und blieben wochenlang in London, wo sie in den Wirthshäusern schwelgten, durch die Straßen schlenderten oder den maskirten Damen im Theater den Hof machten. Die Proviantlieferanten merkten bald, mit wem sie es zu thun hatten und schickten der Flotte Fässer Fleisch, das kein Hund angerührt haben würde, und Tonnen Bier, das schlimmer roch als fauliges Wasser. Währenddem war der britische Kanal den französischen Seeräubern preisgegeben. Unsere Kauffahrteischiffe wurden angesichts der Wälle von Plymouth gekapert; die Zuckerflotte aus Westindien verlor sieben Schiffe. Der Gesammtwerth der Prisen, welche in unmittelbarer Nähe unsrer Insel von den Kreuzern des Feindes weggenommen wurden, während Torrington sich mit seiner Flasche und seinem Harem beschäftigte, wurde auf sechsmalhunderttausend Pfund Sterling geschätzt. Das Geleit eines Kriegsschiffes war, außer wenn man große Summen auf Bestechung verwendete, so schwer zu erlangen, daß unsere Kaufleute sich gezwungen sahen, zu diesem Zwecke holländische Kaper zu miethen, die sie weit nützlicher und minder geldgierig fanden, als die Offiziere unsrer eignen königlichen Flotte.[71]

[Die festländischen Angelegenheiten.]

Das einzige Departement, an dem sich nichts aussetzen ließ,

war das der Auswärtigen Angelegenheiten. Hier war Wilhelm sein eigner Minister, und wo er sein eigner Minister war, da gab es keine Verzögerungen, keine Mißgriffe, keine Betrügereien und Verräthereien. Die Schwierigkeiten, mit denen er zu kämpfen hatte, waren jedoch groß. Selbst im Haag stieß er auf einen Widerstand, den seine ganze Klugheit und Festigkeit, unterstützt durch Heinsius' kräftigen Beistand, kaum zu bewältigen vermochte. Die Engländer ahnten nicht, daß, während sie über die Parteilichkeit ihres Souverains für sein Geburtsland murrten, eine starke Partei in Holland über seine Parteilichkeit für sein Adoptivvaterland murrte. Die holländischen Gesandten zu Westminster beschwerten sich darüber, daß die Allianzbedingungen welche er vorschlug, erniedrigend für die Würde und nachtheilig für die Interessen der Republik seien, daß er überall wo die Ehre der englischen Flagge ins Spiel komme, übertrieben streng und obstinat sei; daß er peremtorisch auf einem Artikel bestehe, der allen Handelsverkehr mit Frankreich verbiete und der an der amsterdamer Börse schmerzlich empfunden werden müsse; daß er, als sie die Hoffnung ausgesprochen, daß die Navigationsacte aufgehoben werden würde, in ein Gelächter ausgebrochen sei und ihnen gesagt habe, daran sei nicht zu denken. Er setzte alle seine Bedingungen durch und es wurde ein feierlicher Vertrag geschlossen, durch den England und der batavische Bund sich verpflichteten, fest zu einander gegen Frankreich zu halten und nur mit beiderseitigem Einverständniß Frieden zu schließen. Aber einer der holländischen Bevollmächtigten erklärte, daß er fürchte, dereinst als Verräther betrachtet zu werden, weil er soviel zugestanden habe, und die Unterschrift eines andren verrieth deutlich, daß sie mit vor innerer Bewegung zitternder Hand geschrieben worden war.[72]

Inzwischen war unter Wilhelm's geschickter Leitung ein Allianzvertrag zwischen den Generalstaaten und dem Kaiser geschlossen worden. Spanien und England traten diesem Tractate bei, und so waren die vier Großmächte, welche schon längst durch ein freundschaftliches Einverständniß mit einander verbunden gewesen, durch einen förmlichen Vertrag an einander gekettet.[73]

Bevor aber dieser förmliche Vertrag unterzeichnet und besiegelt war, standen alle contrahirenden Theile unter den Waffen. Zu Anfang des Jahres 1689 wüthete der Krieg über dem ganzen Kontinent vom Hämus bis zu den Pyrenäen. Das von allen Seiten zu gleicher Zeit angegriffene Frankreich vertheidigte sich auf allen Seiten nachdrücklich, und seine türkischen Alliirten gaben einer großen deutschen Truppenmacht in Serbien und Bulgarien vollauf zu thun. Im Ganzen genommen waren die Resultate der militärischen Operationen des Sommers den Verbündeten nicht ungünstig. Jenseit der Donau erfochten die Christen unter dem Prinzen Ludwig von Baden eine Reihe von Siegen über die Muselmänner. In den Gebirgen von Roussillon kämpften die französischen Truppen ohne irgend einen entscheidenden Vortheil gegen das kriegerische Landvolk Cataloniens. Eine deutsche Armee unter Anführung des Kurfürsten von Baiern hielt das Erzbisthum Cöln besetzt. Eine andre wurde von Karl, Herzog von Lothringen, befehligt, einem Fürsten, der, nachdem die Waffen Frankreich's ihn aus seinen Landen vertrieben, ein Soldat des Zufalls geworden war und als solcher sowohl Auszeichnung erlangt als auch Rache geübt hatte. Er marschirte gegen die Verwüster der Pfalz, zwang sie sich über den Rhein zurückzuziehen und nahm nach einer langen Belagerung die wichtige und stark befestigte Stadt Mainz.

Zwischen der Sambre und der Maas standen die Franzosen unter Anführung des Marschalls Humieres den Holländern gegenüber, welche der Fürst von Waldeck commandirte, ein Offizier, der den Generalstaaten lange mit

Treue und Umsicht, wenn auch nicht immer mit besonderem Glück gedient hatte und den Wilhelm sehr hoch schätzte. Unter Waldeck's Befehlen diente Marlborough, dem Wilhelm eine aus den besten Regimentern der alten Armee Jakob's bestehende englische Brigade anvertraut hatte. Der Zweite nach Marlborough im Commando wie auch in militärischer Geschicklichkeit war Thomas Talmash, ein wackerer Soldat, aber zu einem Schicksale bestimmt, dessen man sich nicht ohne Beschämung und Unwillen erinnern kann.

[Gefecht bei Walcourt.]

Es kam zwischen der Armee Waldecks und der Armee Humieres' zu keiner allgemeinen Schlacht; aber in einer Reihe von Gefechten war der Vortheil auf Seiten der Verbündeten. Das bedeutendste von diesen Gefechten fand am 5. August bei Walcourt statt. Die Franzosen griffen einen von der englischen Brigade vertheidigten Vorposten an, wurden aber nachdrücklich zurückgeschlagen, und mußten sich mit Verlust einiger Feldstücke und mehr als sechshundert Todten zurückziehen. Marlborough benahm sich bei dieser wie bei jeder ähnlichen Gelegenheit als ein tapferer und geschickter Offizier. Die von Talmash commandirten Coldstreamgarden und das Regiment, welches jetzt das 16. der Linie heißt, unter dem Commando des Obersten Robert Hodges, zeichneten sich besonders aus. Auch das Regiment Royal, das wenige Monate früher in Ipswich die Fahne der Empörung aufgepflanzt, bewies an diesem Tage, daß Wilhelm eben so weise als großmüthig gehandelt hatte, indem er dieses schwere Vergehen vollständig verzieh. Das Zeugniß, welches Waldeck in seinen Depeschen dem tapferen Benehmen der Insulaner ausstellte, wurde von ihren Landsleuten mit Entzücken gelesen. Das Gefecht war zwar nichts weiter als ein Scharmützel, aber ein heißes und blutiges Scharmützel. Seit Menschengedenken hatte kein so ernster Zusammenstoß zwischen Engländern und Franzosen stattgefunden, und unsere Vorfahren waren natürlich nicht wenig stolz, als sie sahen, daß viele Jahre der Unthätigkeit und Vasallenschaft den Muth der Nation nicht geschwächt zu haben schienen.[74]

[Anschuldigungen gegen Marlborough.]

Die Jakobiten fanden jedoch in dem Verlaufe des Feldzugs reichen Stoff zu Schmähungen. Marlborough war, nicht ohne Grund, der Gegenstand ihres erbittertsten Hasses. An seinem Benehmen auf dem Schlachtfelde konnte selbst die Böswilligkeit wenig auszusetzen finden; andere Seiten seines Verhaltens aber boten dem bösen Leumund ein ergiebiges Feld dar. Der Geiz ist selten das Laster eines jungen Mannes, und eben so selten das eines großen Mannes; Marlborough aber war einer von den Wenigen, die das Geld in der Blüthe der Jugend mehr als Wein oder Weiber, und auf dem Gipfel der Größe mehr als Macht oder Ruhm liebten. Alle die herrlichen Gaben, welche die Natur an ihn verschwendet, schätzte er hauptsächlich wegen des Gewinns, den sie ihm eintrugen. Im zwanzigsten Jahre zog er Nutzen aus seiner Jugend und Körperkraft, als Sechziger zog er Nutzen aus seinem Genie und seinem Ruhm. Der Beifall, der seinem Benehmen bei Walcourt mit Recht gebührte, konnte die Stimmen Derer nicht ganz übertäuben, welche munkelten, daß dieser Held, wo es ein Goldstück zu ersparen oder zu verdienen gebe, ein bloßer Euklio, ein bloßer Harpagon sei, daß er, obgleich er unter dem Vorgeben, offene Tafel zu halten, einen bedeutenden Gehalt beziehe, doch niemals einen Offizier zu Tische einlade, daß seine Musterrollen betrügerisch abgefaßt seien, daß er für Leute, welche längst nicht mehr lebten, für Leute, die vor vier Jahren vor seinen eigenen Augen bei Sedgemoor gefallen seien, die Löhnung in seine Tasche stecke, daß sich in der einen Truppe zwanzig, in einer andren sechsunddreißig solcher Namen befänden.

Nur die Vereinigung von furchtlosem Muth und imponierenden Geistesgaben mit einem leutseligen Wesen und gewinnenden Manieren habe es ihm möglich gemacht, sich trotz seiner höchst unsoldatischen Fehler die Zuneigung seiner Soldaten zu erwerben und zu erhalten.[75]

[Alexander VIII. folgt Innocenz XI. auf dem päpstlichen Stuhle.]

Um die Zeit, wo die in allen Theilen Europa's kämpfenden Armeen ihre Winterquartiere aufsuchten, bestieg ein neuer Papst den Stuhl St. Peter's. Innocenz XI. war nicht mehr. Er hatte ein sonderbares Schicksal gehabt. Seine gewissenhafte und innige Anhänglichkeit an die Kirche, deren Oberhaupt er war, hatte ihn in einem der kritischesten Momente ihrer Geschichte bestimmt, sich mit ihren Todfeinden zu verbünden. Die Nachricht von seinem Ableben wurde daher, von den protestantischen Fürsten und Republiken mit Schmerz und Besorgniß, in Versailles und Dublin mit Freude und Hoffnung aufgenommen. Ludwig schickte augenblicklich einen außerordentlichen Gesandten hohen Ranges nach Rom und die in Avignon liegende französische Garnison wurde zurückgezogen. Als die Stimmen des Conclaves sich zu Gunsten Peter Ottobuoni's geeinigt hatten, eines ehemaligen Cardinals, der den Namen Alexander VIII. annahm, wohnte der Vertreter Frankreichs der Einsetzung bei, trug die Schleppe des neuen Papstes und überreichte Seiner Heiligkeit ein Schreiben, in welcher der Allerchristlichste König erklärte, daß er dem schmachvollen Vorrechte, Räuber und Mörder zu beschützen entsage. Alexander drückte den Brief an seine Lippen, umarmte den Ueberbringer und sprach mit Entzücken von der nahen Aussicht auf Versöhnung. Ludwig begann sich der Hoffnung hinzugeben, daß der Vatikan seinen Einfluß dazu anwenden werde, die Allianz zwischen dem Hause Oesterreich und dem ketzerischen Usurpator des englischen

Thrones aufzulösen. Jakob war sogar noch sanguinischer. Er war thöricht genug zu hoffen, daß der neue Papst ihm Geld geben werde, und befahl Melfort, der sich jetzt seiner Mission in Versailles entledigt hatte, nach Rom zu eilen und Se. Heiligkeit um eine Beisteuer zu dem guten Werke der Aufrechthaltung der wahren Religion auf den britischen Inseln zu bitten. Aber es zeigte sich bald, daß Alexander, obwohl er eine andre Sprache führte als sein Vorgänger, doch entschlossen war, im Wesentlichen der Politik seines Vorgängers zu folgen. Die Grundursache des Zerwürfnisses zwischen dem heiligen Stuhle und Ludwig war nicht beseitigt. Der König ernannte noch immer Prälaten, der Papst verweigerte noch immer ihre Anerkennung, und die Folge davon war, daß ein Viertheil der Diöcesen Frankreich's Bischöfe hatten, welche nicht befugt waren, irgend eine bischöfliche Amtshandlung zu verrichten.[76]

[Der Klerus der Hochkirche über die Angelegenheit der Eide gespalten.]

Die anglikanische Kirche war um diese Zeit nicht minder durch Spaltungen zerrissen als die gallikanische Kirche. Der 1. August war durch ein Parlamentsedict als der Tag festgesetzt, bis zu welchem alle Pfarrgeistlichen und alle ein akademisches Amt bekleidenden Personen bei Strafe der Suspension Wilhelm und Marien den Unterthaneneid schwören mußten. Während der ersten Hälfte des Sommers hofften die Jakobiten, die Zahl der Nichtschwörenden werde bedeutend genug sein, um die Regierung zu beunruhigen und in Verlegenheit zu setzen. Diese Hoffnung aber wurde getäuscht. Es gab zwar nur wenige Whigs unter der Geistlichkeit, und nur wenige waren Tories jener gemäßigten Schule, welche mit Widerstreben und Vorbehalt anerkannte, daß große Mißbräuche eine Nation zuweilen berechtigen könnten, zu extremen Mitteln zu greifen. Die große Mehrheit des Standes hielt noch immer an dem

Prinzip des passiven Gehorsams fest, aber diese Mehrheit war jetzt in zwei Theile gespalten. Eine Frage, welche vor der Revolution lediglich Sache der Spekulation gewesen und daher, wenn sie auch zuweilen gelegentlich in Anregung kam, von den Meisten nur sehr oberflächlich behandelt worden war, hatte jetzt eine hohe praktische Bedeutsamkeit erlangt. Das Prinzip des passiven Gehorsams als feststehend angenommen, wem gebührte dieser Gehorsam? So lange das erbliche Recht mit dem Besitz verbunden gewesen war, war kein Zweifel möglich; aber das erbliche Recht und der Besitz waren jetzt getrennt. Ein durch die Revolution auf den Thron erhobener Fürst regierte zu Westminster, gab Gesetze, ernannte Justizbeamte und Prälaten und sandte Armeen und Flotten aus. Seine Richter entschieden Rechtsfälle, seine Sheriffs verhafteten Schuldner und bestraften Verbrecher; ohne sein großes Siegel würden Gerechtigkeit, Ordnung, Eigenthum aufgehört haben zu existiren und die Gesellschaft in einen chaotischen Zustand gerathen sein. Ein andrer, durch die Revolution abgesetzter Fürst lebte im Auslande. Er konnte keines der Rechte eines Regenten ausüben und keine der Pflichten eines Regenten erfüllen und konnte, wie es schien, nur durch eben so gewaltsame Mittel als durch die er vertrieben worden war, wieder eingesetzt werden. Welchem von diesen beiden Fürsten schuldeten die Christen nun Gehorsam?

[Argumente für Leistung der Eide.]

Ein großer Theil der Geistlichkeit war der Meinung, daß der klare Wortlaut der Schrift ihnen gebiete, sich dem im factischen Besitz des Thrones befindlichen Souverain zu unterwerfen, ohne nach seinem Recht auf diesen Thron zu fragen. Die Obrigkeiten, von denen der Apostel in dem den anglikanischen Theologen jener Zeit genau bekannten Evangelium sagt, daß sie von Gott eingesetzt seien, sind nicht diejenigen welche auf einen rechtmäßigen Ursprung zurückgeführt werden können, sondern die eben bestehenden. Als Jesus gefragt wurde, ob das auserwählte Volk Cäsar rechtmäßigerweise Tribut zahlen dürfe, antwortete er mit der Frage, nicht ob Cäsar einen von dem alten Königshause Juda abgeleiteten Stammbaum aufweisen könnte, sondern ob das Geldstück, das die Fragenden an den Schatz Cäsars zu zahlen Bedenken trugen, aus Cäsar's Münze komme, mit anderen Worten, ob Cäsar thatsächlich die Autorität eines Herrschers besitze und die Functionen eines solchen ausübe.

Es wird gewöhnlich, und mit vielem Anschein von Begründung, angenommen, daß der zuverlässigste Commentar zu dem Text der Evangelien und Episteln sich in der Praxis der ersten Christen findet, so weit diese Praxis genügend zu ermitteln ist, und gerade jene Zeiten, zu welchen die Kirche sich allgemein anerkanntermaßen im Zustande der höchsten Reinheit befand, waren Zeiten häufiger und heftiger politischer Umgestaltungen. Einer der Apostel wenigstens erlebte es, daß binnen wenig mehr als einem Jahre vier Kaiser gestürzt wurden. Von den Märtyrern des 3. Jahrhunderts muß sich ein großer Theil zehn bis zwölf Revolutionen haben erinnern können. Diese Märtyrer müssen oft in der Lage gewesen sein zu erwägen, welche Pflichten sie gegen einen Fürsten hatten, der so eben durch einen mit Erfolg gekrönten Aufstand zur Macht gelangt war. Daß sie allesammt durch die Furcht vor Strafe abgehalten worden seien das zu thun, was sie für Recht hielten, ist eine Beschuldigung, welche nicht einmal ein rechtschaffener Ungläubiger auf sie werfen wird. Wenn indessen irgend eine Behauptung in Bezug auf die ersten Christen mit völliger Gewißheit aufgestellt werden kann, so ist es die, daß sie nie und nimmer einem factischen Regenten wegen der Unrechtmäßigkeit seines Titels den Gehorsam verweigerten. Einmal wurde sogar die höchste Gewalt von zwanzig bis dreißig Rivalen beansprucht. Jede Provinz von

Britannien bis Egypten hatte ihren Augustus. Diese Prätendenten konnten natürlich nicht alle rechtmäßige Kaiser sein. Dennoch finden wir nirgends etwas erwähnt, daß die Gläubigen an irgend einem Orte das geringste Bedenken getragen hätten, sich der Person zu unterwerfen, welche an diesem Orte die kaiserlichen Functionen ausübte. Während die Christen von Rom Aurelian gehorchten, gehorchten die Christen von Lyon Tetrikus und die Christen von Palmyra der Zenobia. „Tag und Nacht," — waren die Worte, welche der große Cyprian, Bischof von Karthago, an den Repräsentanten Valerian's und Gallienus richtete, — „Tag und Nacht beten wir Christen zu dem einen wahren Gott für das Wohl unserer Kaiser." Und doch hatten diese Kaiser einige Monate vorher ihren Vorgänger Aurelianus gestürzt, der seinen Vorgänger Gallus gestürzt hatte; dieser hatte auf den Trümmern des Hauses seines Vorgängers Decius den Gipfel der Macht erstiegen, Decius hatte seinen Vorgänger Philipp und dieser seinen Vorgänger Gordianus erschlagen. Konnte man glauben, daß ein Heiliger, der in dem kurzen Zeitraum von dreizehn bis vierzehn Jahren dieser Reihe von Rebellen und Königsmördern unverbrüchliche Unterthanentreue bewahrt hatte, lieber eine Spaltung in der Christenheit hervorgerufen, als König Wilhelm und Königin Marien anerkannt haben würde? Hundertmal forderten diejenigen anglikanischen Geistlichen, welche die Eide geleistet hatten, ihre skrupulöseren Amtsbrüder auf, ihnen ein einziges Beispiel anzuführen, daß die ursprüngliche Kirche einem glücklichen Usurpator den Gehorsam verweigert hätte, und hundertmal wich man der Aufforderung aus. Die Eidverweigerer konnten über diesen Punkt weiter nichts sagen, als daß Präcedenzfälle Prinzipien gegenüber kein Gewicht hätten, eine Behauptung, die sehr sonderbar klang aus dem Munde einer Schule, welche stets eine fast abergläubische Ehrfurcht vor der Autorität der

Kirchenväter an den Tag gelegt hatte.[77]

Präcedenzfälle aus späteren und verderbteren Zeiten verdienten wenig Beachtung. Aber selbst in der Geschichte späterer und verderbterer Zeiten konnten die Eidverweigerer nicht leicht einen ihrem Zwecke dienenden Präcedenzfall finden. In unsrem eignen Lande hatten viele Könige, die kein erbliches Recht hatten, auf dem Throne gesessen, aber es war nie für unvereinbar mit der Pflicht eines Christen gehalten worden, ein treuer Vasall dieser Könige zu sein. Die Usurpation Heinrich's IV., die noch abscheulichere Usurpation Richard's III. hatten kein Schisma in der Kirche hervorgerufen. Sobald der Usurpator auf seinem Throne fest saß, hatten Bischöfe ihm für ihre Grundbesitzungen gehuldigt; Convocationen hatten Adressen an ihn gerichtet und ihm Gelder bewilligt, und kein Casuist hatte jemals behauptet, daß diese Unterwerfung unter einen sich im factischen Besitze der Macht befindenden Fürsten eine Todsünde sei.[78]

Mit der Verfahrungsweise der ganzen christlichen Welt stand die Autoritätslehre der englischen Kirche unverkennbar in genauem Einklange. Die Homilie über vorsätzliche Empörung, eine Predigt, welche in maßlosen Ausdrücken die Pflicht des Gehorsams gegen Regenten einschärft, spricht nur von factischen Regenten. Es wird sogar in dieser Homilie den Leuten gesagt, daß sie nicht nur ihrem rechtmäßigen Landesherrn, sondern auch jedem Usurpator, den Gott in seinem Zorne ihrer Sünden halber über sie setzen werde, zu gehorchen verpflichtet seien. Es würde gewiß der höchste Grad von Ungereimtheit sein, wollte man behaupten, daß wir diejenigen Usurpatoren, welche Gott im Zorne sendet, unterwürfig hinnehmen, solchen aber, die er uns in Gnaden sendet, den Gehorsam beharrlich verweigern müßten. Zugegeben es war ein Verbrechen, den Prinzen von Oranien nach England einzuladen, ein Verbrechen sich ihm anzuschließen, ein

Verbrechen ihn zum König zu machen, was war die ganze Geschichte der jüdischen Nation und der christlichen Kirche Andres als eine Reihenfolge von Fällen, in denen die Vorsehung aus Bösem Gutes hervorgehen ließ? Und welcher Theolog wird behaupten, daß wir in solchen Fällen aus Abscheu vor dem Bösen das Gute von uns weisen müßten?

Aus diesen Gründen waren eine große Anzahl Geistliche, welche noch an dem Prinzipe festhielten, daß Widersetzlichkeit gegen den Souverain jederzeit sündhaft sein müsse, der Ansicht, daß Wilhelm jetzt der Souverain sei, dem sich zu widersetzen eine Sünde sein würde.

[Argumente gegen die Eidesleistung.]

Auf diese Argumentation entgegneten die Eidverweigerer, daß der Apostel Paulus unter den bestehenden Obrigkeiten die bestehenden *rechtmäßigen* Obrigkeiten gemeint haben müsse und daß es dem gesunden Verstande ins Gesicht schlagen, die Religion schänden, den schwachen Gläubigen Aergerniß und den Spöttern Anlaß zum Triumphiren geben heißen würde, wollte man seine Worte anders deuten. Die Gefühle der ganzen Menschheit müßten sich gegen die Behauptung empören, daß, sobald ein König, wäre sein Recht auf den Thron noch so klar und seine Verwaltung noch so weise und gut, durch Verräther vertrieben sei, alle seine Diener ihn verlassen und zu seinen Feinden übergehen müßten. Zu allen Zeiten und bei allen Nationen sei treue Anhänglichkeit an eine gute Sache im Unglück als eine Tugend betrachtet worden. Zu allen Zeiten und bei allen Nationen sei der Politiker, der sich immer zu der Partei geschlagen, welche die Oberhand gehabt, verachtet worden. Dieser neue Toryismus sei schlimmer als Whiggismus. Die Bande der Unterthanentreue zerreißen, weil der Souverain ein Tyrann sei, das sei unstreitig eine große Sünde; aber es sei eine Sünde, für die sich milde Bezeichnungen und plausible Vorwände finden ließen und in welche ein braver und hochherziger Mann, der nicht in der göttlichen Wahrheit unterrichtet und durch göttliche Gnade beschützt sei, leicht verfallen könne. Aber alle Bande der Unterthanentreue blos deshalb zu zerreißen, weil der Souverain unglücklich sei, das sei nicht nur schlecht, sondern gemein. Könne ein Ungläubiger die heilige Schrift ärger beschimpfen, als durch die Behauptung, daß die heilige Schrift den Christen etwas als eine geheiligte Pflicht vorschreibe, was der natürliche Verstand die Heiden als den höchsten Grad der Schlechtigkeit zu betrachten gelehrt habe? In der Schrift finde sich die Geschichte eines Königs von Israel, der durch einen unnatürlichen Sohn aus seinem Palaste vertrieben und gezwungen worden sei, über den Jordan zu fliehen. David habe, wie Jakob, das Recht, Absolom, wie Wilhelm, den factischen Besitz gehabt. Würde ein Schriftforscher zu behaupten wagen, daß Simei's Benehmen bei dieser Gelegenheit als ein Muster zur Nachahmung hingestellt sei und daß Barsillai, der treu zu seinem flüchtigen Gebieter gehalten, sich gegen die Vorschrift Gottes aufgelehnt und Verdammniß auf sich gezogen habe? Würde ein wahrer Sohn der Kirche England's im Ernst behaupten, daß ein Mann, der bis nach der Schlacht von Naseby ein entschiedener Royalist war, dann zum Parlament überging, sobald das Parlament auseinandergesprengt war, ein willfähriger Diener des Rumpfes wurde und sobald der Rumpf vertrieben war, sich für einen treuen Unterthan des Protectors erklärte, die Achtung der Christen mehr verdiene, als der standhafte alte Cavalier, der Karl I. im Gefängniß und Karl II. im Exil unerschütterlich treu blieb und der bereit war, eher Grundbesitz, Freiheit und Leben zu wagen als durch Wort oder That die Autorität einer der plötzlich aufgetauchten Regierungen anzuerkennen, welche in jener schlimmen Zeit in den Besitz einer Macht gelangt waren, die ihnen von Rechtswegen nicht gebührte? Und welcher Unterschied sei zwischen diesem und dem jetzt vorliegenden Falle? Daß Cromwell thatsächlich eben so viel Macht, ja weit mehr Macht als Wilhelm besessen habe, sei ausgemacht, und daß Wilhelm's Macht so gut wie Cromwell's Macht illegitimen Ursprungs sei, werde kein Geistlicher, der dem Prinzip des Nichtwiderstandes huldige, bestreiten. Wie könne denn ein solcher Geistlicher leugnen, daß Cromwell Gehorsam gebührt habe, und doch behaupten, daß Wilhelm solcher gebühre? Wollte man annehmen, daß eine solche Inconsequenz ohne Unredlichkeit existiren könne, so sei das nicht Nachsicht sondern Schwäche. Diejenigen welche entschlossen seien, sich der Parlamentsacte zu fügen, würden besser thun, wenn sie sich offen darüber aussprächen und sagten was Jedermann schon wisse: daß sie sich nur deshalb fügten, um ihre Pfründen zu behalten. Allerdings sei dies ein sehr starker Beweggrund. Daß ein Geistlicher, der Gatte und Vater sei, dem 1. August und 1. Februar mit ängstlicher Besorgniß entgegensehe, sei natürlich. Aber er solle nicht vergessen, daß, wie schrecklich auch der Tag der Suspension und der Tag der Amtsentsetzung sein möge, zuverlässig zwei andere noch schrecklichere Tage kommen würden: der Tag des Todes und der Tag des jüngsten Gerichts.[79]

Die schwörenden Geistlichen, wie man sie nannte, waren nicht wenig betroffen über dieses Raisonnement. Nichts setzte sie mehr in Verlegenheit als die Parallele, welche die Eidverweigerer mit unermüdlicher Beharrlichkeit zwischen der Usurpation Cromwell's und der Usurpation Wilhelm's zogen. Denn es gab damals keinen Hochkirchlichen, der es nicht für eine Ungereimtheit gehalten hätte, zu behaupten daß die Kirche ihren Söhnen befohlen habe, Cromwell zu gehorchen. Und doch war es unmöglich zu beweisen, daß Wilhelm vollständiger im Besitze der höchsten Gewalt sei, als Cromwell es gewesen. Die Schwörenden hüteten sich daher eben so sorgfältig, mit den Nichtschwörenden über diesen Punkt zu streiten, wie die Nichtschwörenden es vermieden, mit den Schwörenden über die Frage bezüglich der Praxis der frühesten Kirche zu streiten.

Das Wahre ist, daß die Regierungstheorie, welche der Klerus seit langer Zeit lehrte, so unsinnig war, daß sie zu nichts als Unsinn führen konnte. Mochte der Priester, der dieser Theorie huldigte, die Eide leisten oder sie verweigern, er war in beiden Fällen nicht im Stande, eine vernünftige Erklärung seines Verfahrens zu geben. Schwor er, so konnte er dies nur durch Aufstellung von Behauptungen, gegen die sich jedes redliche Herz instinktmäßig empörte, nur durch die Erklärung rechtfertigen, daß Christus der Kirche befohlen habe, die gerechte Sache zu verlassen, sobald diese Sache aufhöre zu prosperiren, und die Hände der vom Glück begünstigten Schlechtigkeit gegen die bedrängte Tugend zu kräftigen. So gewichtig indessen die Einwürfe gegen diese Doctrin waren, die Einwürfe gegen die Doctrin des Nichtschwörenden waren wo möglich noch gewichtiger. Nach ihm mußte eine christliche Nation beständig entweder in einem Zustande von Knechtschaft oder in einem Zustande von Anarchie sein. Etwas läßt sich sowohl für den Menschen sagen, der die Freiheit opfert, um die Ordnung zu erhalten, als auch für den Menschen, der die Ordnung opfert, um die Freiheit zu erhalten. Denn Freiheit und Ordnung sind zwei der größten Segnungen, deren sich eine Gesellschaft erfreuen kann, und wenn sie sich unglücklicherweise als mit einander unverträglich herausstellen, da haben Diejenigen, welche die eine oder die andre Seite ergreifen, Anspruch auf große Nachsicht. Der Eidverweigerer aber opferte nicht die Freiheit der Ordnung, nicht die Ordnung der Freiheit auf, sondern Freiheit und Ordnung einem Aberglauben, der eben so einfältig und erniedrigend war als die Anbetung von Katzen und Zwiebeln bei den Egyptern. Wenn eine Person, die sich nur durch den Zufall der Geburt von anderen unterschied, auf dem Throne saß, mochte sie auch ein Nero sein, sollte kein Ungehorsam stattfinden; und wenn eine andre Person auf dem Throne saß, mochte sie auch ein Alfred sein, so sollte kein Gehorsam stattfinden. Es war gleichgültig, wie unvernünftig und schlecht die Verwaltung der Dynastie, welche das erbliche Recht hatte, oder wie weise und tugendhaft die Verwaltung einer aus einer Revolution hervorgegangenen Regierung sein mochte. Auch konnte keine Verjährungszeit gegen den Anspruch der vertriebenen Familie geltend gemacht werden. Der Zeitraum von Jahren, der Zeitraum von Jahrhunderten änderte nichts. Bis an das Ende der Welt mußten die Christen ihr politisches Verhalten einfach nach der Genealogie ihrer Landesherren reguliren. Das Jahr 1800, das Jahr 1900 könnte Fürsten, die ihre Rechtsansprüche von den Beschlüssen der Convention herleiteten, ruhig und glücklich regieren sehen. Gleichviel, sie blieben deshalb immer Usurpatoren, und wenn im 20. oder 21. Jahrhundert Jemand, der ein besseres Geblütsrecht auf die Krone nachweisen konnte, eine spätere Nachwelt auffordern sollte, ihn als König anzuerkennen, so mußte der Aufforderung bei Strafe ewiger Verdammniß Folge geleistet werden.

Ein Whig konnte sich wohl über den Gedanken freuen, daß die unter seinen Gegner entstandenen Controversen die Richtigkeit seines politischen Glaubens festgestellt hatten. Die Streitenden, welche ihn lange übereinstimmend eines gottlosen Irrthums beschuldigt, hatten ihn jetzt wirksam gerechtfertigt und einander gegenseitig widerlegt. Der Hochkirchliche, der die Eide leistete, hatte durch unwiderlegliche Gründe aus den Evangelien und Episteln, aus der gleichmäßigen Praxis der ersten Kirche und aus den deutlichen Erklärungen der anglikanischen Kirche bewiesen, daß die Christen nicht in allen Fällen verpflichtet waren, dem Fürsten, der das erbliche Recht besaß, zu gehorchen. Der Hochkirchliche, der die Eide leisten wollte, hatte eben so befriedigend dargethan, daß die Christen nicht in allen Fällen verpflichtet seien, den Fürsten, welcher thatsächlich regierte, zu gehorchen. Daraus folgte, daß, um einer Regierung ein Recht auf die Treue der Unterthanen zu geben, etwas Andres erforderlich war, als bloße Legitimität oder bloßer Besitz. Was dieses Andre war wurde den Whigs nicht schwer zu sagen. Ihrer Ansicht nach war der Zweck, um dessen willen alle Regierungen eingesetzt worden, das Wohl der Gesellschaft. So lange der erste Beamte im Staate, mochte er auch einige Fehler haben, das Gute förderte, gebot die Vernunft den Menschen, ihm zu gehorchen und die Religion, welche dem Gebote der Vernunft ihre feierliche Sanction ertheilt gebot den Menschen, ihn als einen von Gott Gesandten zu verehren. Erwies er sich aber als ein Beförderer des Bösen, auf welche Gründe hin war er dann als ein von Gott Gesandter zu betrachten? Die Tories, welche die Eide leisteten, hatten bewiesen, daß er wegen des Ursprungs seiner Macht nicht als ein solcher zu betrachten sei; die Tories, welche nicht schwören wollten, hatten eben so klar bewiesen, daß er wegen der Existenz seiner Macht nicht als ein solcher zu betrachten sei.

Einige heftige und hämische Whigs triumphirten mit Ostentation und rücksichtsloser Arroganz über die bestürzte und in sich uneinige Geistlichkeit. Den Eidverweigerer betrachteten sie im allgemeinen mit geringschätzendem Mitleid als einen einfältigen und verschrobenen, aber aufrichtigen Bigotten, dessen absurde Praxis seiner absurden Theorie entsprach und der die Verblendung, welche ihn antrieb, sein Vaterland zu ruiniren, damit entschuldigte, daß die nämliche Verblendung ihn getrieben habe, sich selbst zu ruiniren. Ihren schärfsten Tadel aber sparten sie für diejenigen Geistlichen auf, die jetzt bereit waren einem Usurpator Treue zu schwören, nachdem sie sich in den Tagen der Ausschließungsbill und des

Ryehousecomplots durch ihren Eifer für das göttliche und unveräußerliche Recht des erblichen Souverains ausgezeichnet hatten. Sei dies der wahre Sinn der sublimen Phrasen, welche neunundzwanzig Jahre lang von unzähligen Kanzeln herab gepredigt worden? Hätten die Tausende von Geistlichen, die sich der unwandelbaren Loyalität ihres Standes so laut gerühmt, in Wirklichkeit nur gemeint, daß ihre Loyalität nur bis zum nächsten Glückswechsel unwandelbar bleiben solle. Es sei lächerlich, es sei unverschämt von ihnen, zu behaupten, daß Ihr gegenwärtiges Verfahren mit ihrer früheren Sprache in Einklang stehe. Wenn ein Ehrwürdiger Doctor endlich überzeugt worden sei, daß er im Unrecht gewesen, so müsse er doch gewiß durch einen offenen Widerruf den verfolgten, den verleumdeten, den gemordeten Vertheidigern der Freiheit jede noch mögliche Genugthuung geben. Sei er hingegen noch immer überzeugt, daß seine ersten Ansichten die richtigen seien, so müsse er mannhaft das Loos der Eidverweigerer theilen. Achtung gebühre sowohl Dem, der einen Irrthum offen eingestehe, wie auch dem, der für einen Irrthum muthig leide; schwerlich aber könne man einen Diener der Religion achten, der da behaupte, daß er es noch immer mit den Grundsätzen der Tories halte, und dabei seine Pfründe durch Ablegung eines Eides rette, welcher ehrenhafterweise nur nach den Grundsätzen der Whigs geleistet werden könne.

Diese Vorwürfe mochten vielleicht nicht ganz ungerecht sein, aber sie waren unzeitig. Die vernünftigeren und gemäßigteren Whigs, welche einsahen, daß Wilhelm's Thron nicht feststehen könne, wenn er nicht eine breitere Basis habe als ihre eigne Partei, enthielten sich bei dieser Gelegenheit aller Spötteleien und Invectiven und trachteten danach die Bedenken der Geistlichen zu heben und ihre verletzten Gefühle zu beschwichtigen. Die Collectivmacht der Rectoren und Vikare England's war ungeheuer, und es war immer besser sie schwuren aus dem nichtigsten Grunde, den ein Sophist ersinnen konnte, als sie schwuren gar nicht.

[Die große Mehrheit des Klerus leistet die Eide.]

Es wurde bald klar, daß die Gründe für die Eidesleistung, unterstützt durch einige der stärksten Motive, welche auf den menschlichen Geist influiren können, überwogen hatten. Mehr als neunundzwanzig Dreißigstel des Standes fügten sich dem Gesetz. Die Mehrzahl der Geistlichen der Hauptstadt, welche damals eine besondere Klasse bildeten und die sich vor den Landgeistlichen ebensowohl durch freisinnige Ansichten wie durch Beredtsamkeit und Gelehrsamkeit auszeichneten, erklärten ihren Anschluß an die Regierung zuerst und mit allen Zeichen aufrichtiger Ergebenheit. Achtzig von ihnen begaben sich zusammen nach Westminster Hall und wurden daselbst vereidigt. Die Ceremonie nahm soviel Zeit weg, daß an diesem Tage beim Kanzleigericht und der Kings Bench wenig mehr vorgenommen wurde.[80] Im allgemeinen aber fügten sich die Geistlichen langsam und mit Unmuth. Allerdings opferten viele wissentlich ihre Grundsätze dem Eigennutze auf. Ihr Gewissen sagte ihnen, daß sie eine Sünde begingen. Aber sie besaßen nicht Characterstärke genug, um das Pfarrhaus, den Garten, das Landgütchen aufzugeben und in die Welt hinaus zu gehen, ohne zu wissen, wo sie eine Mahlzeit oder ein Obdach für sich und ihre Kleinen finden würden. Viele schwuren mit Zweifeln und bangen Vorahnungen.[81] Einige erklärten im Augenblicke der Eidabnahme, es sei nicht ihre Absicht zu versprechen, daß sie sich Jakob nicht unterwerfen würden, wenn er je in die Lage kommen sollte, den Unterthaneneid von ihnen zu verlangen.[82] Einige Geistliche im Norden waren am 1. August in Gesellschaft zur Eidesleistung aufgebrochen, als sie unterwegs die Nachricht von der Schlacht traf, welche vier Tage vorher in der Schlucht von Killiecrankie geschlagen worden war. Sie kehrten sofort um und verließen ihre Wohnungen zu dem nämlichen Zwecke nicht eher wieder als bis es klar war, daß Dundee's Sieg keine Veränderung in dem Stande der öffentlichen Angelegenheiten herbeigeführt hatte.[83] Selbst von Denen, welche fest überzeugt waren, daß der bestehenden Regierung Gehorsam gebühre, küßten nur sehr Wenige das Evangelium mit der Innigkeit, mit der sie früher Karl und Jakob Treue gelobt hatten. Doch die Sache war geschehen. Zehntausend Geistliche hatten feierlich den Himmel zum Zeugen ihres Versprechens angerufen, daß sie treue Unterthanen Wilhelm's sein wollten, und wenn auch dieses Versprechen ihn keineswegs zu der Erwartung berechtigte, daß sie ihn kräftig unterstützen würden, so hatte es ihnen doch einen großen Theil ihrer Macht, ihm zu schaden, entzogen. Wollten sie die öffentliche Achtung nicht verlieren, von der ihr Einfluß abhing, so durften sie den Thron Dessen, dem sie im Angesicht Gottes als ihrem Könige zu gehorchen gelobt hatten, nicht anders als indirect und mit ängstlicher Vorsicht angreifen. Einige von ihnen lasen allerdings die Gebete für das neue Herrscherpaar in einem eigenthümlichen Tone vor, der nicht mißverstanden werden konnte.[84] Andere ließen sich sogar noch ärgere Unanständigkeiten zu Schulden kommen. So leerte ein Elender unmittelbar nachdem er im feierlichsten Gottesdienste für Wilhelm und Marien gebetet, ein Glas auf ihr Verderben. Ein Andrer verzehrte an einem durch ihre Autorität angeordneten Fasttage nach dem Gottesdienste eine Taubenpastete und sprach beim Zerschneiden derselben den Wunsch aus, daß es das Herz des Usurpators sein möchte. Doch so freche Gottlosigkeit kam nur selten vor und schadete eher der Kirche als der Regierung.[85]

[Die Eidverweigerer.]

Die Anzahl der Geistlichen und Universitätsmitglieder, welche in die gesetzlichen Strafen verfielen, belief sich auf ungefähr vierhundert. In erster Reihe stand der Primas mit sechs seiner Suffragane: Turner von Ely, Lloyd von Norwich, Frampton von Gloucester, Lake von Chichester, White von Peterborough und Ken von Bath und Wells. Thomas von Worcester würde der siebente gewesen sein, aber er starb drei Wochen vor dem Tage der Suspension. Auf dem Sterbebette beschwor er seinen Klerus, der Sache des erblichen Rechts treu zu bleiben, und erklärte, daß diejenigen Geistlichen, welche zu beweisen versuchten, daß die Eide ohne Abweichung von den loyalen Doctrinen der englischen Kirche geleistet werden könnten, ihm jesuitischer zu raisonniren schienen als die Jesuiten selbst.[86]

[Ken.]

Ken, der in intellectueller wie in moralischer Hinsicht unter den nichtschwörenden Prälaten am höchsten stand, war lange unschlüssig. Es gab wenige Geistliche, die sich der neuen Regierung unbedenklicher hätten unterwerfen können als er. Denn zu den Zeiten, als Nichtwiderstand und passiver Gehorsam die Lieblingsthemata seiner Amtsbrüder waren, hatte er auf der Kanzel fast niemals auf die Politik angespielt. Er gab zu, daß die Argumente zu Gunsten des Schwörens sehr gewichtig seien, ja er ging sogar so weit, daß er sagte, seine Bedenken würden vollständig schwinden, wenn er überzeugt werden könne, daß Jakob sich zur Abtretung Irland's an den König von Frankreich verbindlich gemacht habe. Es ist daher augenscheinlich, daß der Unterschied zwischen Ken und den Whigs kein prinzipieller war. Er war, wie sie, der Ansicht, daß schlechte Verwaltung, wenn sie bis zu einem gewissen Punkte getrieben würde, eine Uebertragung der Lehnspflichtigkeit rechtfertige, und zweifelte nur, ob Jakob's schlechte Regierung diesen Punkt erreicht habe. Der gute Bischof begann sogar wirklich einen Hirtenbrief vorzubereiten, in welchem er seine Gründe für die Eidesleistung entwickelte. Noch ehe er aber damit zu Ende war, erhielt er eine Mittheilung, die ihn überzeugte, daß Irland nicht an Frankreich verkauft sei; eine Menge Zweifel stiegen nun wieder in ihm auf, er warf den unvollendeten Brief ins Feuer und bat seine minder skrupulösen Freunde, daß sie nicht weiter in ihn dringen möchten. Er sei gewiß, sagte er, daß sie aus aufrichtiger Ueberzeugung gehandelt hätten, es freue ihn, daß sie mit reinem Gewissen einen Schritt thun könnten, vor dem er zurückbebe, er fühle das ganze Gewicht ihrer Gründe, er sei fast überzeugt und er wolle nichts weiter hören, um nicht noch völlig überzeugt zu werden, denn wenn er sich fügte und seine Besorgnisse kehrten dann zurück, so würde er der unglücklichste Mensch von der Welt sein. Nicht für Schätze, nicht für einen Palast, nicht für einen Peerstitel möchte er sich der geringsten Gefahr aussetzen, jemals die Qualen der Reue zu empfinden. Es ist ein interessantes Factum, daß der einzige von den sieben Prälaten, dessen Name einen gewichtigen Klang hat, nahe daran war zu schwören und nach seinem eignen Eingeständniß nicht durch die Kraft von Vernunftgründen, sondern durch eine krankhafte Skrupulosität davon abgehalten wurde, die er Anderen nicht nachzuahmen rieth.[87]

Unter den Priestern, welche die Eide verweigerten, befanden sich einige, die sich in der gelehrten Welt als Philologen, Chronologen, Canonisten und Alterthumsforscher, sowie eine sehr kleine Anzahl, die sich durch Geist und Beredtsamkeit auszeichneten; aber es kann kaum Einer angeführt werden, der im Stande gewesen wäre, eine wichtige Frage der Moral oder Politik zu erörtern, kaum Einer, dessen Schriften nicht entweder eine große

Schwäche oder eine große Flüchtigkeit des Geistes verriethen. Diejenigen, welche auf das Urtheil eines Whig über diesen Punkt nichts geben, werden der Ansicht, welche viele Jahre nach der Revolution ein Philosoph aussprach, auf den die Tories mit Recht stolz sind, hoffentlich einiges Gewicht zugestehen. Johnson erklärte, nachdem er die berühmten Geistlichen, die es für eine Sünde gehalten, Wilhelm III. und Georg I. Treue zu schwören, der Reihe nach aufgezählt, daß unter diesen ganzen Eidverweigerern nur ein einziger gewesen sei, der ein logisches Raisonnement habe anstellen können.[88]

[Leslie.]

Der Eidverweigerer, zu dessen Gunsten Johnson diese Ausnahme machte, war Karl Leslie. Leslie war vor der Revolution Kanzler der Diöcese Connor in Irland gewesen. Er war in der Opposition gegen Tyrannei vorangegangen, hatte sich als Friedensrichter für Monoghan geweigert, einen Papisten als Sheriff dieser Grafschaft anzuerkennen, und hatte den Muth gehabt, einige Offiziere der irischen Armee wegen Maraudirens einsperren zu lassen, das Prinzip des Nichtwiderstandes aber, wie es die anglikanischen Theologen in den Tagen des Ryehousecomplots gelehrt, stand unerschütterlich fest in seinem Geiste. Als der Zustand von Ulster sich so gestaltete, daß ein Protestant, welcher dort blieb, es kaum vermeiden konnte, entweder ein Rebell oder ein Märtyrer zu werden, flüchtete Leslie nach London. Seine Talente und seine Connectionen waren von der Art, daß er leicht eine hohe Anstellung in der englischen Kirche hätte erlangen können. Aber er nahm seinen Platz in der vordersten Reihe der jakobitischen Partei und behauptete denselben durch alle Gefahren und Wechselfälle von dreiunddreißig unruhigen Jahren. Obgleich beständig mit Deisten, Juden, Socinianern, Presbyterianern, Papisten und Quäkern in theologische Streitigkeiten verwickelt, fand er doch noch Zeit und Muße, einer der productivsten politischen Schriftsteller seines Jahrhunderts zu werden. Von allen nichtschwörenden Geistlichen war er am besten befähigt, Verfassungsfragen zu besprechen, denn er hatte vor seiner Ordination lange im Temple gewohnt und die englische Geschichte und Rechtswissenschaft studirt, während die meisten anderen Häupter des Schismas über den Acten von Chalcedon gebrütet, oder in dem Targum des Onkelos nach Weisheit gesucht hatten.[89]

[Sherlock.]

Im Jahre 1689 jedoch war Leslie fast noch unbekannt in England. Unter den Geistlichen, welche am 1. August des genannten Jahres suspendirt wurden, stand Doctor Wilhelm Sherlock in der Achtung des Volks ohne Widerrede am höchsten. Kein einfacher Priester der englischen Kirche hat vielleicht je eine größere Autorität über seine Glaubensbrüder besessen als Sherlock sie zur Zeit der Revolution besaß. Er nahm als Gelehrter, als Prediger, als theologischer oder als politischer Schriftsteller zwar nicht den ersten Rang unter seinen Zeitgenossen ein, aber in allen diesen vier Eigenschaften hatte er sich ausgezeichnet. Die Klarheit und Lebendigkeit seines Styls sind von Prior und Addison gerühmt worden, und die Leichtigkeit mit der er schrieb, sowie sein Fleiß werden durch die Menge und durch die Jahrzahlen seiner Werke genugsam bewiesen. Es gab zwar unter dem Klerus Männer von glänzenderem Genie und von umfassenderer wissenschaftlicher Bildung, aber während einer langen Zeit gab es keinen, der den Priesterstand vollkommener repräsentirte, keinen, der ohne jeden Anflug von Latitudinarismus, Puritanismus oder Papismus die Ansicht der anglikanischen Priesterschaft über alle Gegenstände erschöpfender aussprach. In den Tagen der Ausschließungsbill, als die Macht der Dissenters im Parlament und im Lande sehr groß war, hatte er nachdrücklich gegen die Sünde des Nonconformirens geschrieben. Als das Ryehousecomplot entdeckt war, hatte er die Lehre vom Nichtwiderstande mit Wort und Schrift eifrig vertheidigt. Seine der Sache des Episkopats und der Monarchie geleisteten Dienste wurden so hoch geschätzt, daß er zum Vorsteher des Temple ernannt wurde. Auch wurde ihm von Karl eine Pension ausgesetzt, die ihm aber Jakob bald wieder entzog, denn obgleich Sherlock sich verpflichtet glaubte, der Civilgewalt passiven Gehorsam zu leisten, so glaubte er sich doch nicht minder verpflichtet religiöse Irrthümer zu bekämpfen und war der schärfste und rührigste unter dem Heere von Polemikern, welche am Tage der Gefahr den protestantischen Glauben mannhaft vertheidigten. In wenig mehr als zwei Jahren veröffentlichte er sechzehn Schriften gegen die hohen Prätensionen Roms, darunter einige umfangreiche Werke. Nicht zufrieden mit den Siegen, die er über so schwache Gegner, wie die Bewohner von Clerkenwell und des Savoy errang, hatte er den Muth, sich mit keinem geringeren Kämpen als Bossuet zu messen, aus welchem Kampfe er nicht mit Unehre hervorging. Trotzdem blieb Sherlock nach wie vor bei dem Satze stehen, daß keine Tyrannei Christen berechtigen könne, sich der königlichen Autorität zu widersetzen. Als die Convention im Begriff war zusammenzutreten, empfahl er in einer Schrift, welche als das Manifest eines großen Theils der Geistlichkeit betrachtet wurde, auf das Eindringlichste, daß Jakob eingeladen werden solle, unter Bedingungen, welche die Gesetze und die Religion der Nation sichern würden, zurückzukehren.[90] Der Beschluß, welcher Wilhelm und Marien auf den Thron setzte, erfüllte Sherlock mit Kummer und Unwillen. Er soll ausgerufen haben daß, wenn die Convention zu einer Revolution entschlossen sei, der Klerus vierzigtausend Freunde der Kirche finden würde, um eine Restauration herbeizuführen.[91] Gegen die neuen Eide sprach er offen und energisch seine Meinung aus. Er erklärte, er begreife nicht, wie ein rechtschaffener Mann daran zweifeln könne, daß der Apostel Paulus mit den bestehenden Obrigkeiten die rechtmäßigen Obrigkeiten gemeint habe und keine anderen. Kein Name wurde 1689 von den Jakobiten mit solchem Stolz und solcher Liebe genannt wie der Name Sherlock's. Noch vor dem Schlusse des Jahres 1690 aber erweckte dieser Name ganz andere Empfindungen.

[Hickes.]

Einige andere Eidverweigerer müssen noch besonders

erwähnt werden. Einer der Bedeutendsten unter ihnen war Georg Hickes, Dechant von Worcester. Von allen Engländern seiner Zeit war er in den alten teutonischen Sprachen am gründlichsten bewandert, und seine Kenntniß der ersten christlichen Literatur war eine umfassende. Hinsichtlich seiner Befähigung zur politischen Discussion genüge es zu sagen, daß sein Lieblingsargument zu Gunsten des passiven Gehorsams der Geschichte der Thebanischen Legion entlehnt war. Er war der jüngere Bruder des unglücklichen Johann Hickes, der im Speicher der Alice Lisle verborgen gefunden worden war. Jakob hatte, trotz aller Fürsprache, sowohl Johann Hickes als Alice Lisle hinrichten lassen. Leute, welche die Stärke der Grundsätze des Dechanten nicht kannten, dachten er könne deshalb möglicherweise einigen Groll hegen, denn er war eben nicht von sanftem und vergebendem Character, und konnte sich einer unbedeutenden Kränkung viele Jahre lang mit bittern Gefühlen erinnern. Aber er war fest in seinem religiösen und politischen Glauben, er bedachte, daß die Dulder Dissenters waren, und er unterwarf sich dem Willen des Gesalbten des Herrn nicht nur mit Geduld, sondern mit Freudigkeit. Er wurde sogar von dem Augenblicke an wo sein Bruder aufgehängt und die Wohlthäterin seines Bruders enthauptet worden war, ein treuerer Unterthan als je. Während fast alle anderen Geistlichen, durch die Indulgenzerklärung und durch die Proceduren der Hohen Commission erschreckt, zu glauben begannen, daß sie die Lehre vom Nichtwiderstande ein wenig zu weit getrieben hätten, schrieb er eine Vertheidigung seines Lieblingsprinzips und bemühte sich die bei Hounslow lagernden Truppen zu überzeugen, daß, wenn es Jakob gefallen sollte, sie alle zu massakriren, wie Maximian die Thebanische Legion massakrirt hatte, weil sie sich geweigert, Abgötterei zu treiben, es ihre Pflicht sein würde, die Waffen auf einen Haufen zu werfen und geduldig die Märtyrerkrone zu empfangen. Um Hickes Gerechtigkeit widerfahren zu lassen, muß man sagen, daß sein ganzes Verhalten nach der Revolution bewies, daß seine Servilität weder aus Furcht, noch aus Habsucht, sondern lediglich aus Bigotterie entsprang.[92]

[Collier.]

Jeremias Collier, der seiner Stelle als Prediger des Archivs entsetzt worden, stand auf einer viel höheren Stufe. Er hat ein wohlbegründetes Recht auf dankbare und achtungsvolle Erwähnung, denn seiner Beredtsamkeit und seinem Muthe ist die Reinigung unsrer leichteren Literatur von der unsauberen Färbung, die sie während der antipuritanischen Reaction angenommen hatte, hauptsächlich zuzuschreiben. Er war im vollen Umfange des Worts ein guter Mensch. Aber er war auch ein Mann von eminenten Talenten, ein großer Meister des Sarkasmus und ein ausgezeichneter Rhetoriker.[93] Desgleichen war seine Belesenheit, wenn auch unverarbeitet, von großem Umfange. Sein Geist aber war beschränkt; seine Logik, selbst wenn er so glücklich war, eine gute Sache zu vertheidigen, höchst nichtssagend und unbündig und sein Verstand war nicht durch persönlichen, aber durch Berufsstolz fast verwirrt. In seinen Augen war ein Priester das höchste menschliche Wesen nächst einem Bischofe. Der beste und vornehmste Laie war dem geringsten Geistlichen Ehrerbietung und Unterwürfigkeit schuldig. Mochte ein Mitglied des geheiligten Standes sich noch so lächerlich machen, so war es gottlos über ihn zu lachen. Collier war in diesem Punkte so ungemein empfindlich, daß er es für eine Profanation hielt, selbst über die Diener einer falschen Religion sich aufzuhalten. Er stellte es als Regel hin, daß auch Muftis und Auguren stets mit Achtung genannt werden müßten. Er tadelte Dryden, weil er über die Hierophanten des Apis gespöttelt. Er lobte Racine, weil er dem Character eines Priesters des Baal Würde verliehen. Er lobte Corneille, weil er den gelehrten und ehrwürdigen Gottesgelehrten Tiresias in seinem Oedipus nicht auf die Bühne gebracht. Er gab zwar zu, daß die Weglassung den dramatischen Effect des Stückes beeinträchtigte, aber das heilige Amt war viel zu feierlich, als daß man eitles Spiel damit treiben durfte. Ja, er hielt es sogar, so unglaublich dies scheinen mag, für unpassend, wenn ein Laie über presbyterianische Prediger spöttelte. Allerdings war sein Jakobitismus nicht viel mehr als eine von den Formen, in denen sich sein Eifer für die Würde seines Standes äußerte. Er verabscheute die Revolution weniger als einen Aufstand von Unterthanen gegen ihren König, denn als einen Aufstand der Laienschaft gegen den Priesterstand. Die seit dreißig Jahren von der Kanzel gepredigten Doctrinen, waren von der Convention mit Verachtung behandelt worden. Eine neue Regierung war im Widerspruch mit den Wünschen der geistlichen Peers im Hause der Lords und der Priesterschaft des ganzen Landes eingesetzt worden. Eine weltliche Versammlung hatte sich angemaßt, ein Gesetz zu erlassen, das Erzbischöfen und Bischöfen, Rectoren und Vikaren bei Strafe der Amtsentsetzung vorschrieb das abzuschwören, was sie Zeit ihres ganzen Lebens gelehrt hatten. Was auch kleinmüthigere Geister thun mochten, Collier war entschlossen, sich von den siegreichen Feinden seines Standes nicht im Triumphe fortführen zu lassen. Bis zum letzten Augenblicke wollte er mit der gebieterischen Haltung eines vom Himmel Gesandten den Fürsten und Mächtigen der Erde Trotz bieten.

[Dodwell.]

In Bezug auf geistige Begabung war Collier der Hervorragendste unter den Eidverweigerern. Hinsichtlich der Gelehrsamkeit muß die erste Stelle Heinrich Dodwell zuerkannt werden, der wegen des unverzeihlichen Verbrechens, in Mayo ein kleines Gut zu besitzen, von dem papistischen Parlament zu Dublin verurtheilt worden war. Er war Camdenianischer Professor der alten Geschichte an der Universität Oxford und hatte durch chronologische und geographische Forschungen schon eine bedeutende Celebrität erlangt; obgleich er aber nie dazu bewogen werden konnte, sich ordiniren zu lassen, war doch die Theologie sein Lieblingsstudium. Er war unbestreitbar ein frommer und redlicher Mann. Er hatte zahllose Werke in verschiedenen Sprachen gelesen und dadurch einen größeren Schatz von Gelehrsamkeit gesammelt, als seine schwachen Geisteskräfte festzuhalten vermochten. Der schwache geistige Funke, den er besaß, wurde durch das Material, das ihn nähren sollte, erstickt. Einige seiner Werke scheinen in einem Irrenhause geschrieben zu sein und ziehen ihn, obgleich von Beweisen seiner ungeheuren Belesenheit strotzend, auf das Niveau eines Jakob Naylor und Ludwig Muggleton herab. Er begann eine Dissertation, welche beweisen sollte, daß das Völkerrecht eine göttliche Offenbarung sei, welche der in der Arche geretteten Familie gemacht wurde. Er veröffentlichte eine Abhandlung, in der er behauptete, daß eine Ehe zwischen einem Mitgliede der englischen Kirche und einem Dissenter ungültig und daß das Ehepaar in den Augen des Himmels des Ehebruchs schuldig sei. Er vertheidigte den Gebrauch der Instrumentalmusik beim öffentlichen Gottesdienste aus dem Grunde, weil die Töne der Orgel die Macht hätten, den Einfluß der Teufel auf das Rückenmark der Menschen zu paralysiren. In seiner Abhandlung über diesen Gegenstand bemerkte er, man habe gewichtige Autoritäten für die Ansicht, daß das Rückenmark, wenn es zersetzt würde, eine Schlange werde. Ob diese Ansicht richtig war oder nicht, hielt er für unnöthig zu entscheiden. Vielleicht, sagte er, hätten die ausgezeichneten Männer, in deren Werken sie sich finde, nur die große Wahrheit figürlich aussprechen wollen, daß die alte Schlange hauptsächlich durch das Rückenmark auf uns einwirke.[94] Dodwell's Betrachtungen über den Zustand der Menschen nach dem Tode sind womöglich noch wunderlicher. Er sagt uns, daß unsere Seelen von Natur sterblich sind. Vernichtung ist das Loos des größeren Theiles der Menschen, der Heiden, der Muhamedaner, der ungetauften Kinder. Die Gabe der Unsterblichkeit wird in dem Sakrament der Taufe mitgetheilt; zur Wirksamkeit des Sakraments aber ist es durchaus nöthig, daß ein durch einen Bischof ordinirter Priester die Taufhandlung verrichtet und die Einsetzungsworte spricht. Im natürlichen Laufe der Dinge würden demnach alle Presbyterianer, Independenten, Baptisten und Quäker aufhören zu existiren, wie die niederen Thiere. Dodwell war jedoch ein viel zu guter Hochkirchlicher, als daß er die Dissenters so leichten Kaufs hätte davonkommen lassen sollen. Er sagt ihnen, daß Gott, da sie Gelegenheit gehabt haben, das Evangelium predigen zu hören, und die bischöfliche Taufe hätten empfangen können, wenn sie nicht so verderbt wären, ihnen durch einen außerordentlichen Machtspruch die Unsterblichkeit verleihen wird, damit sie bis in alle Ewigkeit gequält werden können.[95]

Niemand verabscheute den zunehmenden Latitudinarismus mehr als Dodwell. Gleichwohl hatte Niemand mehr Ursache, sich darüber zu freuen, denn in der ersten Hälfte des 17. Jahrhunderts würde ein Denker, der zu behaupten gewagt hätte, die menschliche Seele sei von Natur sterblich und höre in den meisten Fällen zugleich mit dem Körper auf zu existiren, in Smithfield lebendig verbrannt worden sein. Noch zu einer Zeit, der sich Dodwell wohl erinnern konnte, würden Ketzer wie er sich glücklich geschätzt haben, wenn sie, mit zerfleischtem Rücken, abgeschnittenen Ohren und aufgeschlitzter Nase, die Zunge mit einem glühenden Eisen durchbohrt und die Augen mit Steinen ausgeschlagen, mit dem Leben davon gekommen wären. In den Augen der Eidverweigerer aber war der Urheber dieser Theorie noch immer der große Mr. Dodwell, und Einige, die es für strafbare Nachsicht hielten, eine presbyterianische Versammlung zu dulden, hielten es zu gleicher Zeit für eine grobe Illiberalität, einen gelehrten und frommen Jakobiten zu tadeln, weil er eine vom religiösen Gesichtspunkte so höchst unwichtige Lehre wie die von der Unsterblichkeit der Seele, in Abrede stelle.[96]

[Kettlewell. Fitzwilliam.]

Zwei andere Eidverweigerer verdienen weniger ihrer Talente und ihrer Gelehrsamkeit, als ihrer seltenen Rechtschaffenheit und ihrer nicht minder seltenen Aufrichtigkeit wegen specielle Erwähnung. Dies sind Johann Kettlewell, Rector von Coleshill, und Johann Fitzwilliam, Canonicus von Windsor. Es ist bemerkenswerth, daß diese Männer beide viel mit Lord Russell verkehrt und daß beide, obgleich sie in politischen Ansichten von ihm abwichen und den Antheil, den er an dem whiggistischen Complot genommen, entschieden mißbilligten, eine hohe Meinung von seinem Character gehabt und seinen Tod aufrichtig betrauert hatten. Er hatte Kettlewell noch eine freundliche Botschaft vom Schaffot in Lincoln's Inn Fields gesandt. Lady Russell liebte, vertraute und verehrte Fitzwilliam, der in ihrer Jugend der Freund ihres Vaters, des tugendhaften Southampton gewesen war, bis an ihr Ende. Die beiden Geistlichen stimmten in der Verweigerung der Eide überein, schlugen aber von diesem Augenblicke an verschiedene Richtungen ein. Kettlewell war eines der thätigsten Mitglieder seiner Partei; er scheute sich keiner Anstrengung zum Besten der gemeinschaftlichen Sache, vorausgesetzt daß es keine solche war, die einem rechtschaffenen Mann Unehre machte, und er vertheidigte seine Ansichten in mehreren Schriften, welche allerdings eine viel höhere Meinung von seiner Aufrichtigkeit als von seiner Urtheilsfähigkeit und seinem Scharfsinn begründen.[97] Fitzwilliam glaubte genug gethan zu haben, indem er sein anmuthiges Wohnhaus mit Garten im Schatten der St. Georgs-Kapelle verließ und mit seinen Büchern eine kleine Entresolwohnung bezog. Er konnte Wilhelm und Marien mit ruhigem Gewissen nicht anerkennen, aber er hielt sich auch nicht für verpflichtet, beständig zur Widersetzlichkeit gegen sie aufzustacheln, und er verbrachte die letzten Jahre seines Lebens unter dem mächtigen Schutze des Hauses Bedford in harmloser, den Studien gewidmeter Ruhe.[98]

[Allgemeiner Character des eidverweigernden Klerus.]

Unter den minder ausgezeichneten Geistlichen, welche ihre Pfründen verloren, befanden sich zweifelsohne viele gute Menschen; soviel aber ist gewiß, daß der sittliche Character der Eidverweigerer im allgemeinen auf keiner hohen Stufe stand. Es scheint hart, Leuten, welche unbestreitbar einem Prinzipe ein großes Opfer brachten, Lauheit der Prinzipien vorzuwerfen. Allein die Erfahrung beweist mehr als genugsam, daß Viele, die eines großen Opfers fähig sind, wenn ihr Blut vom Kampfe erhitzt und die Blicke der Welt auf sie gerichtet sind, in der täglichen Ausübung verborgener Tugenden nicht lange zu beharren vermögen. Es ist durchaus nicht unwahrscheinlich, daß Zeloten ihr Leben für eine Religion hingeben können, welche ihre rachsüchtigen oder ausschweifenden Leidenschaften doch niemals wirksam gezügelt hatte. Wir erfahren sogar von Kirchenvätern, welche das höchste Ansehen genießen, daß selbst in den reinsten Zeiten der Kirche einige Bekenner, die sich standhaft geweigert hatten, durch Streuen von Weihrauch auf den Altar Jupiters den Qualen der Folter und dem Tode zu entgehen, später den christlichen Namen durch Betrug und Ausschweifung schändeten.[99] Die eidverweigernden Geistlichen haben indeß Anspruch auf große Nachsicht. Sie befanden sich unbestreitbar in einer sehr versuchungvollen Lage. Ein Schisma, das eine religiöse Gemeinschaft spaltet, spaltet in der Regel den Laienstand ebenso wie den Klerus. Die sich lostrennenden Seelenhirten ziehen einen großen Theil ihrer Heerden mit sich fort und sind in Folge dessen ihres Unterhalts gewiß. Aber das Schisma von 1689 erstreckte sich kaum weiter als auf den Klerus. Das Gesetz verlangte von dem Rector, die Eide zu leisten, oder sein Amt niederzulegen; von dem Gemeindemitgliede aber wurde kein Eid, keine Anerkennung des Titels des neuen Herrscherpaares verlangt, um sich zur Theilnahme am Gottesdienste oder zum Genusse des heiligen Abendmahls zu qualificiren. Daher hielt sich von den Laien, welche die Revolution mißbilligten, noch nicht einer unter fünfzig für verpflichtet, seinen Stuhl in der alten Kirche, wo nach wie vor die alte Liturgie verlesen und die alten Gewänder getragen wurden, zu verlassen und den ausgestoßenen Priester zu einem Conventikel zu begleiten, das noch obendrein durch das Toleranzedict nicht geschützt war. So war die neue Secte eine Secte von Predigern ohne Zuhörer und vom Predigen konnten diese Prediger nicht leben. In London und in einigen anderen großen Städten waren die heftigen Jakobiten, welche durch nichts zu befriedigen waren, als wenn sie für König Jakob und den Prinzen von Wales mit Namen beten hörten, allerdings zahlreich genug, um einige kleine Gemeinden zu bilden, die sich im Geheimen und unter beständiger Furcht vor den Constablern in Räumen versammelten, welche so beschränkt waren, daß die Bethäuser der puritanischen Dissenters im Vergleich damit Paläste genannt werden konnten. Selbst Collier, der alle die Eigenschaften besaß, welche ein zahlreiches Auditorium herbeiziehen, mußte sich damit begnügen, der Geistliche einer kleinen Schaar Mißvergnügter zu sein, deren Betzimmer sich im zweiten Stock eines Hauses der City befand. Aber die Zahl der nichtschwörenden Geistlichen, die sich durch Gottesdiensthalten an solchen Orten auch nur einen kümmerlichen Unterhalt zu erwerben vermochten, war sehr gering. Von den übrigen konnten einige unabhängig von ihrem Vermögen leben, andere ernährten sich durch literarische Arbeiten, ein paar praktizirten als Aerzte. Thomas Wagstaffe zum Beispiel, der Kanzler von Lichfield gewesen war, hatte viele Patienten und machte sich dadurch bemerkbar, daß er sie stets im vollen Domherrnornat besuchte.[100] Doch dies waren Ausnahmen. Betriebsame Armuth ist ein der Tugendhaftigkeit keineswegs nachtheiliger Zustand, gefährlich aber ist es, arm und zugleich unthätig zu sein, und die Mehrzahl der Geistlichen, die sich geweigert hatten zu schwören, sahen sich ohne Subsistenzmittel und ohne Beschäftigung in die Welt hinausgestoßen. Natürlich wurden sie Bettler und Müßiggänger. Da sie sich als Märtyrer für eine öffentliche Sache betrachteten, so schämten sie sich nicht, den ersten besten guten Hochkirchlichen um eine Guinee anzusprechen. Die Meisten von ihnen verbrachten ihr Leben damit, daß sie aus einem Torykaffeehause ins andre gingen, die Holländer schmähten, Gerüchte, nach denen Se. Majestät binnen einem Monate zuverlässig auf englischem Boden sein würde, anhörten und verbreiteten, und sich die Köpfe darüber zerbrachen, wer das Bisthum Salisbury bekommen würde, wenn Burnet gehängt wäre. Während der Parlamentssession waren die Vorzimmer und der Court of Requests mit abgesetzten Pfarrgeistlichen gefüllt, die sich erkundigten, wer die Oberhand habe und wie die letzte Abstimmung ausgefallen sei. Viele der vertriebenen Geistlichen fanden in den Häusern reicher Jakobiten als Kaplane, Hauslehrer oder Seelsorger Aufnahme. In einer derartigen Stellung kann ein Mann von reinem und edlem Character, ein Mann wie Ken unter den Eidverweigerern und Watts unter den Nonconformisten war, seine Würde behaupten und durch sein Beispiel und seine Belehrungen die Wohlthaten, die er empfängt, mehr als vergelten. Für Den aber, dessen Tugend nicht auf einer hohen Stufe steht, ist dieser Lebensweg voller Gefahren. Besitzt er ein phlegmatisches Temperament, so läuft er Gefahr, zu einem servilen, sinnlichen, trägen Schmarotzer herabzusinken. Hat er einen thatkräftigen, aufstrebenden Geist, so steht zu befürchten, daß er in den schlimmen Kunstgriffen Erfahrung erlangt, durch welche dienende Personen sich leichter als durch treue Dienste angenehm oder gefürchtet machen. Die schwache Seite jedes Characters zu entdecken, jeder Leidenschaft und jedem Vorurtheile zu schmeicheln, Zwietracht und Neid zu säen, wo Liebe und Vertrauen herrschen sollten, den Augenblick übereilter Offenherzigkeit zu erspähen, um Geheimnisse zu entlocken, welche für das Glück und die Ehre der Familien von Wichtigkeit sind: dies sind die Gewohnheiten, durch welche sich scharfsinnige und unruhige Geister nur zu oft für das Demüthigende einer abhängigen Stellung gerächt haben. Die öffentliche Stimme beschuldigte viele Eidverweigerer laut, daß sie die Gastfreundschaft ihrer Wohlthäter mit eben so schwarzem Undank vergälten, wie der in Molière's Meisterwerk geschilderte Heuchler. In der That als Cibber es unternahm, dieses herrliche Lustspiel für die englische Bühne zu bearbeiten, machte er aus seinem Tartuffe einen Eidverweigerer, und Johnson, von dem man nicht glauben kann, daß er gegen die Eidverweigerer eingenommen gewesen sei, gestand offen, daß Cibber ihnen nicht Unrecht gethan habe.[101]

Es kann keinem Zweifel unterliegen, daß das durch die Eide herbeigeführte Schisma noch weit schlimmer gewesen sein würde, wenn in dieser Krisis eine ausgedehnte Umgestaltung in der Verfassung oder dem Ceremoniell der Staatskirche vorgenommen worden wäre. Es ist ein sehr lehrreiches Factum, daß die aufgeklärten und toleranten Geistlichen, welche eine solche Umgestaltung sehnlichst wünschten, nachher Grund sahen, dankbar dafür zu sein, daß ihr Lieblingsplan gescheitert war.

[Der Comprehensionsplan. Tillotson.]

Whigs und Tories hatten sich während der vorigen Session vereinigt, Nottingham's Comprehensionsbill zu beseitigen, indem sie eine Adresse beschlossen, welche den König ersuchte, die ganze Angelegenheit an die Convocation zu verweisen. Burnet sah die Wirkung dieses Beschlusses voraus. Der ganze Plan, sagte er, ist gänzlich zerstört.[102] Viele von seinen Freunden waren jedoch andrer Meinung, und zu ihnen gehörte auch Tillotson. Von allen Mitgliedern der Niederkirchenpartei stand Tillotson in der allgemeinen Achtung am höchsten. Als Kanzelredner übertraf er in den Augen seiner Zeitgenossen alle lebenden und todten Rivalen. Die Nachwelt hat dieses Urtheil nicht anerkannt; doch behauptet Tillotson noch immer seinen Platz als ein legitimer englischer Classiker. Sein höchster Gedankenflug stand zwar tief unter dem eines Taylor, eines Barrow und eines South; aber sein Styl war correcter und fließender als der ihrige. Keine wunderlichen Einfalle, keine pedantischen Citate aus Talmudisten und Scholiasten, keine gemeinen Bilder, possenhaften Geschichten oder unschicklichen Schmähungen beeinträchtigten die Wirkung seiner ernsten und gemäßigten Reden. Seine Logik war gerade tief und fein genug, damit ein volksthümliches Auditorium sie mit jenem leichten Grade geistiger Anstrengung, der ein Genuß ist, verfolgen konnte. Sein Styl ist nicht brillant, aber er ist rein, durchsichtig klar und ebenso frei von der Flüchtigkeit, wie von der Schwerfälligkeit, welche die Predigten mancher ausgezeichneten Geistlichen des 17. Jahrhunderts verunzieren. Er ist immer ernst, und doch hat seine Ausdrucksweise eine gewisse elegante Ungezwungenheit, die ihn als einen Mann kennzeichnet, der die Welt kennt, der in volkreichen Städten und an glänzenden Höfen gelebt und der sich nicht allein mit Büchern, sondern auch mit Juristen und Kaufleuten, mit Literatur und Damen, mit Staatsmännern und Fürsten unterhalten hat. Der Hauptreiz seiner Geistesproducte liegt jedoch in der Herzensgüte und Offenheit, welche aus jeder Zeile sprechen und in seinem Lebenswandel nicht minder sichtbar hervortreten wie in seinen Schriften.

Als Theolog war Tillotson gewiß nicht weniger latitudinarisch als Burnet. Dennoch sprachen viele von den Geistlichen, für welche Burnet ein Gegenstand unüberwindlicher Abneigung war, von Tillotson mit Zuneigung und Achtung. Es kann daher nicht Wunder nehmen, daß die beiden Freunde sich ein verschiedenes Urtheil über die Gesinnung der Priesterschaft gebildet hatten und von dem Zusammentritt der Convocation ein verschiedenes Resultat erwarteten. Tillotson mißfiel der Beschluß der Gemeinen nicht. Er war der Ansicht, daß Veränderungen, welche durch eine rein weltliche Behörde in religiösen Institutionen vorgenommen wurden, vielen Kirchenmännern unangenehm sein mußten, die gleichwohl in einer kirchlichen Synode für noch umfassendere Aenderungen gestimmt haben würden, und seine Meinung hatte großes Gewicht beim Könige.[103] Es ward beschlossen, daß die Convocation zu Anfang der nächsten Parlamentssession zusammentreten und daß inzwischen eine Verordnung erlassen werden sollte, welche einige ausgezeichnete Geistliche ermächtigte, die Liturgie, die Kirchengesetze und das ganze von den christlichen Gerichtshöfen gehandhabte Rechtssystem zu prüfen und über die sich als wünschenswerth herausstellenden Abänderungen Bericht zu erstatten.[104]

[Eine kirchliche Commission ernannt.]

Die Mehrzahl der Bischöfe, welche die Eide geleistet hatten, war in dieser Commission, und ihnen waren zwanzig der angesehensten Priester beigegeben. Der bedeutendste unter diesen Zwanzig war Tillotson, denn man wußte, daß er die Ansicht des Königs und der Königin aussprach. Unter den Commissionsmitgliedern, welche Tillotson als ihr Oberhaupt betrachteten, befanden sich Stillingfleet, Dechant von St. Paul, Sharp, Dechant von Norwich, Patrick, Dechant von Peterborough, Tenison, Rector von St. Martin, und Fowler, dessen verständiger Energie der Entschluß der londoner Geistlichkeit, die Indulgenzerklärung nicht zu verlesen, hauptsächlich zuzuschreiben war.

Neben den genannten Männern standen einige der Hochkirchenpartei angehörende Geistliche. Unter diesen zeichneten sich besonders zwei der ersten Theologen von Oxford, Aldrich und Jane, aus. Aldrich war unlängst zum Dechant von Christchurch ernannt worden, an Stelle des Papisten Massey, den Jakob, in directem Widerspruch mit den Gesetzen, an die Spitze dieses wichtigen Collegiums gestellt hatte. Der neue Dechant war ein gebildeter, wenn auch nicht gründlicher Gelehrter und ein jovialer, gastfreundlicher Herr. Er war der Verfasser einiger theologischer Schriften, welche längst vergessen sind, und eines Compendiums der Logik, das noch in Gebrauch ist; die besten Werke aber, die er der Nachwelt hinterlassen hat, sind seine Kanons. Jane, der königliche Professor der Theologie, war ein ernsterer, aber minder achtungswerther Mann. Er hatte den Hauptantheil bei Abfassung des Decrets gehabt, durch welches seine Universität befahl, daß die Werke Milton's und Buchanan's in den Schulen öffentlich verbrannt werden sollten. Wenige Jahre später hatte er sich, gereizt und beunruhigt durch die Verfolgung der Bischöfe und durch die Confiscirung der Einkünfte des Magdalenencollegiums, von dem Prinzip des Nichtwiderstandes losgesagt, hatte sich in das Hauptquartier des Prinzen von Oranien begeben und Sr. Hoheit versichert, daß Oxford bereitwillig sein

Silbergeschirr zur Unterstützung des Kriegs gegen seinen Unterdrücker in Geld verwandeln werde. Eine kurze Zeit lang wurde Jane allgemein als ein Whig betrachtet und von einigen seiner früheren Verbündeten in Schmähschriften arg mitgenommen. Er hatte das Unglück einen Namen zu haben, der eine vortreffliche Zielscheibe für die gelehrten Witzlinge seiner Universität war. Es erschienen mehrere Epigramme auf den Janus mit dem Doppelgesicht, der durch Sehen nach der einen Seite eine Professur erhalten, und der jetzt durch Sehen nach einer andren Seite ein Bisthum zu erlangen hoffe. Daß er ein Bisthum zu erlangen hoffte, war vollkommen wahr. Er verlangte den Sitz von Exeter als den seinen Diensten gebührenden Lohn. Derselbe wurde ihm jedoch abgeschlagen. Diese Verweigerung überzeugte ihn, daß er vom Latitudinarismus eben so viel zu fürchten hatte wie vom Papismus, und er wurde daher eiligst wieder ein Tory.[105]

[Maßregeln der Commission.]

Zu Anfang des October versammelten sich die Mitglieder der Commission in dem Jerusalemzimmer. Sie beschlossen in ihrer ersten Sitzung, darauf anzutragen, daß beim öffentlichen Gottesdienste die aus den Apokryphen entnommenen Vorlesekapitel durch Kapitel aus den kanonischen Büchern der heiligen Schrift ersetzt werden sollten.[106] In der zweiten Zusammenkunft wurde eine Frage aufgeworfen, und zwar von Demjenigen, der sie zu allerletzt hätte in Anregung bringen sollen. Sprat, Bischof von Rochester, war ohne den geringsten Gewissensskrupel zwei Jahre lang Mitglied des verfassungswidrigen Tribunals gewesen, das unter der vorigen Regierung die Kirche, zu deren Leitern er gehörte, unterdrückt und geplündert hatte. Aber jetzt war er bedenklich geworden und äußerte Zweifel an der Gesetzmäßigkeit der Commission. Seine Einwendungen müssen jedem gesunden Verstande als hohle

Sophismen erscheinen. Das Ernennungsdecret gab weder Vollmacht, Gesetze zu machen, noch Gesetze anzuwenden, sondern lediglich zu untersuchen und zu berichten. Selbst ohne königliche Ermächtigung hätten Tillotson, Patrick und Stillingfleet unbedenklich zusammentreten können, um den Zustand und die Zukunft der Kirche zu berathen und zu erwägen, ob es wünschenswerth war oder nicht, den Dissenters ein Zugeständniß zu machen. Wie konnte es ein Verbrechen sein, wenn Unterthanen auf Verlangen ihres Souverains etwas thaten, was unschuldig, ja lobenswerth gewesen wäre, wenn sie es unaufgefordert gethan hätten? Sprat wurde jedoch durch Jane unterstützt. Es entspann sich ein heftiger Wortwechsel, und Lloyd, Bischof von St. Asaph, der neben vielen guten Eigenschaften ein reizbares Temperament besaß, ließ sich so weit hinreißen, von Spionen zu sprechen. Sprat entfernte sich und kam nicht wieder. Jane und Aldrich folgten bald seinem Beispiele.[107] Die Commission ging hierauf zur Erörterung der Frage wegen der Stellung beim Abendmahle über, und es wurde beschlossen anzuempfehlen, daß ein Communikant, der nach Besprechung mit seinem Seelsorger erklärte, sein Gewissen erlaube ihm nicht, das Brot und den Wein kniend zu empfangen, dieselben sitzend empfangen dürfe. Mew, Bischof von Winchester, ein braver Mann, aber ohne wissenschaftliche Bildung, der selbst in seinen besten Jahren schwach gewesen war und jetzt immer kindischer wurde, protestirte gegen dieses Zugeständniß und verließ die Versammlung. Die anderen Mitglieder fuhren fort, sich emsig mit ihrer Aufgabe zu beschäftigen, und es fand kein weiterer Austritt statt, obgleich große Meinungsverschiedenheit herrschte und die Debatten zuweilen ziemlich heiß waren. Die entschiedensten Hochkirchlichen unter den Zurückbleibenden waren Doctor Wilhelm Beveridge, Archidiakonus von Colchester, der viele Jahre später Bischof von St. Asaph wurde, und Doctor

Johann Scott, der Nämliche, der an Jeffreys' Sterbebett gebetet hatte. Die Thätigsten unter den Latitudinariern waren Burnet, Fowler und Tenison.

Die Taufhandlung wurde wiederholt discutirt. In Bezug auf Formalitäten waren die Commissionsmitglieder zur Nachsicht gestimmt. Sie waren sämmtlich geneigt, Kinder ohne Pathen und ohne das Zeichen des Kreuzes in den Schooß der Kirche aufzunehmen. Die Majorität aber weigerte sich nach langer Debatte standhaft, die Worte zu entkräften oder wegzuerklären, in denen nach der Ansicht aller unverdorbenen Gemüther die regenerirende Kraft des Sakraments liegt.[108]

Hinsichtlich des Chorhemds beschloß die Commission zu empfehlen, daß den Bischöfen ein weiter Spielraum gelassen werde. Es wurden Auswege ersonnen, durch welche Jemand, der die presbyterianische Ordination empfangen, ein Priester der englischen Kirche werden konnte, ohne weder ausdrücklich noch stillschweigend die Ungültigkeit dieser Ordination zuzugeben.[109]

Der kirchliche Kalender wurde einer sorgfältigen Revision unterworfen. Die großen Festtage wurden beibehalten. Aber es wurde nicht für wünschenswerth erachtet, daß St. Valentin, St. Chad, St. Swithin, St. Eduard König der Westsachsen, St. Dunstan und St. Alphage die Ehren St. Johannes' und St. Paulus' theilten, oder daß es den Anschein bekäme, als ob die Kirche die lächerliche Fabel von der Entdeckung des Kreuzes Thatsachen von so hochwichtiger Bedeutung wie die Geburt, die Leidensgeschichte, die Auferstehung und die Himmelfahrt des Herrn zur Seite stellen wolle.[110]

Das Athanasische Glaubensbekenntniß machte viel zu schaffen. Die meisten Mitglieder der Commission waren eben so wenig geneigt, die doctrinellen Sätze aufzugeben, wie die damnatorischen Sätze beizubehalten. Burnet, Fowler und Tillotson wünschten dieses berühmte Symbolum ganz aus der Liturgie zu streichen. Burnet machte dafür ein Argument geltend, das ihm wahrscheinlich selbst kein großes Gewicht zu haben schien, das aber vortrefflich darauf berechnet war, seine Gegner, Beveridge und Scott, in Verlegenheit zu setzen. Das Concil von Ephesus war von den anglikanischen Geistlichen stets als eine Synode verehrt worden, welche die Gesammtheit der Gläubigen wirklich repräsentirt hatte und von Gott auf dem Wege der Wahrheit geleitet worden war. Die Stimme dieses Concils war die Stimme der noch nicht durch Aberglauben verderbten oder durch Spaltungen zerrissenen heiligen katholischen und apostolischen Kirche. Seit mehr als zwölf Jahrhunderten hatte die Welt keine kirchliche Versammlung wieder gesehen, welche gleichen Anspruch auf die Achtung der Gläubigen gehabt hätte. Das Concil von Ephesus hatte in den klarsten Ausdrücken und unter Androhung der furchtbarsten Strafen den Christen verboten, ihren Brüdern ein andres Glaubensbekenntniß aufzudringen als das von den Nicäischen Vätern festgestellte. Man sollte daher denken, daß, wenn das Concil von Ephesus wirklich unter der Leitung des heiligen Geistes stand, jeder der sich des Athanasischen Glaubensbekenntnisses bedient, in dem Augenblicke da er ein Anathema gegen seine Nebenmenschen ausspricht, ein Anathema über sein eignes Haupt bringen müßte.[111] Trotz der Autorität der ephesischen Väter beschloß die Majorität der Commissionsmitglieder das Athanasische Glaubensbekenntniß im Gebetbuche zu lassen, sie schlugen nur vor, eine von Stillingfleet entworfene Rubrik beizufügen, welche erklärte, die damnatorischen Sätze seien so zu verstehen, daß sie nur auf Diejenigen Anwendung fänden, welche das Wesen des christlichen Glaubens hartnäckig leugneten. Orthodoxe Gläubige durften daher hoffen, daß der Ketzer, der aufrichtig und demüthig nach der Wahrheit gesucht, nicht zu ewiger Strafe verdammt werden würde, weil es ihm nicht gelungen war, sie zu finden.[112]

Tenison wurde beauftragt, die Liturgie zu prüfen und alle diejenigen Ausdrücke zu sammeln, gegen welche entweder von theologischen oder von literarischen Kritikern Einwendungen gemacht worden waren. Einige offenbare Mängel beschloß man zu beseitigen. Es wäre vernünftig gewesen, wenn es die Commissionsmitglieder dabei hätten bewenden lassen; unglücklicherweise aber beschlossen sie, einen großen Theil des Gebetbuches umzuarbeiten. Dies war ein kühnes Unternehmen, denn im allgemeinen ist der Styl des Buches so, daß er nicht verbessert werden kann. Die englische Liturgie gewinnt in der That selbst bei einem Vergleiche mit den schönen alten Liturgien, denen sie zum großen Theil entlehnt ist. Die wesentlichen Eigenschaften der erbaulichen Eloquenz, der Kürze, der majestätischen Einfachheit, der pathetischen Innigkeit des Gebets, durch tiefe Ehrfurcht gemäßigt, sind den Uebersetzungen und den Originalen gemeinschaftlich eigen. In den untergeordneten Schönheiten der Diction aber stehen die Originale den Uebersetzungen unleugbar nach. Der Grund davon liegt auf der Hand. Die technischen Ausdrücke des Christenthums wurden erst ein Bestandtheil der lateinischen Sprache, als diese Sprache das Alter der Reife überschritten hatte und in Barbarismus versank. Aber die technischen Ausdrücke des Christenthums fanden sich in dem angelsächsischen und normännischen Französisch schon lange bevor die Verschmelzung dieser beiden Dialecte einen dritten, beiden überlegenen Dialect erzeugt hatte. Das Latein, des römisch-katholischen Gottesdienstes ist daher Latein im letzten Stadium des Verfalls, während das Englisch unsres Gottesdienstes Englisch in der vollen Kraft und Eleganz der ersten Jugend ist. Den großen lateinischen Schriftstellern Terenz und Lucrez, Cicero und Cäsar, Tacitus und Quintilian würden die herrlichsten Compositionen

Ambrosius' und Gregor's nicht nur als schlecht geschrieben, sondern als sinnloses Gewäsch erschienen sein.[113] Die Diction unsers allgemeinen Gebetbuches hingegen hat direct oder indirect dazu beigetragen, die Sprache fast jedes großen englischen Schriftstellers zu bilden und hat die Bewunderung der gebildetsten Ungläubigen und der gebildetsten Nonconformisten, die Bewunderung von Männern wie David Hume und Robert Hall erweckt.

Der Styl der Liturgie befriedigte jedoch die Doctoren des Jerusalemzimmers nicht. Sie erklärten die Collecten für zu kurz und zu trocken, und Patrick wurde beauftragt, sie zu erweitern und auszuschmücken. In einer Hinsicht ließ sich gegen diese Wahl nichts einwenden, denn wenn wir danach urtheilen, wie Patrick die erhabenste hebräische Poesie paraphrasirte, werden wir wahrscheinlich zu der Ueberzeugung gelangen, daß, mochte er sich nun dazu eignen, die Collecten zu verbessern, oder nicht, wenigstens Niemand befähigter sein konnte, sie zu erweitern.[114]

[Die Convocation der Provinz Canterbury einberufen. Stimmung des Klerus.]

Es kam indeß wenig darauf an, ob die Empfehlungen der Commission gut oder schlecht waren, denn verurtheilt waren sie alle, noch ehe man sie kannte. Die Ausschreiben zur Einberufung der Convocation der Provinz Canterbury waren erlassen und die Geistlichen waren allenthalben in einem Zustande heftiger Aufregung. Sie hatten eben die Eide geleistet und empfanden noch schmerzlich die harten Vorwürfe der Eidverweigerer, die rücksichtslosen Schmähungen der Whigs und unzweifelhaft in vielen Fällen auch die Mahnungen des Gewissens. Die Ankündigung, daß eine Convocation zusammentreten solle, um einen Comprehensionsplan zu berathen, erweckte die stärksten Leidenschaften des Priesters, der sich so eben dem Gesetz gefügt hatte und der deshalb gar nicht oder nur halb zufrieden mit sich war. Es bot sich ihm eine Gelegenheit, zur Vereitelung eines Lieblingsplanes der Regierung beizutragen, welche bei strenger Strafe eine Unterwerfung von ihm verlangt hatte, die sich mit seinem Gewissen oder mit seinem Stolze schwer vereinigen ließ. Es bot sich ihm eine Gelegenheit, seinen Eifer für die Kirche zu bethätigen, deren characteristische Lehren er um materiellen Nutzens willen untreu geworden zu sein beschuldigt war. Seiner Ansicht nach drohte ihr jetzt eine eben so große Gefahr als die des vorhergehenden Jahres. Die Latitudinarier von 1689 seien nicht minder eifrig bestrebt, sie zu demüthigen und zu Grunde zu richten, wie die Jesuiten von 1688. Die Toleranzacte habe für die Dissenters soviel gethan, als sich mit der Würde und Sicherheit der Kirche vertrug, und es dürfe nichts weiter zugestanden werden, nicht der Saum eines Gewandes, nicht eine Sylbe vom Anfang bis zum Ende der Liturgie. Alle die Vorwürfe, welche der kirchlichen Commission Jakob's gemacht worden waren, wurden auf die kirchliche Commission Wilhelm's übertragen. Die beiden Commissionen hatten zwar nichts als den Namen mit einander gemein; aber bei dem Namen dachte Jedermann an Ungesetzlichkeit und Bedrückung, an Verletzung des Hausrechts und Confiscation von Grundeigenthum, und die Böswilligen riefen ihn daher unermüdlich und mit nicht geringem Erfolge in die Ohren der Unwissenden.

[**Die Geistlichkeit unzufrieden mit dem König.**]

Auch dem König, sagte man, war nicht zu trauen. Er conformirte sich zwar dem bestehenden Gottesdienste, aber es war bei ihm eine örtliche und gelegentliche Conformität. Denn gegen einige Ceremonien, für welche die Hochkirchlichen sehr eingenommen waren, empfand er einen Widerwillen, den er gar nicht zu verhelen suchte. Es war eine seiner ersten Maßregeln gewesen, zu befehlen, daß der Gottesdienst in seiner Privatkapelle gesprochen und nicht gesungen werden solle, und diese Anordnung erregte viel Murren, obgleich die Rubrik sie guthieß.[115] Es war bekannt, daß er so profan war, über einen durch hohe kirchliche Autorität sanctionirten Gebrauch zu spötteln, über den Gebrauch des Händeauflegens gegen die Skropheln. Diese Ceremonie hatte sich fast unverändert seit dem grauesten Alterthum bis zu den Zeiten Newton's und Locke's erhalten. Die Stuarts spendeten häufig die heilende Kraft im Bankethause. Die Tage, an denen dieses Wunder verrichtet werden sollte, wurden in Sitzungen des Geheimen Raths bestimmt, und dann in allen Pfarrkirchen des Reichs von den Geistlichen feierlich verkündet.[116] Wenn die bestimmte Zeit kam, standen mehrere Geistliche im vollen Ornate um den Staatsbaldachin. Der königliche Leibarzt führte die Kranken herein, und es wurde hierauf eine Stelle aus dem 16. Kapitel des Evangeliums Marci vorgelesen. Nach den Worten: „Auf die Kranken werden sie die Hände legen, so wird's besser mit ihnen werden," wurde innegehalten und einer der Kranken vor den König gebracht. Se. Majestät berührte die Geschwüre und Beulen und hing ein weißes Band, an dem eine Goldmünze befestigt war, um den Hals des Patienten. Die Uebrigen wurden so alle nacheinander vorgeführt und wenn jeder berührt war, wiederholte der Kaplan die Worte; „Auf die Kranken werden sie die Hände legen, so wird's besser mit ihnen werden." Dann kamen die Epistel, Gebete, Wechselgesänge und ein Segen. Der Dienst findet sich noch in den Gebetbüchern aus der Regierungszeit der Königin Anna. Erst einige Zeit nach der Thronbesteigung Georg's I. hörte die Universität Oxford auf, das feierliche Amt der Heilung mit der Liturgie zusammen drucken zu lassen. Theologen von ausgezeichneter Gelehrsamkeit, Bildung und Tugendhaftigkeit sanctionirten dieses Blendwerk durch ihre Autorität und was noch auffälliger ist, hochberühmte

Aerzte glaubten an die heilenden Kräfte der königlichen Hand, oder stellten sich wenigstens als glaubten sie daran. Wir dürfen wohl annehmen, daß jeder im Dienste Karl's II. stehende Arzt ein Mann von hoher Berufstüchtigkeit war, und mehr als einer von den Aerzten Karl's II. hat uns das feierliche Bekenntniß seines Glaubens an die Wunderkraft des Königs hinterlassen. Einer von ihnen schämt sich nicht uns zu sagen, daß die Gabe durch die bei der Krönung stattfindende Salbung mitgetheilt werde, daß die Heilungen so zahlreich seien und zuweilen so rasch erfolgten, daß sie keiner natürlichen Ursache zugeschrieben werden konnten, daß das Fehlschlagen lediglich dem Mangel an Glauben auf Seiten des Kranken beigemessen werden müsse; daß Karl einst einen skrophulösen Quäker berührt und ihn in einem Augenblicke zu einem gesunden Menschen und wahren Hochkirchenmann gemacht; daß, wenn die Geheilten das ihnen um den Hals gehängte Goldstück verlören oder verkauften, die Geschwüre von neuem aufbrächen und nur durch eine abermalige Berührung und durch einen zweiten Talisman geheilt werden könnten. Wenn Männer der Wissenschaft solchen Unsinn ernsthaft wiederholten, so dürfen wir uns nicht darüber wundern, daß der große Haufe ihn glaubte. Noch weniger dürfen wir uns wundern, daß Unglückliche, die von einer Krankheit gequält wurden, gegen welche natürliche Heilmittel nichts vermochten, Geschichten von übernatürlichen Kuren begierig verschlangen, denn nichts ist so leichtgläubig als das Unglück. Die Volksmassen, die sich an den Heilungstagen nach dem Palaste drängten, waren ungeheuer. Karl II. berührte im Laufe seiner Regierung nahe an hunderttausend Personen. Die Zahl war größer oder geringer je nachdem die Popularität des Königs stieg oder sank. Während der toryistischen Reaction, welche auf die Auflösung des Oxforder Parlaments folgte, drängte sich das Volk massenhaft in seine Nähe. Im Jahre 1682 verrichtete er die Ceremonie achttausendfünfhundert Mal. Im Jahre 1684 war das Gedränge so arg, daß sechs oder sieben Kranke todtgetreten wurden. Jakob berührte auf einer seiner Reisen im Chore der Kathedrale von Chester achthundert Personen. Die Kosten der Ceremonie beliefen sich auf nicht viel weniger als zehntausend Pfund jährlich und würden ohne die Wachsamkeit des königlichen Leibarztes, der die Applikanten zu untersuchen und Diejenigen, welche um der Heilung willen kamen, von Denen, welche des Goldstücks wegen kamen, zu scheiden hatte, noch viel bedeutender gewesen sein.[117]

Wilhelm war viel zu klug, als daß er hätte getäuscht werden können, und viel zu rechtschaffen, um an einer Handlung Theil zu nehmen, von der er wußte, daß es Betrug war. „Es ist ein kindischer Aberglaube," rief er aus, als er hörte, daß zu Ende der Fastenzeit sein Palast von einer Menge Kranker belagert war; „man gebe den armen Leuten etwas Geld und schicke sie fort."[118] Einmal wurde er dringend gebeten, seine Hand auf einen Patienten zu legen. „Gott schenke Euch bessere Gesundheit," sagte er, „und mehr Verstand." Die Eltern skrophulöser Kinder schrien Zeter über seine Grausamkeit; die Bigotten erhoben entsetzt über seine Gottlosigkeit Hände und Augen zum Himmel; die Jakobiten lobten ihn sarkastisch, daß er nicht so anmaßend sei, sich eine Kraft beizumessen, die nur legitimen Souverainen zukomme, und selbst einige Whigs meinten, es sei unklug von ihm, daß er einen im Volke tief eingewurzelten Aberglauben mit so auffallender Geringschätzung behandle. Wilhelm aber war nicht zu bewegen und wurde deshalb von vielen Hochkirchlichen als entweder ein Ungläubiger oder ein Puritaner betrachtet.[119]

[Der Klerus durch das Verhalten der schottischen Presbyterianer gegen die Dissenters erbittert.]

Die Hauptursache jedoch, welche damals der Geistlichkeit selbst den gemäßigtsten Comprehensionsplan verhaßt machte, ist noch nicht erwähnt worden. Was Burnet vorhergesehen und vorhergesagt hatte, war eingetroffen. Es herrschte in dem ganzen Priesterstande eine große Geneigtheit, die Unbilden der schottischen Episkopalen die englischen Presbyterianer entgelten zu lassen. Es ließ sich nicht leugnen, daß selbst die Hochkirchlichen im Sommer des Jahres 1688 sich im allgemeinen bereit erklärt hatten, Vieles im Interesse der Union aufzugeben. Allein man sagte, und nicht ohne einen Anschein von Begründung, die Vorgänge jenseit der Grenze bewiesen, daß eine Union unter billigen Bedingungen unmöglich sei. Wie können, fragte man, Diejenigen, die uns keine Concession machen wollen wo wir schwach sind, es uns verargen, daß wir ihnen keine Concession machen wollen, wo wir stark sind? Wir können die Grundsätze und Gesinnungen einer Secte nach den Erklärungen, die sie in einem Augenblicke der Schwäche und der Leiden abgiebt, nicht richtig beurtheilen. Wenn wir den puritanischen Geist in seiner wahren Beschaffenheit kennen lernen wollen, müssen wir den Puritaner beobachten, wenn er die Oberhand hat. Unter der vorigen Generation hatte er hier die Oberhand, und sein kleiner Finger war stärker als die Lenden der Prälaten. Er trieb Hunderte von friedlichen Studenten aus ihren Collegien und Tausende von achtbaren Geistlichen aus ihren Pfarrwohnungen, weil sie sich weigerten, seinen Covenant zu unterschreiben. Weder Gelehrsamkeit, noch Genie, noch Frömmigkeit wurde geschont. Männer wie Hall und Sanderson, Chillingworth und Hammond wurden nicht allein ausgeplündert, sondern ins Gefängniß geworfen und der ganzen Rohheit brutaler Kerkermeister preisgegeben. Es wurde für ein Verbrechen erklärt, schöne Psalmen und Gebete zu lesen, welche Ambrosius und Chrysostomus den Gläubigen hinterlassen hatten. Endlich ward die Nation der

Herrschaft der Frommen müde. Die gestürzte Dynastie und die gestürzte Hierarchie wurden wieder eingesetzt, der Puritaner wurde seinerseits Ausschließungen und Strafen unterworfen, und alsbald kam er dahinter, daß es grausam sei, Jemanden zu bestrafen, weil er Gewissensskrupel wegen eines Gewandes, wegen einer Ceremonie, wegen geistlicher Amtsverrichtungen hegte. Seine jammervollen Klagen und seine Argumente zu Gunsten der Toleranz hatten endlich auf viele Gutmüthige Eindruck gemacht. Selbst eifrige Hochkirchliche hatten angefangen, sich der Hoffnung hinzugeben, daß die harte Lehre, die er bekommen, ihn aufrichtig, gemäßigt und nachsichtig gemacht habe. Wäre dem wirklich so gewesen, so würde es allerdings unsre Pflicht sein, seine Bedenken mit zarter Rücksicht zu behandeln. Aber während wir überlegten, was wir thun könnten, um seinen Wünschen in England zu entsprechen, hatte er in Schottland das Uebergewicht erlangt, und in einem Augenblicke war er wieder ganz er selbst: bigott, insolent und grausam. Pfarrwohnungen wurden geplündert, Kirchen geschlossen, Gebetbücher verbrannt, heilige Gewänder zerrissen, andächtige Versammlungen auseinandergetrieben, Priester gemißhandelt, mit Steinen geworfen, an den Schandpfahl gestellt und mit Weib und Kind hinausgestoßen, um zu betteln oder zu verhungern. Daß diese Gewaltthätigkeiten nicht einigen wenigen ruchlosen Herumtreibern, sondern der Gesammtheit der schottischen Presbyterianer zur Last fielen, ging klar aus dem Umstande hervor, daß die Regierung es weder gewagt hatte, die Uebelthäter zu bestrafen, noch den Betroffenen Abhilfe zu verschaffen. Sei es da nicht gerathen, daß die englische Kirche auf ihrer Hut sei? Könne man billigerweise von ihr verlangen, daß sie ihre apostolische Verfassung und ihr schönes Ritual aufgebe, um Diejenigen auszusöhnen, denen nichts als die Macht fehlte, um sie zu mißhandeln, wie sie ihre Schwester gemißhandelt hatten? Diese Leute hätten bereits eine Wohlthat erlangt, die sie nicht verdienten und die sie niemals gewährt haben würden. Sie verehrten Gott in vollkommener Sicherheit; ihre Bethäuser genössen eines eben so wirksamen Schutzes wie die Chöre unserer Kathedralen. Während kein bischöflicher Geistlicher ohne Lebensgefahr in Ayrshire oder Renfrewshire Gottesdienst halten könne, predigten in Middlesex hundert presbyterianische Geistliche ungestört jeden Sonntag. Die Legislatur habe mit einer vielleicht unklugen Großmuth den intolerantesten Menschen Toleranz gewährt, und mit der Toleranz zieme es ihnen sich zu begnügen.

[Einrichtung der Convocation.]

So vereinigten sich mehrere Ursachen, um die Parochialgeistlichen gegen den Comprehensionsplan zu erbittern. Ihre Stimmung war von der Art, daß der im Jerusalemzimmer entworfene Plan, wenn er ihnen unmittelbar vorgelegt worden wäre, mit einer Majorität von Zwanzig gegen Eins verworfen worden sein würde. In der Convocation aber stand ihr Gewicht in keinem Verhältniß zu ihrer Zahl. Die Convocation ist zum Glück für unser Vaterland seit langer Zeit so gänzlich ohne Bedeutung, daß sich bis vor Kurzem nur wißbegierige Forscher um ihre Einrichtung gekümmert haben, und doch glauben noch heutzutage sonst nicht ungebildete Leute, sie sei ein die Kirche von England repräsentirendes Concil gewesen. Die in unsrer Kirchengeschichte so häufig erwähnte Convocation ist jedoch thatsächlich nichts weiter als die Synode der Provinz Canterbury und war nie berechtigt, im Namen des gesammten Klerus zu sprechen. Die Provinz York hatte ebenfalls ihre Convocation; aber tiefe Provinz war bis tief ins 18. Jahrhundert im allgemeinen so arm, so uncultivirt und so dünn bevölkert, daß sie hinsichtlich ihrer politischen Bedeutung kaum für ein Zehntel des Reichs gerechnet werden konnte. Die Ansicht des südlichen Klerus galt daher allgemein für die Ansicht des ganzen Standes. Wo die formelle Beistimmung des nördlichen Klerus erforderlich war, wurde sie als sich von selbst verstehend gegeben. Die von der Convocation von Canterbury im Jahre 1604 erlassenen Kirchengesetze waren in der That schon zwei Jahre bevor die Convocation von York die Formalität ihrer Zustimmungsertheilung erfüllte, von Jakob I. bestätigt und ihre genaue Beobachtung im ganzen Königreiche anbefohlen. Seitdem diese kirchlichen Versammlungen bloße Namen geworden, hatte die Stellung der beiden Erzbisthümer zu einander eine große Veränderung erfahren. In allen Elementen der Macht repräsentirt die Gegend jenseit des Trent jetzt mindestens ein Drittheil England's. Als in unsrer Zeit das Representativsystem dem veränderten Zustande des Landes angepaßt wurde, gehörten fast sämmtliche kleine Burgflecken, denen das Wahlrecht entzogen werden mußte, dem Süden an. Zwei Drittel der neuen Parlamentsmitglieder, welche den großen Provinzialstädten bewilligt wurden, kamen auf den Norden. Wenn daher eine englische Regierung die Convocationen in ihrer gegenwärtigen Einrichtung zur Erledigung von Geschäften zusammentreten lassen wollte, so würden zwei von einander unabhängige Synoden gleichzeitig für eine Kirche Gesetze geben, und es ist durchaus nicht unwahrscheinlich, daß die eine Versammlung Kirchengesetze annähme, welche die andre verwerfen würde, und daß die eine Versammlung Behauptungen als ketzerisch verdammen würde, welche die andre für orthodox hielte.[120] Im 17. Jahrhundert war so etwas nicht zu fürchten. Die Convocation von York wurde damals in der That so wenig beachtet, daß die beiden Parlamentshäuser in ihrer Adresse an Wilhelm nur von einer Convocation gesprochen hatten, die sie die Convocation der Geistlichkeit des Königreichs nannten.

Die Körperschaft, die sie eben nicht besonders richtig so

bezeichneten, zerfällt in zwei Häuser. Das Oberhaus besteht aus den Bischöfen der Provinz Canterbury. Das Unterhaus bestand 1689 aus hundertvierundvierzig Mitgliedern. Zweiundzwanzig Dechanten und vierundfunfzig Archidiakonen saßen darin kraft ihrer Aemter; vierundzwanzig Geistliche saßen als Vertreter von eben so vielen Kapiteln darin und nur vierundvierzig Abgeordnete wurden von den achttausend Pfarrgeistlichen der zweiundzwanzig Kirchspiele gewählt.

[Wahl der Convocationsmitglieder.]

Diese vierundvierzig Bevollmächtigten waren jedoch fast alle eines Sinnes. Die Wahl derselben war in früheren Zeiten auf die ruhigste und anständigste Weise vor sich gegangen. Bei dieser Gelegenheit aber fanden starke Wahlumtriebe und heftige Wahlkämpfe statt; Rochester, das Haupt der Partei, die sich im Hause der Lords der Comprehensionsbill widersetzt hatte, und sein Bruder Clarendon, der sich geweigert hatte, die Eide zu leisten, waren nach Oxford, dem Hauptquartier dieser Partei, gegangen, um die Opposition zu animiren und zu organisiren.[121] Die Vertreter der Parochialgeistlichen müssen Männer gewesen sein, deren Hauptauszeichnung ihr Eifer war, denn in der ganzen Liste findet sich nicht ein einziger berühmter Name und nur sehr wenige, die jetzt noch dem eifrigen Geschichtsforscher bekannt sind.[122] Die officiellen Mitglieder des Unterhauses, unter denen sich viele ausgezeichnete Gelehrte und Kanzelredner befanden, scheinen nicht sehr ungleich getheilt gewesen zu sein.

[Verleihung geistlicher Aemter.]

Während des Sommers 1689 kamen mehrere hohe kirchliche Aemter zur Erledigung und wurden Geistlichen verliehen, welche im Jerusalemzimmer saßen. Es ist bereits erwähnt worden, daß Thomas, Bischof von Worcester, gerade vor dem zur Eidesleistung bestimmten Tage starb. Lake, Bischof von Chichester, lebte eben noch lange genug, um sie zu verweigern, und er erklärte mit seinem letzten Athemzuge, daß er selbst auf dem Scheiterhaufen die Lehre von dem unveräußerlichen Erbrechte nicht verleugnen würde. Der Bischofsstuhl von Chichester wurde mit Patrick, der von Worcester mit Stillingfleet besetzt, und die Dechanei von St. Paul, welche Stillingfleet verließ, bekam Tillotson. Daß Tillotson nicht auf die bischöfliche Bank erhoben wurde, erregte einige Verwunderung. Aber gerade deshalb, weil die Regierung seine Dienste besonders hoch schätzte, ließ man ihn noch einige Zeit einfacher Pfarrgeistlicher bleiben. Das wichtigste Amt in der Convocation war das des Wortführers des Unterhauses. Den Wortführer hatten die Mitglieder zu wählen, und der einzige gemäßigte Mann, der Aussicht hatte gewählt zu werden, war Tillotson. Es war factisch bereits festgesetzt, daß er der nächste Erzbischof von Canterbury werden sollte. Als er für seine neue Dechanei zum Handkuß ging, dankte er dem Könige herzlich und sagte: „Eure Majestät hat mich für den Rest meiner Tage zur Ruhe gesetzt." — „Nicht doch, Herr Doctor, ich versichere es Ihnen," entgegnete Wilhelm, worauf er ihm sehr deutlich zu verstehen gab, daß, wenn Sancroft einmal aufhören werde, das höchste kirchliche Amt zu verwalten, Tillotson sein Nachfolger sein sollte. Tillotson war ganz bestürzt, denn sein Character war sanft und frei von Ehrgeiz, er begann die Schwächen des Greisenalters zu empfinden, fragte wenig nach Geld und Gut, und diejenigen weltlichen Vortheile, auf die er den meisten Werth legte, waren ein guter Ruf und die allgemeine Zuneigung seiner Nebenmenschen. Diese Vortheile besaß er schon, und er konnte sich nicht verhehlen, daß er als Primas den unversöhnlichen Haß einer mächtigen Partei auf sich ziehen und eine Zielscheibe für die Verleumdung werden würde, vor der sein mildes und gefühlvolles Naturell zurückschauderte, wie vor der Folter oder dem Rade. Wilhelm sprach ernst und entschieden. „Es ist nothwendig im Interesse meiner Pläne," sagte er, „und Sie würden es bei Ihrem Gewissen nicht verantworten können, wenn Sie mir Ihren Beistand verweigerten." Hiermit endigte die Unterredung. Es war auch in der That nicht nöthig, daß die Sache auf der Stelle entschieden wurde, denn es sollten noch mehrere Monate verstreichen, ehe das Erzbisthum zur Erledigung kam.

Tillotson klagte seine Noth mit ungeheuchelter Sorge und Betrübniß Lady Russell, der er unter allen menschlichen Wesen die höchste Achtung und das meiste Vertrauen schenkte.[123] Er scheue zwar keinen Dienst der Kirche, sagte er, aber er sei überzeugt, daß er in seiner gegenwärtigen Stellung am meisten nützen könne. Wenn er gezwungen werden sollte, einen so hohen und verhaßten Posten wie das Primat anzunehmen, würde er der für seine Kräfte so schweren Last der Pflichten und Sorgen bald erliegen. Es würde ihm an Muth dazu und mithin auch an der nöthigen Befähigung fehlen. Er beschwerte sich dann mild über Burnet, der ihn mit einer wahrhaft hochherzigen Innigkeit liebte und verehrte und der sich bemüht hatte, den König und die Königin zu überzeugen, daß es in ganz England nur einen einzigen Mann gebe, der sich für die höchste kirchliche Würde eigne. „Der Bischof von Salisbury," sagte Tillotson, „ist einer meiner besten und zugleich schlimmsten Freunde."

[Compton ist unzufrieden.]

Was Burnet kein Geheimniß war, konnte Niemandem lange ein Geheimniß bleiben. Man begann sich sehr bald zuzuflüstern, daß der König Tillotson zum Nachfolger Sancroft's bestimmt habe. Die Nachricht verdroß Compton heftig, denn er hatte nicht ohne Grund geglaubt, daß er in seinen Ansprüchen keinen Rivalen habe. Er hatte die Königin und ihre Schwester erzogen, und der Erziehung, die sie von ihm empfangen, dürfte sicherlich wenigstens zum Theil die Festigkeit zugeschrieben, werden, mit der sie trotz des Einflusses ihres Vaters der Landesreligion treu geblieben waren. Compton war außerdem der einzige Prälat, der unter der vorigen Regierung im Parlament seine Stimme gegen das Dispensationsrecht erhoben, der einzige Prälat, der von der Hohen Commission suspendirt worden war, der einzige Prälat, der die Einladung an den Prinzen von Oranien unterzeichnet, der einzige Prälat, der wirklich die Waffen gegen Papismus und Willkürgewalt ergriffen, der einzige Prälat, der mit noch einem andren gegen eine Regentschaft gestimmt hatte. Unter den Geistlichen der Provinz Canterbury, welche die Eide geleistet hatten, war er dem Range nach der Erste. Er hatte daher einige Monate lang als Stellvertreter des Primas fungirt; er hatte die neuen Souveraine gekrönt, er hatte die neuen Bischöfe geweiht, und er stand auf dem Punkte, der Convocation zu präsidiren. Dazu kam noch, daß er der Sohn eines Earls war und daß kein Mann von gleich vornehmer Geburt damals auf der Bank der Bischöfe saß, noch jemals seit der Reformation auf derselben gesessen hatte. Daß die Regierung einen Priester seiner eigenen Diöcese über ihn stellen wollte, der der Sohn eines Tuchmachers aus Yorkshire war und der sich durch nichts als durch Talente und Tugenden auszeichnete, war kränkend, und Compton, obgleich er durchaus kein schlechtes Herz hatte, fühlte sich tief

gekränkt. Vielleicht wurde sein Verdruß durch den Gedanken noch vermehrt, daß er im Interesse Derer, die ihn so zurücksetzten, Manches gethan, was sein Gewissen gedrückt und seinen Ruf befleckt hatte, daß er einmal die Winkelzüge eines Diplomaten ausgeübt und ein andermal seinen Amtsbrüdern, durch Tragen des Büffelwamses und der Reiterstiefeln Aergerniß gegeben hatte. Maßlosen Ehrgeizes konnte er Tillotson nicht beschuldigen. Aber obgleich Tillotson selbst an dem Erzbisthum gar nichts gelegen war, bot er doch seinen Einfluß nicht zu Gunsten Compton's auf, sondern empfahl dringend Stillingfleet als das geeignetste Oberhaupt der englischen Kirche. Die Folge davon war, daß am Vorabend des Zusammentritts der Convocation der Bischof, der an der Spitze des Oberhauses stehen sollte, der persönliche Feind des Pfarrgeistlichen wurde, den die Regierung an der Spitze des Unterhauses zu sehen wünschte. Dieser Streit häufte neue Schwierigkeiten auf Schwierigkeiten, welche keiner Vermehrung bedurften.
[124]

[Zusammentritt der Convocation.]

Erst am 20. November versammelte sich die Convocation zur Erledigung von Geschäften. Das Versammlungslokal war gewöhnlich die Paulskirche gewesen. Aber diese Kathedrale erhob sich nur langsam aus ihren Trümmern, und wenn auch ihre Kuppel die hundert Kirchthürme der City bereits hoch überragte, so waren doch die inneren Räume dem Gottesdienste noch nicht geöffnet. Die Versammlung hielt daher ihre Zusammenkünfte in Westminster.[125] In die schöne Kapelle Heinrich's VII. war ein Tisch gestellt und Compton nahm den Präsidentenstuhl ein. Zu seiner Rechten und Linken saßen in prunkenden Gewändern von Scharlach und Grauwerk diejenigen Suffragane von Canterbury, welche die Eide geleistet hatten, und am unteren Ende der Tafel war die Schaar der

Pfarrgeistlichen versammelt. Beveridge hielt eine lateinische Rede, in der er das bestehende System zwar warm lobte, sich aber doch einer gemäßigten Reform zugethan erklärte. Die Kirchengesetze, sagte er, seien zweierlei Art. Einige Gesetze seien fundamental und ewig, ihre Autorität stamme von Gott, und keine religiöse Gemeinschaft könne sie umstoßen, ohne aufzuhören, einen Theil der Universalkirche zu bilden. Andere Gesetze seien örtlich und temporär. Diese seien von menschlicher Weisheit gemacht, und menschliche Weisheit könne sie daher abändern. Allerdings dürften sie nicht ohne triftige Gründe abgeändert werden, aber an solchen Gründen fehle es in diesem Augenblicke sicherlich nicht. Eine zerstreute Heerde in eine Hürde und unter einen Schäfer zu bringen, Steine des Anstoßes vom Pfade des Schwachen zu entfernen, lange entfremdete Herzen mit einander auszusöhnen, die geistliche Zucht in ihrer ursprünglichen Kraft wiederherzustellen, der besten und reinsten der christlichen Gesellschaften eine Basis zu geben, breit genug, um allen Angriffen der Erde und der Hölle zu widerstehen: dies seien Zwecke, die wohl einige Modifikationen, nicht der katholischen Institutionen, aber nationaler oder provincialer Gebräuche rechtfertigten.[126]

[Die Hochkirchlichen im Unterhause der Convocation überwiegend.]

Nachdem das Unterhaus diese Rede angehört, schritt es zur Wahl eines Sprechers. Sharp, der wahrscheinlich von den einer Comprehension günstigen Mitgliedern als einer der Hochkirchlichsten unter ihnen vorgeschoben worden war, schlug Tillotson vor. Jane, der sich geweigert hatte, kraft der königlichen Vollmacht zu handeln, wurde von der andren Seite vorgeschlagen. Nach einer lebhaften Discussion ward Jane mit fünfundfünfzig gegen achtundzwanzig Stimmen gewählt.[127]

Der Wortführer wurde dem Bischof von London

förmlich vorgestellt und hielt nach altem Brauch eine lateinische Rede. In dieser Rede wurde die anglikanische Kirche als die vollkommenste aller Institutionen gerühmt. Der Redner deutete sehr verständlich an, daß weder in ihrer Doctrin, noch in ihrer Disciplin, noch in ihrem Ritual eine Abänderung nöthig sei, und er schloß seinen Vortrag mit einem bedeutungsvollen Satze. Als Compton einige Monate früher die etwas ungeistliche Rolle eines Reiterobersten spielte, hatte er in die Fahnen seines Regiments die wohlbekannten Worte sticken lassen: „Nolumus leges Angliae mutari", und mit diesen Worten schloß Jane seine Rede.[128]

Die Niederkirchlichen gaben indeß noch nicht alle Hoffnung auf. Sie beschlossen wohlweislich, mit dem Vorschlage zu beginnen, daß Kapitel aus den kanonischen Büchern an die Stelle der aus den Apokryphen entnommenen zum Vorlesen beim Gottesdienste bestimmt werden sollten. Man sollte meinen, daß dieser Vorschlag, selbst wenn es nicht einen einzigen Dissenter im Königreiche gegeben hätte, wohl günstig hätte aufgenommen werden müssen. Denn die Kirche hatte in ihrem sechsten Artikel erklärt, daß die kanonischen Bücher berechtigt seien, heilige Schriften genannt und als Richtschnur des Glaubens betrachtet zu werden, die apokryphischen Bücher aber nicht. Die Hochkirchlichen aber waren entschlossen, sich selbst dieser Reform zu widersetzen. Sie fragten in Flugschriften, welche die Ladentische von Paternoster Row und Little Britain bedeckten, warum die Landgemeinden des Genusses beraubt werden sollten, von der Pechkugel, mit welcher Daniel den Drachen erblickte, und von dem Fische zu hören, dessen Leber einen Geruch verbreitete, vor welchem der Teufel von Ekbatana bis nach Egypten floh. Und gebe es nicht Kapitel von der Weisheit des Sohnes Sirach's, welche viel interessanter und erbaulicher seien als die Genealogien und

Namensverzeichnisse, welche einen großen Theil der Chroniken der jüdischen Könige und der Erzählung Nehemia's füllten? Kein ernster Geistlicher würde jedoch in der Kapelle Heinrich's VII. zu behaupten gewagt haben, daß es unmöglich sei, in vielen hundert vom heiligen Geist eingegebenen Seiten funfzig oder sechzig Kapitel zu finden, welche erbaulicher wären als irgend etwas, was aus den Werken der angesehensten nicht inspirirten Moralisten oder Historiker extrahirt werden könnte. Die Häupter der Majorität beschlossen daher, einer Debatte auszuweichen, in der sie in eine unangenehme Alternative hätten versetzt werden müssen. Ihr Plan war, nicht die Vorschläge der Commissionsmitglieder zu verwerfen, sondern einer Discussion über dieselben vorzubeugen, und zu dem Ende wurde ein System der Taktik adoptirt, das sich als erfolgreich erwies.

Das Gesetz, so wie es seit einer langen Reihe von Jahren interpretirt worden war, verbot der Convocation, irgend welche kirchliche Verordnung ohne vorherige Ermächtigung seitens der Krone auch nur in Berathung zu nehmen. Diese Ermächtigung, mit dem großen Siegel versehen, brachte Nottingham in aller Form in die Kapelle Heinrich's VII. Zu gleicher Zeit überreichte er eine Botschaft vom Könige. Seine Majestät ermahnte die Versammlung, ruhig und vorurtheilsfrei die Vorschläge der Commission zu prüfen, und erklärte, daß er nur die Ehre und die Vortheile der protestantischen Religion im allgemeinen und der englischen Kirche im besonderen im Auge habe.[129]

[Meinungsverschiedenheit zwischen den beiden Häusern der Convocation.]

Die Bischöfe einigten sich schnell über eine Dankadresse für die königliche Botschaft und forderten das Unterhaus zum Beitritt auf. Jane und seine Anhänger erhoben Einwendungen über Einwendungen dagegen. Zuerst beanspruchten Sie das Recht eine Separatadresse zu überreichen. Als sie gezwungen wurden, darauf zu verzichten, verweigerten sie ihre Zustimmung zu irgend einem Ausdrucke, mit welchem gesagt werde, daß die englische Kirche mit irgend einer andren protestantischen Glaubensgesellschaft etwas gemein habe. Es wurden Amendements und Beweisgründe hin und her geschickt, Conferenzen gehalten, bei denen Burnet für die eine und Jane für die andre Seite die Hauptwortführer waren, und endlich mit großer Mühe ein Uebereinkommen zu Stande gebracht, dessen Resultat eine, im Vergleich zu der von den Bischöfen entworfenen, kalte und unfreundliche Adresse war, welche dem Könige im Banketthause überreicht wurde. Er verbiß seinen Unmuth, gab eine freundliche Antwort und sprach die Hoffnung aus, die Versammlung werde nun endlich zur Berathung der wichtigen Comprehensionsfrage schreiten.[130]

[Das Unterhaus der Convocation erweist sich als unlenksam.]

Damit waren jedoch die Führer des Unterhauses nicht einverstanden. Sobald sie sich wieder in der Kapelle Heinrich's VII. befanden, veranlaßte einer von ihnen eine Debatte über die eidverweigernden Bischöfe. Trotz des bedauerlichen Gewissensbedenkens, den diese Prälaten hegten, seien sie doch gelehrte und heilige Männer, und ihr Rath könne unter den gegenwärtigen Umständen der Kirche von größtem Nutzen sein. Das Oberhaus sei in Abwesenheit des Primas und vieler seiner angesehensten Suffragane kaum ein Oberhaus. Könne nichts geschehen, um diesen Uebelstand zu beseitigen?[131] Ein andres Mitglied beklagte sich über einige unlängst erschienene Pamphlets, in denen nicht mit der gebührenden Achtung von der Convocation gesprochen werde. Die Versammlung fing Feuer. Sei es nicht empörend, daß dieses ketzerische und schismatische Zeug in den Straßen öffentlich ausgeboten und in den Läden von Westminsterhall, hundert Schritt von dem Stuhle des Wortführers, verkauft werden dürfe? Das Werk der Verstümmelung der Liturgie und der Verwandlung der Kathedralen in Conventikel könne gewiß so lange aufgeschoben werden, bis die Synode Maßregeln zum Schutze ihrer eignen Freiheit und Würde getroffen habe. Es wurde nun darüber debattirt, wie das Drucken solcher anstößiger Bücher verhindert werden könne. Einige waren für Klagerhebung, Andere für eine geistliche Censur.[132] Unter solchen Berathungen verstrich Woche auf Woche. Nicht ein einziger auf eine Comprehension bezüglicher Vorschlag war auch nur discutirt worden. Weihnachten rückte heran, und zu dieser Zeit sollten die Sitzungen unterbrochen werden. Die Bischöfe wünschten, daß während der Ferien ein Ausschuß beisammen bleibe, um die Geschäfte vorzubereiten. Das Unterhaus verweigerte seine Einwilligung.[133] Es war jetzt augenscheinlich, daß dieses Haus sich fest vorgenommen hatte, nicht einmal einen Theil des von den Königlichen Beauftragten entworfenen Planes in Berathung zu nehmen. Die Abgeordneten der Diöcesen waren in schlechterer Stimmung als bei ihrer ersten Ankunft in Westminster. Viele von ihnen hatten wahrscheinlich noch niemals eine Woche in der Hauptstadt zugebracht und hatten nicht geahnt, wie groß der Unterschied zwischen einem Stadtgeistlichen und einem Landgeistlichen war. Der Anblick des Luxus und der Bequemlichkeiten, welche die beliebten Prediger der Hauptstadt, genossen, mußte in einem Vikar aus Lincolnshire oder Caernarvonshire, der gewohnt war, so einfach wie ein kleiner Farmer zu leben, nothwendig einige wehmüthige Empfindungen erwecken. Gerade weil der Londoner Klerus durchgehends für eine Comprehension war, wollten die Vertreter der Landgeistlichkeit nichts davon wissen.[134] Die Prälaten als Gesammtheit wünschten aufrichtig, daß den Nonconformisten ein Zugeständniß gemacht werden möchte. Aber die Prälaten waren durchaus nicht im Stande, die aufsässige Demokratie zu beugen. Ihre Zahl war gering, einige von ihnen waren dem Parochialklerus im höchsten Grade zuwider, der Präsident hatte nicht die volle Autorität eines Primas, und überdies war es ihm gar nicht unlieb, die Männer, die ihn seiner Meinung nach übel behandelt hatten, in ihren Plänen behindert und gekränkt zu sehen.

[Die Convocation prorogirt.]

Man mußte nachgeben. Die Convocation wurde auf sechs Wochen prorogirt. Nach Verlauf dieser sechs Wochen wurde sie aufs neue prorogirt und viele Jahre vergingen, ehe sie ihre Thätigkeit wieder beginnen durfte.

So endete, und zwar für immer, die Hoffnung, daß die englische Kirche bewogen werden könnte, den Bedenken der Nonconformisten ein Zugeständniß zu machen. Eine gelehrte und ehrenwerthe Minorität des Priesterstandes gab diese Hoffnung mit tiefem Bedauern auf. Sehr bald jedoch fanden selbst Burnet und Tillotson Grund zu glauben, daß ihre Niederlage thatsächlich ein glückliches Entrinnen war und daß der Sieg ein Unglück gewesen sein würde. Eine Reform, wie sie zu den Zeiten der Königin Elisabeth die große Gesammtheit der englischen Protestanten vereinigt haben würde, würde zu Wilhelm's Zeiten mehr Herzen einander entfremdet als versöhnt haben. Das Schisma, welches die Eide herbeigeführt hatten, war bis jetzt noch ohne Bedeutung. Neuerungen wie die von der Königlichen Commission vorgeschlagenen würden ihm eine gefährliche Wichtigkeit gegeben haben. Bis jetzt saß ein Laie, mochte er auch das Verfahren der Convention für unverantwortlich halten und die Tugendhaftigkeit des eidverweigernden Klerus preisen, nach wie vor unter der gewohnten Kanzel und kniete an dem gewohnten Altare. Wenn aber in diesem

Augenblicke, während seine Gemüthsstimmung durch das seinen Lieblingsgeistlichen zugefügte vermeintliche Unrecht gereizt und er vielleicht in Zweifel war, ob er ihrem Beispiele folgen solle oder nicht, seine Augen und Ohren durch Aenderungen in dem Gottesdienste, dem er innig zugethan war, beleidigt worden, wenn die Compositionen der Doctoren des Jerusalemszimmers an die Stelle der alten Collecten getreten wären, wenn er Geistliche ohne Chorhemd Kelch und Hostienteller sitzenden Communicanten hätte darreichen sehen, so würde das Band, das ihn an die Landeskirche knüpfte, zerrissen sein. Er würde sich in eine Versammlung von Eidverweigerern begeben haben, wo der Gottesdienst, den er liebte, ohne Verstümmelungen abgehalten wurde, die neue Secte, welche für jetzt noch fast ausschließlich aus Priestern bestand, würde bald durch viele und zahlreiche Gemeinden verstärkt worden sein, und diese Gemeinden würden eine verhältnißmäßig größere Menge Reicher, Vornehmer und Gebildeter aufzuweisen gehabt haben, als irgend eine andre Dissentergemeinde. Die so verstärkten episkopalen Schismatiker würden dem neuen Könige und seinen Nachfolgern wahrscheinlich eben so furchtbar gewesen sein, wie die puritanischen Schismatiker es jemals den Fürsten des Hauses Stuart waren. Es ist eine unbestreitbare und höchst lehrreiche Thatsache, daß wir die bürgerliche und religiöse Freiheit, deren wir uns jetzt erfreuen, zum großen Theil der Beharrlichkeit verdanken, mit der die hochkirchliche Partei in der Convocation von 1689 sich weigerte, irgend einen Comprehensionsplan auch nur in Berathung zu nehmen.
[135]

---

[1] Siehe die Verhandlungen der Lords vom 5. Febr. 1688/89 und mehreren darauffolgenden Tagen; Braddon's Pamphlet betitelt: The Earl of Essex's Memory and Honour Vindicated, 1690, und die London Gazette

vom 31. Juli und 4. und 7. August 1690, worin Lady Essex und Burnet öffentlich Braddon widersprachen.

[2] Ob die Verurtheilung Lord Russel's, wenn sie nicht umgestoßen worden wäre, für seinen Sohn ein Hinderniß gewesen sein würde, ihm im Earlthum Bedford nachzufolgen, ist eine schwer zu entscheidende Frage. Der alte Earl holte darüber die Gutachten der größten Juristen der damaligen Zeit ein, die man noch in den Archiven zu Woburn sehen kann. Bemerkenswerth ist, daß eines dieser Gutachten von Pemberton herrührt, der bei dem Prozesse den Vorsitz geführt hatte. Dieser Umstand beweist, daß die Familie ihn keiner Ungerechtigkeit oder Grausamkeit beschuldigte, und er hatte sich auch in der That so gut benommen, wie irgend ein andrer Richter sich vor der Revolution in einem ähnlichen Falle benommen hatte.

[3] Grey's Debates, March 1688/89.

[4] Die Edicte, welche die Todesurtheile Russell's, Sidney's, Cornish's und der Alice Lisle umstießen, waren Geheim-Edicte. In die Gesetzsammlung sind daher nur die Titel derselben aufgenommen, die Edicte selbst aber findet man in Howell's Collection of State Trials.

[5] Commons' Journals, June 24. 1689.

[6] Johnson erzählt diese Geschichte selbst in seinem sonderbaren Pamphlet, betitelt: Notes upon the Phoenix Edition of the Pastoral Letter, 1694.

[7] Einige Nota des Ehrwürdigen Samuel Johnson, der Folioausgabe seiner 1710 erschienenen Werke vorangestellt.

[8] Lords' Journals, May 15. 1689.

[9] North's Examen, 224. North's Zeugniß wird durch mehrere zeitgenössische Pasquille in Prosa und in Versen bestätigt. Siehe auch das εἰκὼν βροτολοίγου, 1697.

[10] Halifax-Manuscript im Britischen Museum.

[11] Dedicationsepistel zu Oates' εἰκὼν βασιλική.

[12] In einer Ballade aus der damaligen Zeit kommen folgende Zeilen vor:

„Kommt her, Ihr Whigs, und leiht mir Eure Ohren,
Habt Ihr nicht, wie der Doctor, sie verloren."

Diese Zeilen müssen Mason vorgeschwebt haben, als er das Couplet schrieb:

> „Merkt auf Ihr Hills, Ihr Johnsons, Scots, Shebbeares,
> Hört meinen Ruf, denn mancher unter Euch hat Ohren."

[13] North's Examen, 224, 234. North spricht von sechshundert Pfund. Aber ich habe nach der unverschämten Petition, welche Oates unterm 25. Juli 1689 an die Gemeinen richtete, die größere Summe angenommen. Siehe die Verhandlungen.

[14] Van Citters bedient sich dieses Spottnamens ganz ernsthaft in seinen Depeschen an die Generalstaaten.

[15] Lords' Journals, May 30. 1689.

[16] Lords' Journals, May 31. 1689; Commons' Journals, Aug. 2.; North's Examen, 224; Narcissus Luttrell's Diary.

[17] Sir Robert war der ursprüngliche Held der „Rehearsal" und wurde Bilboa genannt. In die umgearbeitete „Dunciade" setzte Pope die Zeilen:

> „Und hochgeborner Howard, majestät'scher Sire.
> Ergänzt den Chorus mit den Narr'n von Stande."

Pope's hochgeborner Howard war Eduard Howard, der Autor der British Princes.

[18] Key to the Rehearsal; Shadwell's Sullen Lovers; Pepys May 5., 8. 1668; Evelyn, Februar 16. 1684/85.

[19] Grey's Debates und Commons' Journals, June 4., 11. 1689.

[20] Lords' Journals, June 6. 1689.

[21] Commons' Journals, August 2. 1689; die außerordentlichen holländischen Gesandten an die Generalstaaten vom 30. Juli (9. August).

[22] Lords' Journals, July 30. 1689; Narcissus Luttrell's Diary; Clarendon's Diary, July 31. 1689.

[23] Commons' Journals, July 31., August 13. 1689.

[24] Commons' Journals, August 20.

[25] Oldmixon klagt die Jakobiten, Burnet die Republikaner an. Obwohl Burnet regen Antheil an der Discussion dieser Frage nahm, so ist doch

sein Bericht über die dabei stattgehabten Vorgänge sehr ungenau. Er sagt, die Klausel sei von den Gemeinen lebhaft debattirt worden und Hampden habe nachdrücklich für dieselbe gesprochen. Wir erfahren aber aus den Protokollen (19. Juni 1689), daß sie nemine contradicente verworfen wurde. Die holländischen Gesandten bezeichnen sie als „een propositie 'twelck geen ingressie schynt te sullen vinden."

[26] London Gazette, August 1. 1689; Narcissus Luttrell's Diary.

[27] Die Geschichte dieser Bill findet man in den Protokollen der beiden Häuser und in Grey's Debates.

[28] Siehe Grey's Debates und die Commons' Journals vom März bis Juli. Die zwölf Kategorien findet man in den Protokollen vom 23. und 29. Mai und vom 8. Juni.

[29] Halifax-Manuscript im Britischen Museum.

[30] The Life and Death of George Lord Jeffreys; Finch's Rede in Grey's Debates, 1. März 1688/89.

[31] Siehe unter vielen anderen Schriften Jeffreys's Elegy; Letter to the Lord Chancellor exposing to him the sentiments of the people; Elegy of Dangerfield; Dangerfield's Ghost to Jeffreys; Humble Petition of Widows and fatherless Children in the West; The Lord Chancellors Discovery and Confession made in the time of his sickness in the Tower; Hickeringill's Ceremonymonger; ein Flugblatt betitelt: „O rare show! O rare sight! O strange monster! The like not in Europe! To be seen near Tower Hill, a few doors beyond the Lion's den."

[32] Life and Death of George Lord Jeffreys.

[33] Tutchin erzählt dies selbst in den Bloody Assizes.

[34] Siehe die Biographie des Erzbischofs Sharp von seinem Sohne. Was zwischen Scott und Jeffreys vorging, erzählte Ersterer Sir Joseph Jockyl. Siehe auch Tindal's Geschichte und Echard III. 932. Echard's Berichterstatter, der nicht genannt ist, der aber gute Gelegenheit gehabt zu haben scheint, die Wahrheit zu erfahren, sagte, Jeffreys sei nicht, wie man allgemein glaube, an den Folgen der Trunksucht, sondern am Stein gestorben. Diese Meinungsverschiedenheit ist von geringer Bedeutung. Soviel ist gewiß, daß Jeffreys sehr unmäßig war, und seine Krankheit war eine von denjenigen, welche durch Unmäßigkeit notorisch verschlimmert werden.

[35] Siehe A Full and True Account of the Death of George Lord Jeffreys, licensed on the day of his death. Der erbärmliche Le Noble wurde nicht müde zu wiederholen, Jeffreys sei durch den Usurpator vergiftet worden. Ich will eine kurze Stelle als Probe von den Verleumdungen anführen, deren Gegenstand König Wilhelm war. „Il envoya," sagt Pasquin, „ce fin ragoût de champignons au Chancelier Jeffreys, prisonnier dans la Tour, qui les trouva du même goust et du même assaisonnement que furent les derniers dont Agrippine regala le bonhomme Claudius, son époux, et que Néron appela depuis la viande des Dieux." Marforio fragt: „Le Chancelier est donc mort dans la Tour?" Pasquin antwortet: „Il estoit trop fidèle à son Roi légitime et trop habile dans les loix du royaume, pour échapper à l'Usurpateur qu'il ne vouloit point reconnoistre. Guillemot prit soin de faire publier que ce malheureux prisonnier estoit attaqué d'une fièvre maligne: mais, à parler franchement, il vivroit peutestre encore, s'il n'avoit rien mangé que de la main de ses anciens cuisiniers." — Le Festin de Guillemot, 1689. Dangeau (7. Mai) erwähnt eines Gerüchts, daß Jeffreys sich selbst vergiftet habe.

[36] Grey's Debates, June 12. 1689.

[37] Siehe Commons' Journals und Grey's Debates, June 1., 3., 4. 1689; Life of William 1704.

[38] Burnet MS. Harl. 6584; Avaux an de Croissy, 16. (26.) Juni 1689.

[39] Bezüglich der Protokolle des Geheimen Raths siehe die Commons' Journals vom 22. und 28. Juni und vom 3., 5., 13. und 16. Juli.

[40] Der Brief von Halifax an Lady Russell ist vom 23. Juli 1689, etwa vierzehn Tage nach dem Angriffe auf ihn bei den Lords und etwa acht Tage vor dem Angriffe bei den Gemeinen, datirt.

[41] Siehe die Lords' Journals vom 10. Juli 1689 und einen Brief aus London vom 11. (21.) Juli, den Croissy an Avaux sendete. Don Pedro de Ronquillo erwähnt des Angriffs der whiggistischen Lords auf Halifax in einer Depesche, deren Datum ich nicht angeben kann.

[42] Dies geschah Sonnabend den 3. August. Da die Abstimmung im Comité stattfand, sind die Zahlen nicht in die Protokolle aufgenommen. Clarendon sagt in seinem Tagebuche, die Majorität habe elf Stimmen betragen. Aber Narcissus Luttrell, Oldmixon und Tindal geben sie übereinstimmend auf vierzehn an. Der größte Theil des Wenigen was ich über diese Debatte gefunden habe, ist in einer Depesche von Don Pedro de Ronquillo enthalten. „Se resolvio," sagt er, „que el sabado, en comity

de toda la casa, se tratasse del estado de la nation para representarle al Rey. Emperose por acusar al Marques de Olifax; y reconociendo sus emulos que no tenian partido bastante, quisieron remitir para otro dia esta motion: pero el Conde de Elan, primogenito del Marques de Olifax, miembro de la casa, les dijo que su padre no era hombre para andar peloteando con el, y que se tubiesse culpa lo acabasen de castigar, que el no havia menester estar en la corte para portarse conforme á su estado, pues Dios le havia dado abundamente para poderlo hazer; con que por pluralidad de voces vencio su partido." Ich vermuthe, daß Lord Eland auf die Armuth einiger von den Feinden seines Vaters und auf die Habgier anderer anspielen wollte.

[43] Diese Veränderung in der Stimmung, welche unmittelbar auf die Debatte über den Antrag auf Halifax' Entlassung folgte, wird von Ronquillo erwähnt.

[44] Ueber Ruvigny siehe Sir Simon's Memoiren vom Jahre 1697 und Burnet I. 366. Einige interessante Angaben über Ruvigny und über die hugenottischen Regimenter findet man auch in einer Erzählung aus der Feder eines französischen Refugiés Namens Dumont. Diese Erzählung, ein Manuscript, das ich bei Gelegenheit als das Dumont-Manuscript citiren werde, wurde mir vom Dechanten von Ossory freundlichst geliehen.

[45] Siehe das Abrègé de la Vie de Fréderic Duc de Schomberg, von Lunancy, 1690, die Memoiren des Grafen Dohna und die Anmerkung St. Simon's zu Dangeau's Journal, 30. Juli 1690.

[46] Siehe die Protokolle der Gemeinen vom 16. Juli 1689 und vom 1. Juli 1814.

[47] Protokolle der Lords, und der Gemeinen vom 20. August 1689; London Gazette vom 22. August.

[48] „J'estois d'avis qu', après que la descente seroit faite, si on apprenoit que des Protestans se fussent soulevez en quelques endroits du royaume, on fit main basse sur tous généralement." — Avaux, 31. Juli (10. Aug.) 1689.

[49] „Le Roy d'Angleterre m'avoit écouté assez paisiblement la première fois que je luy avois proposé ce qu'il avoit à faire contre les Protestans." — Avaux, 4. (14.) Aug.

[50] Avaux, 4. (14.) Aug. Er schreibt: „Je m'imnagine qu'il est persuadé

que, quoiqu'il ne donne point d'ordre sur cela, la plupart des Catholiques de la campagne se jetteront sur les Protestans."

[51] Ludwig tadelte unterm 22. Aug. (6. Sept.) Avaux, obwohl viel zu mild, wegen seines Vorschlags, die ganze protestantische Bevölkerung von Leinster, Connaught und Munster niederzumetzeln. „Je n'approuve pas cependant la proposition que vous faites de faire main basse sur tous les Protestans du royaume, du moment qu', en quelque endroit que ce soit, ils se seront soulevez: et, outre que la punition d'une infinité d'innocens pour peu de coupables ne seroit pas juste, d'ailleurs les represailles contre les Catholiques seroient d'autant plus dangereuses, que les premiers se trouveront mieux armez et soutenus de toutes les forces d'Angleterre.".

[52] Ronquillo drückt unterm 9. (19.) Aug., wo er von der Belagerung von Londonderry spricht, sein Erstaunen aus, „que una plaza sin fortificazion y sin gentes de guerra aya hecho una defensa tan gloriosa, y que los sitiadores al contrario ayan sido tan poltrones."

[53] Diese Angaben über die irische Armee sind aus zahlreichen Briefen von Avaux an Ludwig und an dessen Minister zusammengestellt. Ich will einige der interessantesten Stellen anführen. „Les plus beaux hommes," sagt Avaux von den Irländern, „qu'on peut voir. Il n'y en a presque point au dessous de cinq pieds cinq à six pouces." Der französische Fuß ist bekanntlich länger als der unsrige. „Ils sont très bien faits: mais ils ne sont ny disciplinez ny armez, et de surplus sont de grands voleurs." — „La plupart de ces régimens sont levez par des gentilhommes qui n'ont jamais esté à l'armée. Ce sont des tailleurs, des bouchers, des cordonniers, qui ont formé les compagnies et qui en sont les Capitaines." — „Jamais troupes n'ont marché comme font celles-cy. Ils vont comme des bandits, et pillent tout ce qu'ils trouvent en chemin." — „Quoiqu'il soit vrai que les soldats paroissent fort résolus à bien faire, et qu'ils soient fort animez contre les rebelles, néantmoins il ne suffit pas de cela pour combattre ... Les officiers subalternes sont mauvais, et, à la reserve d'un très petit nombre, il n'y en a point qui ayt soin des soldats, des armes, et de la discipline." — „On a beaucoup plus de confiance en la cavalerie, dont la plus grande partie est assez bonne." — Einige Reiterregimenter lobt Avaux ganz besonders. Von zweien derselben sagt er: „On ne peut voir de meilleur régiment." Die Richtigkeit des Urtheils, das er sich über die Infanterie wie über die Cavallerie gebildet, zeigte sich nach seiner Abreise deutlich am Boyne.

[54] Ich will ein Paar Stellen aus den damals von Avaux geschriebenen

Depeschen anführen. Unterm 7. (17.) September schreibt er: „De quelque costé qu'on se tournât, on ne pouvoit rien prevoir que de désagréable. Mais dans cette extrémité chacun s'est évertué. Les officiers ont fait leur recrues avec beaucoup de diligence." Drei Tage später sagt er: „Il y a quinze jours que nous n'espérions guère de pouvoir mettre les choses en si bon estat: mais my Lord Tyrconnel et tous les Irlandais ont travaillé avec tant d'empressement qu'on s'est mis en estat de deffense."

[55] Avaux, 20. (30. Aug.), 25. Aug. (4. Sept.), 26. Aug. (5. Sept.); Life of James II. 373; Melfort's Selbstvertheidigung unter den Nairne Papers. Avaux sagt: „Il pourra partir ce soir à la nuit: car je vois biens qu'il apprehende qu'il ne sera pas sur pour luy de partir en plein jour."

[56] Story's Impartial History of the Wars of Ireland, 1693; Life of James, II. 374.; Avaux, 7. (17.) Sept. 1689; Nihell's Journal, gedruckt 1689 und neu herausgegeben von Macpherson.

[57] Story's Impartial History.

[58] Story's Impartial History.

[59] Avaux, 10. (20.) Sept. 1689; Story's Impartial History; Life of James, II. 377. 387. Orig. Mem. Story und Jakob schätzen die irische Armee übereinstimmend auf etwa zwanzigtausend Mann. Siehe auch Dangeau, 28. Oct. 1689.

[60] Life of James, II. 377, 378. Orig. Mem.

[61] Siehe Grey's Debates, Nov. 26., 27., 28. 1689 und den Dialogue between a Lord Lieutenant and one of his deputies, 1692.

[62] Nihill's Journal. Ein französischer Offizier sagt in einem bald nach Schomberg's Landung an Avaux geschriebenen Briefe: „Les Huguenots font plus de mal que les Anglois, et tuent force Catholiques pour avoir fait résistance."

[63] Story; Erzählung, welche Avaux unterm 26. Nov. (6. Dec.) 1689 Seignelay übersandte; London Gazette vom 14. Oct. 1689. Merkwürdig ist es, daß, obgleich Dumont sich im Lager bei Dundalk befand, in seinem Manuscripte von der Verschwörung unter den Franzosen nichts erwähnt ist.

[64] Story's Impartial History; Dumont-Manuscript. Die Gottlosigkeit und Unsittlichkeit, welche während der Krankheit im Lager herrschten, werden in vielen damaligen Pamphlets in Versen wie in Prosa erwähnt.

Man sehe insbesondere eine Satyre betitelt: Reformation of Manners, Theil II.

[65] Story's Impartial History.

[66] Avaux, 11. (21.) Oct., 14. (24.) Nov. 1689; Story's Impartial History; Life of James, II. 382, 383. Orig. Mem.; Nihell's Journal.

[67] Story's Impartial History; Schomberg's Depeschen; Nihell's Journal und Life of James; Burnet II. 20.; Dangeau's Tagebuch während dieses Herbstes; die Erzählung, welche Avaux an Seignelay einsandte, und das Dumont-Manuscript. Die Lügen der London Gazette sind haarsträubend. Während des ganzen Herbstes sollen die Truppen beständig in guter Verfassung gewesen sein. In dem albernen Drama, betitelt: The Royal Voyage, welches zur Belustigung des Londoner Pöbels im Jahre 1689 aufgeführt wurde, werden die Irländer dargestellt, wie sie einige von den kranken Engländern angreifen. Die Engländer schlagen die Angreifenden in die Flucht und fallen dann todt nieder.

[68] Siehe seine Depeschen im Anhange zu Dalrymple's Memoiren.

[69] London Gazette vom 20. Mai 1689.

[70] Bleib' in der Stadt. — D. Uebers.

[71] Commons' Journals, Nov. 13. 23. 1689; Grey's Debates, Nov. 13. 14. 18. 23. 1689. Siehe unter vielen Schmähschriften die Parable of the Bearbaiting; Reformation of Manners, a Satire; The Mock Mourners, a Satire. Außerdem auch Pepys's Diary, Kept at Tangier, Oct. 15. 1683.

[72] Die beste Uebersicht über diese Verhandlungen findet man in Wagenaar, 61. Er hat die Witsen'schen Papiere zur Hand gehabt und denselben zahlreiche Citate entnommen. Witsen war es, der in heftiger Bewegung unterschrieb, „zo als," sagt er, „myne beevende hand getuigen kan." Die Verträge findet man in Dumont's Corps Diplomatique. Sie wurden im August 1689 unterzeichnet.

[73] Der Vertrag zwischen dem Kaiser und den Generalstaaten ist vom 12. Mai 1689 datirt. Er befindet sich in Dumont's Corps Diplomatique.

[74] Siehe die Depesche Waldeck's in der London Gazette vom 26. Aug. 1689. Historical Records of the First Regiment of Foot; Dangeau, 28. Aug.; Monthly Mercury, September 1689.

[75] Siehe den Dear Bargain, ein im Jahr 1690 heimlich gedrucktes

jakobitisches Pamphlet. „Ich habe keine Geduld mehr," sagt der Verfasser, „nach diesem Schurken (Marlborough) noch einen andren zu erwähnen. Alle sind im Vergleich zu ihm unschuldig, selbst Kirke."

[76] Siehe den Monthly Mercury vom September 1689 und von den vier folgenden Monaten; auch Welwood's Mercurius Reformatus vom 18., 25. Sept. und 8. Oct. 1689. Melfort's Instructionen und seine Denkschriften für den Papst und den Cardinal von Este finden sich in den Nairne Papers; einige Auszüge hat Macpherson abgedruckt.

[77] Siehe die Antwort eines Eidverweigerers auf die Aufforderung des Bischofs von Sarum im Anhange zu The Life of Kettlewell. Unter den Tanner'schen Manuscripten in der Bodlejanischen Bibliothek befindet sich ein Aufsatz, den ich anzuführen wage, da Sancroft ihn der Aufbewahrung werth gehalten hat. Der Verfasser, ein entschiedener Eidverweigerer, sagt, nachdem er durch allerhand leere Ausflüchte den von einem fügsameren Geistlichen aus der Praxis der primitiven Kirche entlehnten Argumenten auszuweichen versucht hat: „Angenommen die ersten Christen hätten fortwährend, seit den Zeiten der Apostel, ihre früheren Fürsten geleisteten Eide so wenig beachtet, als er behauptet, wird er deshalb sagen wollen, daß ihre Verfahrungsweise als Regel gelten müsse? Leute von übrigens sehr orthodoxen Grundsätzen haben Böses gethan und allgemein dazu aufgemuntert." Die aus der Praxis der ersten Christen hergeleitete Beweisführung ist sehr gut zusammengestellt in einer Schrift, betitelt: The Doctrine of Non-resistance or Passive Obedience No Way concerned in the Controversies now depending between die Williamites and the Jacobites, by a Lay Gentleman of the Communion of the Church of England, as by Law establish'd, 1689.

[78] Eine der unterwürfigsten Adressen, welche je eine Convocation votirt hat, war eine an Richard III. gerichtete. Sie findet sich in Wilkin's Concilia. Dryden stellt in seinem schönen Rifacimento, einer der schönsten Stellen seiner Canterbury Tales, den „guten Pfarrer" dar, wie er lieber seine Pfründe aufgiebt als den Herzog von Lancaster als König von England anerkennt. Für diese Darstellung findet sich weder in Chaucer's Gedicht noch anderswo ein Rechtfertigungsgrund. Dryden wollte etwas schreiben, was die Geistlichen, welche die Eide geleistet hatten, verdroß und deshalb dichtete er einem katholischen Priester des 14. Jahrhunderts einen Aberglauben an, der erst bei den anglikanischen Priestern des 17. Jahrhunderts entstanden ist.

[79] Siehe die Vertheidigung des Bekenntnisses, welches der Ehrwürdige Vater in Gott, Johann Lake, Lord Bischof von Chichester, in Bezug auf

den passiven Gehorsam und die neuen Eide auf seinem Sterbebett abgab. 1690.

[80] London Gazette, June 30. 1689. Narcissus Luttrell's Diary. „Die ausgezeichnetsten Männer," sagt Luttrell.

[81] Siehe in Kettlewell's Leben, III. 72., den Widerruf, den er für einen Geistlichen aufgesetzt hatte, welcher die Eide geleistet hatte und es nachher bereuete.

[82] Siehe den Bericht über Dr. Dove's Verhalten in Clarendon's Diary, und den Bericht über Dr. Marsh's Verhalten in Kettlewell's Leben.

[83] The Anatomy of a Jacobite Tory, 1690.

[84] Dialogue between a Whig and a Tory.

[85] Narcissus Luttrell's Diary, Nov. 1691, Feb. 1692.

[86] Life of Kettlewell III. 4.

[87] Siehe Turner's Brief an Sancroft vom Himmelfahrtstage 1689. Das Original befindet sich unter den Tannerschen Manuscripten in der Bodlejanischen Bibliothek. Der Brief ist jedoch nebst vielen andrem interessanten Material in dem unlängst erschienenen Life of Ken, by a Layman, abgedruckt. Siehe auch The Life of Kettlewell, III. 95. und Ken's Brief an Burnet vom 5. October 1689 in Hawkin's Life of Ken. „Ich bin überzeugt," schrieb Lady Russel an Dr. Fitzwilliam, „daß der Bischof von Bath und Wells Andere dazu aufmunterte, sich zu fügen; während er selbst es nicht über sich gewinnen konnte, freute er sich, wenn Andere es thaten." Ken erklärte, daß er Niemandem gerathen, die Eide zu leisten, und Diejenigen, welche seinen Rath erbaten, auf ihre eigenen Studien und Gebete verwiesen habe. Man wird finden, daß Lady Russell's Behauptung und Ken's Verwahrung ziemlich auf Eins hinaus laufen, wenn man diejenigen Rücksichten nimmt, welche selbst bei Beurtheilung der Aussagen der wahrheitliebendsten Zeugen auf Stellung und Gesinnung genommen werden müssen. Nachdem Ken sich endlich entschlossen hatte, auf Seite der Eidverweigerer zu treten, versuchte er es natürlich, seine Consequenz in so weit zu rechtfertigen, als er dies ehrenhafterweise konnte, und Lady Russel, welche ihren Freund zur Leistung der Eide bewegen wollte, legte natürlich auf seine Geneigtheit, sich zu fügen, soviel Gewicht als sie dies ehrenhafterweise thun durfte. Sie ging indeß zu weit, indem sie das Wort „aufmunterte" (excited) brauchte. Auf der andren Seite ist es klar, daß Ken, indem er Diejenigen,

die ihn um Rath fragten, auf ihre eigenen Studien und Gebete verwies, ihnen zu verstehen geben wollte, daß seiner Ansicht nach die Eidesleistung Denen gestattet sei, die sie nach reiflicher Erwägung als statthaft erkannten. Hatten ihn die Leute gefragt, ob es ihnen gestattet sei, einen Meineid zu schwören oder Ehebruch zu begehen, so würde er ihnen gewiß nicht geantwortet haben, daß sie die Sache reiflich erwägen und die göttliche Entscheidung erflehen, sondern daß sie bei Gefahr ihres Seelenheils davon abstehen sollten.

[88] Siehe das Gespräch vom 9. Juni 1784 in Boswell's Life of Johnson, und die Anmerkung. Boswell ist mit seiner gewohnten Verkehrtheit Überzeugt, daß Johnson nicht daran gedacht haben könne, „daß die wegen ihres hochherzigen Widerstandes gegen Willkürgewalt mit Recht so hoch gefeierten sieben Bischöfe, dennoch Eidverweigerer waren." Nur fünf von den Sieben waren Eidverweigerer, und jeder Andre als Boswell würde gewußt haben, daß man sich der Willkürgewalt widersetzen und dabei doch kein guter Logiker sein kann. Der Widerstand, den Sancroft und die anderen nichtschwörenden Bischöfe der Willkürgewalt entgegensetzten, während sie nach wie vor an der Lehre vom Nichtwiderstande festhielten, ist gerade der entscheidendste Beweis, daß sie unfähig waren, zu raisonniren. Man darf nicht vergessen, daß sie bereit waren, die ganze königliche Macht Jakob zu entziehen und auf Wilhelm mit dem Titel eines Regenten zu übertragen. Ihr Skrupel hatte nur das Wort König zum Gegenstande.

Ich bin erstaunt, daß Johnson Wilhelm Law für keinen Logiker erklärte. Law verfiel allerdings in große Irrthümer, aber es waren Irrthümer, gegen welche die Logik keinen Schutz gewährt. In rein dialektischer Gewandtheit übertrafen ihn sehr Wenige. Daß er mehr als einmal über Hoadley den Sieg davon trug, wird kein aufrichtiger Whig leugnen. Doch Law gehört nicht der Generation an, mit der ich es jetzt zu thun habe.

[89] Ware's History of the Writers of Ireland, fortgesetzt von Harris.

[90] Letter to a member of the Convention 1689.

[91] Johnson's Notes on the Phoenix Edition of Burnet's Pastoral Letter, 1692.

[92] Das beste Urtheil über Hickes' Character kann man sich aus seinen zahlreichen polemischen Schriften bilden, besonders aus seinem Jovian, geschrieben 1684, seinem Thebaean Legion no Fable, geschrieben 1687, aber erst 1714 erschienen, und seinen Abhandlungen über Dr. Burnet und

Dr. Tillotson, 1695. Sein literarischer Ruhm gründet sich auf Werke ganz andrer Art.

[93] Collier's Abhandlungen über die Bühne sind im Ganzen genommen seine besten Geistesproducte. Doch auch in seinen politischen Flugschriften findet sich viel Treffendes. Seine „Persuasive to Consideration, tendered to the Royalists, particularly those of the Church of England" scheint mir eines der besten Erzeugnisse der jakobitischen Presse.

[94] Siehe Brokesby's Life of Dodwell. Ich muß bemerken, daß ich die Abhandlung gegen gemischte Ehen nur aus Brokesby's ausführlichem Extract kenne. Diese Abhandlung ist sehr selten. Sie wurde ursprünglich als Vorrede zu einer von Leslie gehaltenen Predigt gedruckt. Als Leslie seine Werke sammelte, ließ er die Abhandlung weg, wahrscheinlich weil er sich derselben schämte. Die Abhandlung über die Statthaftigkeit der Instrumentalmusik habe ich gelesen, und sie ist unglaublich absurd.

[95] Dodwell sagt uns, daß der Titel des Werkes, in welchem er zuerst diese Theorie aufstellte, mit großer Sorgfalt und Präcision abgefaßt worden sei. Ich will daher die Titelseite hier anführen: „An Epistolary Discourse proving from Scripture and the First Fathers, that the Soul is naturally Mortal, but Immortalized actually by the Pleasure of God to Punishment or to Reward, by its Union with the Divine Baptismal Spirit wherein is proved that none have the Power of giving this Divine Immortalizing Spirit since the Apostles but only the Bishops. By H. Dodwell." Dr. Clarke sagt in einem Briefe an Dodwell (1706) daß dieser Epistolary Discourse ein Buch sei, „das alle guten Menschen betrübe und alle profanen Menschen erfreue."

[96] Siehe Leslie's Rehearsals, No. 286, 287.

[97] Siehe seine Werke und seine höchst interessante Biographie, welche aus den Papieren seiner Freunde Hickes und Nelson zusammengetragen worden ist.

[98] Siehe Fitzwilliam's Korrespondenz mit Lady Russell und seine Zeugenaussage in Ashton's Prozesse in den State Trials. Das einzige Werk, welches Fitzwilliam, soweit ich es habe entdecken können, je veröffentlichte, war eine Predigt über das Ryehousecomplot, die er einige Wochen nach Russell's Hinrichtung gehalten. Es kommen in dieser Predigt einige Stellen vor, bei denen ich mich ein wenig wundern muß, daß die Wittwe und die Familie Russell's sie verzeihen konnten.

[99] Cyprian spricht in einer seiner Episteln folgendermaßen zu den Bekennern: „Quosdam audio inficere numerum vestrum, et laudem praecipui nominis prava sua conversatione destruere ... Cum quanto nominis vestri pudore delinquitur quando alius aliquis temulentus et lasciviens demoratur; alius in eam patriam unde extorris est regreditur, ut deprehensus non jam quasi Christianus, sed quasi nocens pereat." In dem Buche: De Unitate Ecclesiae führt er eine noch stärkere Sprache: „Neque enim confessio immunem facit ab insidiis diaboli, aut contra tentationes et pericula et incursus atque impetus saeculares adhuc in saeculo positum perpetua securitate defendit; caeterum nunquam in confessoribus fraudes et stupra et adulteria postmodum videremus, quae nunc in quibusdam videntes ingemiscimus et dolemus."

[100] Viele interessante Mittheilungen über die Eidverweigerer findet man in den Biographical Memoirs des Buchdruckers Wilhelm Bowyer, welche den ersten Band von Nichols' Literary Anecdotes of the Eighteenth Century bilden. Eine Probe von Wagstaffe's Recepten befindet sich in der Bodlejanischen Bibliothek.

[101] Cibber's Stück, so wie er es schrieb, verlor seine Popularität, als die Jakobiten aufhörten mächtig zu sein, und ist jetzt nur nach den Forschern bekannt. Im Jahre 1768 arbeitete Bickerstaffe es zu dem „Heuchler" um und setzte an die Stelle des Eidverweigerers Dr. Wolff den Methodisten Dr. Cantwell. „Ich halte den Character des Heuchlers," sagt Johnson, „nicht für ganz passend auf die Methodisten; auf die Eidverweigerer aber paßte er sehr gut." Boswell fragte ihn, ob es wahr sei, daß die eidverweigernden Geistlichen mit den Frauen ihrer Gönner intriguirten. „Ich fürchte sehr," antwortete Johnson, „daß viele von ihnen es getan haben." Dieses Gespräch fand am 27. März 1775 statt. Aber nicht nur in gleichgültiger Unterhaltung sprach Johnson eine ungünstige Meinung über die Eidverweigerer aus. In seiner Biographie Fenton's, der ein Eidverweigerer war, kommen die bedeutsamen Worte vor: „Ich muß daran erinnern, daß er seinen Namen unbefleckt erhielt und sich niemals, wie nur zu Viele von der nämlichen Klasse, zu gemeinen Ränken und ehrlosen Kunstgriffen erniedrigte." Siehe The Character of a Jacobite, 1690. Selbst in Kettlewell's Biographie, aus den Papieren seiner Freunde Hickes und Nelson zusammengetragen, findet man Einräumungen, welche beweisen, daß sehr bald nach dem Schisma einige der eidverweigernden Geistlichen in Gewohnheiten des Müßiganges, der Abhängigkeit und des Bettelns verfielen, welche den ganzen Stand in Mißcredit brachten. „Mehrere Unwürdige, welche immer die zuversichtlichsten sind, schadeten durch ihr Umhertreiben den wahrhaft Würdigen, denen es die Bescheidenheit nicht zuließ für sich zu bitten ... Mr. Kettlewell empfand es ebenfalls schmerzlich, daß manche von seinen Collegen viel zu viel Zeit an Vergnügungs- und Unterhaltungsorten zubrachten, und sich wegen ihres Fortkommens auf Diejenigen verließen, deren Bekanntschaft sie dort machten."

[102] Reresby's Memoirs 344.

[103] Birch's Life of Tillotson.

[104] Siehe den Discourse concerning the Ecclesiastical Commission, 1689.

[105] Birch's Life of Tillotson; Life of Prideaux; Gentleman's Magazine, Juni und Juli 1745.

[106] Diary of the Proceedings of the Commissioners, taken by Dr. Williams, afterwards Bishop of Chichester, one of the Commissioners, every night after he went home from the several meetings. Dieses höchst interessante Tagebuch wurde 1854 auf Befehl des Hauses der Gemeinen

gedruckt.

[107] Williams's Diary.

[108] Williams's Diary.

[109] Williams's Diary.

[110] Siehe die Alterations in the Book of Common Prayer prepared by the Royal Commissioners for the revision of the Liturgy in 1689, and printed by order of the House of Commons in 1854.

[111] Es läßt sich kaum eine stärkere oder klarere Sprache denken als die, deren sich das Concil bediente: Τούτων τοίνυν ἀναγνωσθέντων, ὥρισην ἡ ἁγία σύνοδος, ἑτέραν πίστιν μηδενὶ ἐξεῖναι προσφέρειν, ἤγουν συγγράφειν, ἢ συντιθέναι, παρὰ τὴν ὁρισθεῖσαν παρὰ τῶν ἁγίων πατέρων τῶν ἐν τῇ Νικαέων συνελθόντων σὺν ἁγίῳ πνεύματι· τοὺς δὲ τολμῶντας ἢ συντιθέναι πίστιν ἑτέραν, ἤγουν προκομίζειν, ἢ προσφέρειν τοῖς ἐθέλουσιν ἐπιστρέφειν εἰς ἐπίγνωσιν τῆς ἀληθείας, ἢ ἐξ Ἑλληνισμοῦ, ἢ ἐξ Ἰουδαϊσμοῦ, ἢ ἐξ αἱρέσεως οἱασδηποτοῦν, τούτους, εἰ μὲν εἶεν ἐπίσκοποι ἢ κληρικοί, ἀλλοτρίους εἶναι τοὺς ἐπισκόπους τῆς ἐπισκοπῆς, καὶ τοὺς κληρίκους τοῦ κλήρου, εἰ δὲ λαϊκοὶ εἶεν, ἀναθεματίζεσθαι. Concil. Ephes. Actio VI.

[112] Williams's Diary; Alterations in the Book of Common Prayer.

[113] Ich möchte das Erstaunen gesehen haben, in welches die Großmeister der lateinischen Sprache, die mit Mäcenas und Pollio zu speisen pflegten, durch das „Tibi Cherubim et Seraphim incessabili voce proclamant, Sanctus, Sanctus, Dominus Deus Sabaoth," oder durch das „Ideo cum angelis et archangelis, cum thronis et dominationibus" versetzt worden wären.

[114] Ich will zwei Proben von Patrick's Schreibweise anführen. „Er macht mich niederlegen auf einer grünen Aue," sagt David, „und führet mich zu den stillen Wassern." Patrick's Version lautet: „Denn wie ein guter Hirt seine Schafe bei heftiger Hitze an schattige Orte führt, wo sie sich niederlegen und (nicht an verdorrter sondern) an frischer und grüner Weide laben können, und sie am Abend (nicht zu schlammigen und aufgerührten, sondern) zu klaren und ruhigen Wassern leitet: so hat er bereits zweckmäßige und reichliche Vorsorge für mich getroffen, die ich in Frieden und ohne Störung genieße."

Im hohen Liede kommt ein wunderschöner Vers vor: „Ich beschwöre Euch, Ihr Töchter Jerusalems, findet Ihr meinen Freund, so saget ihm, daß ich vor Liebe krank liege." Patrick's Version lautet: „So wendete ich mich an Diejenigen meiner Nachbarn und vertrauten Bekannten, die durch mein Geschrei geweckt worden waren und herbeikamen, um zu sehen was es gebe, und beschwor sie, wie sie es vor Gott verantworten könnten, meinem Geliebten, wenn sie mit ihm zusammenträfen, mitzutheilen — Was soll ich sagen? — Was sollt Ihr ihm Andres sagen, als daß ich jetzt, da ich seinen Umgang entbehre, meines Lebens nicht froh werde, daß mir nicht eher wieder wohl sein wird, als bis ich seine Liebe wieder gewinne."

[115] Wilhelm's Mißfallen an dem Gottesdienste in der Kathedrale wird von Leslie in No. 7. des Rehearsal erwähnt. Siehe auch A Letter from a Member of the House of Commons to his Friend in the Country 1689, und Bisset's Modern Fanatic 1710.

[116] Siehe Collier's Desertion discussed, 1689. Thomas Carte, der ein Schüler und eine Zeit lang Assistent Collier's war, setzte noch im Jahre 1747 in eine voluminöse Geschichte eine höchst alberne Anmerkung, in der er der Welt versicherte, er wisse ganz bestimmt, daß der Prätendent die Skrophelkrankheit geheilt habe, und ganz ernsthaft behauptete, die heilende Kraft sei erblich und von der Salbung ganz unabhängig. Siehe Carte's History of England, vol. I. p. 291.

[117] Siehe die Vorrede zu A Treatise in Wounds, by Richard Wiseman, Sergeant Chirurgeon to His Majesty, 1676. Den vollständigsten Nachweis über diesen interessanten Gegenstand aber findet man in der Charisma Basilicon, by John Browne, Chirurgeon in ordinary to His Majesty, 1684. Siehe auch The Ceremonies used in the Time of King Henry VII. for the Healing of them that be Diseased with the King's Evil, published by His Majesty's Command, 1686; Evelyn's Diary, March 28. 1684 und Bishop Cartwright's Diary, Aug. 28, 29, 30. 1687. Es ist unglaublich, daß ein so großer Theil der Bevölkerung wirklich skrophulös gewesen sein sollte. Ohne Zweifel wurden viele mit leichten und vorübergehenden Krankheiten behaftete Personen zum Könige gebracht, und die Genesung dieser Leute hielt den allgemein verbreiteten Glauben an die Wirksamkeit seiner Berührung aufrecht.

[118] Pariser Gazette vom 23. April 1689.

[119] Siehe Whiston's Life of himself. Der gute Whiston, der an Alles glaubte, nur nicht an die Dreieinigkeit, erzählt uns ganz ernsthaft, die einzige Person, welche Wilhelm berührt habe, sei trotz der Ungläubigkeit Sr. Majestät genesen. Siehe auch den Athenian Mercury vom 16. Januar

1691.

[120] In verschiedenen neueren Schriften ist die Befürchtung, daß Meinungsverschiedenheiten zwischen der Convocation von York und der Convocation von Canterbury entstehen könnten, mit Geringschätzung für chimärisch erklärt worden. Aber es ist schwer zu begreifen, warum es minder wahrscheinlich sein soll, daß zwei selbstständige Convocationen von einander abweichen, als zwei Häuser der nämlichen Convocation, und es ist notorisch, daß unter der Regierung Wilhelm's III. und Anna's die beiden Häuser der Convocation von Canterbury fast niemals übereinstimmten.

[121] Birch's Life of Tillotson; Life of Prideaux. Aus Clarendon's Tagebuche ergiebt sich, daß er und Rochester am 23. Sept. in Oxford waren.

[122] Siehe die Liste in dem historischen Bericht über die gegenwärtige Convocation im Anhang zur zweiten Ausgabe der Vox Cleri, 1690. Der bedeutendste Name, den ich in der Liste der von dem Parochialklerus gewählten Beauftragten finde, ist der des Dr. Mill, des Herausgebers des griechischen Testaments.

[123] Tillotson an Lady Russell, 19. April 1690.

[124] Birch's Life of Tillotson. Was Birch darin über die Gespanntheit zwischen Compton und Tillotson sagt, hatte er den Manuscripten Heinrich Wharton's entlehnt, und wird durch viele Umstände bestätigt, die man aus anderen Quellen kennt.

[125] Chamberlayne's State of England, 18. Ausgabe.

[126] Concio ad Synodum per Gulielmum Beveregium, 1689.

[127] Narcissus Luttrell's Diary; Historical Account of the present Convocation.

[128] Kennet's History, III. 552.

[129] Historical Account of the Present Convocation, 1689.

[130] Historical Account of the Present Convocation; Burnet II. 58.; Kennet's History of the Reign of William and Mary.

[131] Historical Account of the Present Convocation; Kennet's History.

[132] Historical Account of the Present Convocation; Kennet.

[133] Historical Account of the Present Convocation.

[134] Daß eine solche Eifersucht, wie ich sie geschildert habe, wirklich herrschte, bestätigt das Pamphlet betitelt: Vox Cleri. „Einige gegenwärtig der Convocation angehörende Landgeistliche sahen jetzt, in welcher großen Behaglichkeit und Fülle die Stadtgeistlichen leben, die ihre Lectoren und Hülfsprediger haben, häufig Zuschüsse bekommen, zuweilen bis zum Schlusse des Gottesdienstes in der Sakristei zubringen und außer ihren reichen Pfarreien in der Stadt auch noch hohe kirchliche Würden bekleiden." Der Verfasser dieser einst weit berühmten Schrift war Thomas Long, Vertreter des Klerus der Diöcese Exeter. Nach einer andren damals erschienenen Flugschrift sollen die Landgeistlichen mit großem Mißvergnügen bemerkt haben, daß ihre Londoner Collegen sich nach der Predigt mit Sect erfrischten. In mehreren Flugschriften jenes Winters findet man Anspielungen auf die Fabel von der Stadtmaus und der Landmaus.

[135] Burnet II. 33, 34. Die besten Darstellungen der Vorgänge in dieser Convocation geben der der zweiten Ausgabe der Vox Cleri angehängte historische Bericht und die Stelle in Kennet's Geschichte, auf die ich den Leser schon verwiesen habe. Erstere Erzählung ist von einem eifrigen Hochkirchlichen, letztere von einem eifrigen Niederkirchlichen. Wer Ausführlicheres darüber erfahren wünscht, muß die gleichzeitigen Flugschriften nachlesen, unter ihnen besonders folgende: Vox Populi; Vox Laici; Vox Regis and Regni; The Healing Attempt; Letter to a Friend, by Dean Prideaux; Letter from a Minister in the Country to a Member of the Convocation; Answer to the Merry; Answer to Vox Cleri; Remarks from the Country upon Two Letters relating to the Convocation; Vindication of the Letters in answer to Vox Cleri; Answer to the Country Minister's Letter. Alle diese Schriften erschienen Ende 1689 oder Anfang 1690.

Stereotypie und Druck von Philipp Reclam jun. in Leipzig.

www.ingramcontent.com/pod-product-compliance
Lightning Source LLC
Chambersburg PA
CBHW022041230426
43672CB00008B/1034